천종호 판사가 들려주는 십계명

천종호 판사가 들려주는 십계명

사랑으로 정의와 공의를 완성하다

홍성사

십계명은 우리에게 매우 익숙한 말씀이다. 우리는 어린 시절부터 이를 암송하며 도덕의 기초로 배워 왔다. 그러나 그 익숙함 때문에 오히려 말씀의 깊이와 무게를 놓치고 있는 것은 아닌지 돌아보게 된다. 계명의 문구는 기억 속에 남아 있지만, 그 계명이 요구하는 삶은 점점 희미해지고 있지는 않은가.

《천종호 판사가 들려주는 십계명》은 십계명을 다시 바라보게 하는 책이다. 오랜 세월 법정의 현장에서 정의와 책임, 질서와 회복의 문제를 다루어 온 저자의 경험이 책 전체에 깊이 스며 있다. 판사로서의 경험과 신앙의 성찰이 만나면서, 십계명은 추상적인 윤리 규범이나 종교 규범에 머물지 않고, 우리의 삶과 사회를 향해 질문을 던지는 살아 있는 말씀으로 다가온다.

이 책의 중요한 미덕 가운데 하나는 십계명을 '법'의 관점에서 진지하게 성찰한다는 점이다. 개인의 도덕 문제로만 이해되기 쉬운 계명을 공동체를 지탱하는 하나님의 질서이자 정의의 토대로 설명하면서 계명의 공적 의미를 새롭게 드러낸다. 동시에 십계명을 산상수훈과 연결하여 정의와 사랑의 관계를 성찰하게 하고, 율법의 엄중함 속에서 결국 복음의 은혜를 바라보게 한다.

정의를 말하면서도 사랑을 잃고 싶지 않은 이들, 공적 책임의 자리에서 신앙을 어떻게 살아내야 할지 고민하는 그리스도인들에게 이 책은 깊은 성찰의 길을 열어줄 것이다.

강영안 한동대 석좌교수, 《믿는다는 것》 저자

글과 삶, 신앙이 일치하는 사람은 참으로 복되다. 천종호 판사는 사회적 약자에 주목하고 사회문제 해결에 헌신해 온 법관이자 법학자이며, 또한 평신도 신학자로서 지행일치를 추구해 온 분이다. 그는 직업과 삶의 현장에서 길어 올린 문제의식을 성경과 신학적 성찰 속에서 고민하고 탐구하며, 그 결과를 복음과 연결된 글로 결실하는 일에 꾸준히 힘쓰고 있다. 《천종호 판사가 들려주는 십계명》은 그가 종종 고백하는 "하나님의 섭리" 속에서 맺어진 또 하나의 노고의 열매라 하겠다.

이 책은 법학자의 시선으로 구약의 율법과 계명을 신약의 산상수훈과 연결하여, 율법을 복음 안에서 완성하시는 하나님의 섭리를 설득력 있게 드러내고자 하는 창의적인 시도다. 나아가 정의와 용서, 사랑이라는 복음적 가치를 통해 신자의 삶을 성찰하도록 독자를 이끈다. 그리고 용서와 사랑이 정의를 완성한다는 메시지를 깊이 있게 전한다. 갈등과 대결이 심화되고 정의를 갈망하는 현재 우리 사회에 특별히 깊은 울림을 주는 통찰이다.

고재백 국민대 교수, 기독인문학연구원 대표

—

이 책은 천종호 판사의 지행합일의 삶과 사유의 15년 여정이 응축된 결실이다. 저자는 소년부 판사로서 비행청소년과 씨름하며 마주한 실존적 질문들—정의, 처벌, 용서, 사랑—을 성서신학적 탐구로 승화시켰다. 그는 법정의 시정적 정의에 머무르지 않고 더 넓은 배분적 정의의 필요를 호소하며, 법학적 사유와 성서 해석을 창조적으로 결합하여 미쉬파트(정의)와 체다카(공의)를 현대 정의론의 언어로 재해석하였다. 나아가 호혜적 정의를 넘어서는 '은혜적 정의론'을 정립하였으며, 마태복음 5장의 구조(팔복-율법-동해보복법칙-원수 사랑)가 자신의 연구 주제(선-법-정의-사랑)와 깊이 상응함을 발견한 통찰은 학문적 성숙을 보여준다.

법학·철학·신학의 경계를 넘나들며 십계명과 산상수훈의 관계를 끈질기게 탐구한 끝에 율법의 저주를 복음의 축복으로 승화시키고, 율법과 복음의 변증법적 긴장을 균형 있게 제시한 이 책은 현장과 서재를 오가며 실천과 사유를 일치시킨 한 학자의 치열한 구도 여정을 증언한다. 이 책을 읽는 이들 또한 타인의 고통 앞에서 어떤 정의를 실천할 것인지 깊이 묵상하며, 그 묵상 속에서 참된 복의 의미를 발견하게 되기를 바란다.

김기현 로고스교회 담임목사, 《욥, 까닭을 묻다》 저자

—

법정에서 수많은 사건을 마주하며 깨닫게 되는 준엄한 진리가 있다. 인간이 만든 법은 행위를 규제할 수는 있지만, 사람의 중심을 변화시키거나 공동체의 온전한 회복을 이루기에는 분명한 한계가 있다는 점이다. 이 책은 그 한계를 돌파하는 '가장 완벽한 법적 통찰'을 보여준다. 저자는 십계명을 고대 근동의 단순한 금기 사항이 아닌, 인간의 존엄과 권리를 보호하기 위한 '보편적 인권 선언'이자 '헌법적 가치'의 원형으로 풀어낸다. 살인, 간음, 도둑질이라는 금지 명령 뒤에 숨겨진 생명권, 인격권, 재산권의 보호라는 고도의 법리적 장치를 날카롭게 해부한다.

나아가 저자는 산상수훈을 통해 법의 완성을 보여준다. 산상수훈은 도덕적 수양이 아니다. 그것은 외적 행위만을 따지는 '증거주의'를 넘어, 인간의 내밀한 동기와 의도까지 살펴 죄의 근원을 차단하는 '실질적 정의의 극치'이다. 미움이 곧 살인이라는 가르침은 예방 법학적 관점에서 가장 철저한 평화의 수호 방식이기도 하다. 저자의 이런 법리적 접근은 십계명과 산상수훈을 막연한 종교적 감상이 아닌, 논리적이고 체계적인 법적 해석을 통해 조명하며, 성경의 메시지를 보다 객관적이고 명확하게 이해하도록 돕는다. 이 책은 성경을 단지 윤리 책으로만 치부했던 이들에게는 신선한 지적 자극을, 법의 냉정함에 지친 이들에게는 정의와 사랑이 공존할 수 있다는 뜨거운 확신을 줄 것이다.

이용세 율하소망교회 담임목사, 《묵상과 적용》 저자

  1997년 2월 27일 법관으로 임명되어 판사로서 공직생활을 시작하였고, 2010년 2월까지 부산지방법원, 부산지방법원 동부지원, 부산지방법원 가정지원, 부산고등법원에서 판사직을 수행하였다. 2010년 2월 부산지방법원으로의 인사발령을 예상하고 기다렸으나 생각지도 않게 창원지방법원으로 발령이 났고, 그곳에서 소년사건을 처리하는 이른바 '소년부 판사'가 되었다. 창원지방법원으로의 인사발령은 필자의 삶에서 큰 전환점이 되었다.

  당시의 창원지방법원은 업무량에 비해 판사와 법정의 수가 부족하였기 때문에 소년보호재판은 2주 또는 3주 간격으로 월요일에 한 번씩 개정할 수밖에 없었고, 사건이 적체되지 않도록 하기 위해 한 번 개정하면 평균 100건 정도의 사건을 처리해야만 하였다. 이는 한 건당 법정에서 주어지는 시간이 평균 3분이라는 결론이 된다. 왜냐하면 원칙적인 법정 개정시간인 아침 10시부터 12시까지, 오후 2시부터 6시까지 총 6시간을 그 시간 내에 처리해야 할 100건의 사건 수로 나누면 한 건당 평균해서 3분 정도씩 할애되는 것이 되기 때문이다. 이런 상황에서 재판을 통해 아이들의 삶이 바뀌기를 기대하는 것은 무리였다.

  한편, 재범성이 높거나 비행 내용이 중한 아이들은 격리를 시켜 교정할 필요성이 있었으나, 소년사건에 제공되는 격리시설 수는 터무니없이 부족했고, 현재도 마찬가지다. 또 가정해체 등으로 보호자의 보호력이 약해 원-가정(原-家庭)으로 돌려보내기 어려운 아이들이 아주 많아 이들을 맡아줄 시설이 절대적으로 필요했는데, 이러한 아이들을 위해 국가가 제공하는 전용시설은 전무한 상황이었다. 이로 인해 위기가정인 원가정의 보호에 맡겨진 아이들의 재비행률은 매우 높았다. 아이들의 재비행을 방지하기 위해 최우선적으로 해야 할 일은 그들에게 부모를 대신하여 보호해 줄 울타리를 마련해 주는 것이었다.

이러한 상황에서 한 부부를 설득하여 2010년 11월 '비행청소년 전용 그룹홈'(이른바 '사법형 그룹홈')을 시작하게 하였고, 그 이름을 '청소년회복센터'라고 명명하였다. 청소년회복센터를 시작한 이후 그 수를 확대하기 위해 동분서주하였고, 청소년회복센터의 수가 10여 개 정도에 이르자 호기롭게도 청소년회복센터의 법제화를 추진하기 시작하였다. 하지만 청소년회복센터에 대한 국가와 시민들의 반응은 냉담했다. 청소년회복센터가 무엇인지 잘 몰라서 그런 반응을 하였을 수도 있었으나, 비행을 저지른 아이들을 교도소나 소년원에 넣어 버리면 되는데 부모들도 포기한 비행청소년들 때문에 굳이 사서 고생을 할 이유가 없고, 또 비행청소년들이 그런 혜택을 받을 자격이 없지 않느냐 하는 마음에서 그런 반응을 하였을 가능성도 배제할 수 없다. 이러한 반응은 기본적으로 비행에 대해서는 엄벌을 통해 잘못을 바로잡아야 한다는 태도가 깊이 깔려 있다고 볼 수 있다.

이러한 반응을 극복하고 비행청소년 관련 제도의 후진성을 개선하기 위해서는 제도의 필요성의 근거를 제시하여 국가와 시민들을 설득하는 일이 무엇보다 우선적으로 해야 할 일이었다. 그리고 그러한 근거로 먼저 제시한 것이 비행청소년들의 실상에 관한 것이었다. 비행이 단순히 그들 개인의 일탈이 아니라 그를 둘러싸고 있는 환경(가정과 교우관계)이나 사회구조에서 비롯된 것임을 알릴 필요가 있었다. 이를 위해 필자의 첫 책인《아니야, 우리가 미안하다》(우리학교, 2013)와 두 번째 책인《이 아이들에게도 아버지가 필요합니다》(우리학교, 2015)를 연속해서 출간하였다. 이 책들에는 결론적으로 '잘못은 아이들이 아니라 제대로 된 환경을 조성해 주지 못한 우리 어른들에게 있다'는 고백이 담겨 있다. 잘 아시다시피 법정에서 많은 비행청소년들에게 호통을 쳤지만, 그 이면에는 '아이들이 방황하고 좌절할 때 우리는 모두 어디에서 무엇을 하고 있었는가?'라는 물음이 담겨 있다.

하지만 단순히 비행청소년들의 실상이 매우 열악하다는 것만으로는 국가와 시민들은 잘 설득이 되지 않았다. 왜냐하면 비행청소년들에 대한 편견과 혐오의 장벽이 매우 높았기 때문이다. 그래서 다른 측면에서 필요성을 설득하기 시작하였고, 그것이 바로 '정의론'이다. 비행청소년들의 재비행 방지를 위한 복지적 차원의 지원이 정의를 이루는 것이라는 점이 받아들여지게 되면 비록 그들에 대하여 좋지 않은 감정을 가지고 있다고 하더라도 그것과는 별개로 비행청소년 관련 제도를 개선해야 한다는 주장이 수긍될 수 있을 것이라고 생각했기 때문이다.

정의론에서 보자면 비행에 대한 처벌은 '시정적 정의'(是正的 正義)의 측면이라고 할 수 있고, 처벌 이후의 복지적 지원은 '배분적 정의'(配分的 正義)의 측면이라고 할 수 있다. 비행청소년과 관련된 배분적 정의는 비행청소년들의 재비행을 막기 위해서는 단순히 처벌하는 데 그치지 않고, 그들이 재비행을 저지르지 않도록 돕고 보호하는 시스템을 갖추어야만 한다는 것을 의미한다. 비행청소년들은 미성년자들이라 기본적으로 경제력이 없기 때문에 보호자의 보호력이 약한 비행청소년들의 경우 비행에 대한 처벌과 처벌 이후의 복지적 지원, 다시 말해 배분적 정의가 병행되지 않으면 재비행을 방지하기는 매우 어렵다. 청소년회복센터는 시정적 정의보다는 배분적 정의에 입각한 제도이다. 정의를 시정적 정의의 측면에서만 보면 청소년회복센터 등은 존재의 의의가 낮은 제도일 것이나, 배분적 정의의 측면에서 보면 아주 중요한 의미를 지니는 제도이다. 그리고 이러한 점을 알리기 위해서는 우선 정의에 관한 이해가 매우 중요하다고 보았다. 그런데 국가와 시민들은 비행청소년들에 대한 엄벌, 다시 말해 시정적 정의만 강조할 뿐 그들의 실상에 맞는 처우를 하는 것, 다시 말해 환경을 조정하는 등으로 재범을 방지하는 배분적 정의에 관해서는 큰 관심을 보이지 않았다.

결국 비행청소년을 둘러싼 정의의 문제는 '소년범과 정의'라는 주제로 압축되었고, 이 주제에 관한 이해도를 높여 국민들을 보다 잘 설득하기 위해 정의와 관련된 책들을 틈나는 대로 읽어 나가기 시작하였다. 그러던 중 마침 '한국일보'와 '국제신문'의 요청으로 신문에 글을 연재하게 되었는데 연재글의 전체 주제도 역시 소년범과 정의였다. 기고를 마치고 난 뒤 글을 모아 책을 출간하였고 그 책이 바로 《호통판사 천종호의 변명》(우리학교, 2018)이다. 변명이라는 말은 《소크라테스의 변명》이란 책 제목에서 따왔는데, 위 책에서 '변명'이라는 용어는 자기합리화를 위하여 내뱉는 말을 의미하는 것이 아니라 피고인으로 기소되어 배심

원들을 상대로 하게 된 법정에서의 변론을 의미한다. 비행청소년을 대신해서 변론해 준다는 뜻에서 변명이라는 제목을 지은 것이다. 책에는 비행청소년들과 소년법의 실상을 제대로 알고 행동해 달라는 호소를 담았을 뿐 아니라, 더 나아가 비행청소년들에 대한 정의는 시정적 정의만이 아니라 배분적 정의도 필요하다는 호소를 담았다.

위 책을 쓰면서 깨닫게 된 것은, 당연한 일이었지만 정의론이 생각보다 넓고 깊다는 것이었다. 이에 정의에 관해 좀 더 이해하기 위해 더 많은 책들을 읽어 나갔다. 특히 '정의란 무엇인가'라는 질문에 대한 답을 찾기 위해 관련 책들을 탐독하기 시작하였고, 어느 해는 1년 동안 100권가량의 책을 읽기도 하였다. 이러한 독서를 통하여 정리된 것 중의 하나가 정의의 개념을 '과정으로서의 정의'와 '결과로서의 정의'로 나누는 것이었다.

'과정으로서의 정의'는 정의가 동태적으로 실현되어 가는 점에 초점을 맞춘 것으로 '각자에게 사회적 가치를 분배하고, 분배된 사회적 가치를 배타적으로 향유하게 하며, 향유함에 문제가 발생하면 시정하고, 분배의 격차가 너무 클 때에는 재분배해 나가는 과정'이라고 정의할 수 있다. 그중 분배와 재분배는 배분적 정의라고 할 수 있고, 향유와 시정은 시정적 정의라고 할 수 있다. 사람들은 보통 정의라고 하면 잘못을 바로잡는 시정적 정의만을 생각하지만, 위에서 보았듯이 배분적 정의도 정의의 실현에서 배제할 수 없는 국면이다.

다음으로 '결과로서의 정의'는 관련자들에게 분배 및 시정의 몫을 나눔에 있어 올바르게 대우함을 의미한다. 결과로서의

정의의 핵심 원칙은 공정성을 기반으로 하는 '호혜성'(또는 상호성)
이다. 호혜성 원칙은 배분적 정의에서는 '내가 받은 만큼 상대방
도 받게 하고, 상대방이 받은 만큼 나도 받는다'는 것을 의미하고,
시정적 정의에서는 '내가 당한 만큼 상대방도 당하게 하고, 상대
방이 당한 만큼 나도 당한다'는 것을 의미한다. 하지만 엄격한 호
혜성은 현대 복지국가의 사회정의실현에 잘 부합되지 않는다. 배
분적 정의에서는 능력주의를, 시정적 정의에서는 엄벌주의를 표
방하는 호혜적 정의는 수정되거나 극복될 필요가 있다. 특히 비
행청소년들에 대한 배분적 정의를 실현함에 있어서는 호혜적 정
의를 넘는 정의론을 정립하는 작업이 무엇보다 중요하다고 생각
되었다.

이를 위해서는 성경으로 돌아가지 않을 수 없었고, 결국 성
경에서 해답을 찾았다. 성경에서는 정의와 관련하여 미쉬파트
(정의)와 체다카(공의)라는 두 개의 용어를 사용하고 있다. '미쉬파
트'는 호혜성(상호성)을 전제로 하는 용어인데 주로 법정에서 사용
되는 개념으로 '눈에는 눈, 이에는 이'라는 격언처럼 받아야 할 만
큼 받고, 받은 만큼 돌려준다는 뜻을 지니고 있다. 하지만 '체다
카'는 자신이 해야 할 것 이상을 하거나 자신이 할 수 있는 이하의
것을 한다는 '연대성'과 일방적인 희생을 전제하는 '은혜성'을 포
함하는 용어이다. 연대성 및 은혜성은 하나님의 사랑을 통해 맛
볼 수 있다. 결국 성경을 통해서 보면 결과로서의 정의는 호혜적
정의, 연대적 정의 및 은혜적 정의로 나눌 수 있게 되고, 이는 성경
이 정의의 실현에 있어 호혜적 정의뿐 아니라 연대적이고 은혜적
정의까지 요청하고 있는 것으로 이해할 수 있다.

이상과 같은 탐구 과정에서 나온 책들이 《천종호 판사의 선, 정의, 법》(두란노, 2020), 《천종호 판사의 예수 이야기》(두란노, 2021), 《천종호 판사의 하나님 나라와 공동선》(두란노, 2022)이다.

2023년 여름경 '기독인문학연구원-이음사회문화연구원'에서 공동으로 진행하는 '용서와 화해 그리고 치유 2' 프로젝트에 공동저자로 참여해 달라는 요청이 있어 이를 수락한 다음 〈형사법적 정의와 용서〉라는 제목으로 글을 쓰기 시작하였다. 글의 핵심 내용은 '용서란 무엇인가'였다. 2024년 2월, 글을 완성하여 출판사에 넘기면서 출판권에 관한 계약을 체결하였는데, 계약서에 '출판사가 출판사에 귀속된 원고를 기초로 글을 추가하여 단행본으로 책을 출판하는 것에 대하여 동의한다'는 조항을 삽입해 두었다. 그 이유는 용서라는 주제는 사랑과 정의라는 주제와 밀접한 관련성이 있고, 정의와 사랑 및 용서가 상호 어떤 관계에 있는지를 알려면 위 주제들을 함께 다루는 글이 필요하였기 때문에 이를 예상해서 삽입해 둔 것이다. 그렇게 해서 출간된 책이 《용서와 화해 그리고 치유 2》(새물결플러스, 2024)이다.

정의에 관해서는 이미 책을 저술하였고, 위 프로젝트를 통해 용서에 관하여도 다루게 되었으므로, 이제 사랑의 개념에 관해서만 정리가 되면 한 권의 책으로 낼 수가 있겠다는 생각에 위와 같은 조항을 삽입해 두었던 것이다. 그 한 권의 책은 강연 도중 자주 받았던 질문, 즉 "기독교인은 고소하면 안 되는가"라는 질문에 대한 답을 제시하는 것이 되므로 필자로서는 의미 있게 생각하지 않을 수가 없었다.

2025년 2월에 《천종호 판사는 바울에게 무엇을 물을까》(두란노, 2025)라는 책을 출간한 이후 '사랑'을 주제로 하는 책들을 읽어 나갔는데, 독서의 주된 목적은 사랑이 정의와 어떤 관계에 있는지를 이해하는 것이었다. 그리고 사랑과 정의에 관해 어느 정도 이해가 되었다고 생각되어 글을 쓰기 시작하였고, 그렇게 쓴 글과 위 공저에 실린 용서에 관한 글이 이 책의 4부에 실려 있다.

정의와 사랑에 관한 글을 어느 정도 완성하고 나니 문득 십계명에 관해 글을 써야겠다는 생각에 이르렀다. 법조인으로서 십계명의 해석에 도전해 보아야겠다는 생각은 늘 지니고 있던 것이었다. 십계명은 신학자가 아닌 법학자로서 성경과 관련하여 쓸 수 있는 주제 중 마지막 주제로 남겨둔 것이었다. 십계명에 관한 글을 써야겠다는 마음을 먹고 나서 관련 분야의 책과 논문을 읽고 글을 써 나가기 시작하였다. 그런데 글을 써 나가던 중 어려운 문제에 봉착하였다. 그것은 십계명을 제대로 해석하려면 산상수훈(山上垂訓)의 말씀을 이해해야 하는데, 십계명과 산상수훈, 특히 마태복음 5장과의 관계에 관해 정리가 되지 않는 것이었다. 정신없이 논문을 찾다가 우연히 한 개의 논문을 발견하고 십계명과 산상수훈과의 관계를 정립할 수 있었다.

그런 다음 십계명과 산상수훈에 관해 글을 써 나가기 시작하였다. 그러다 놀라운 발견을 하게 된다. 산상수훈 중 마태복음 5장의 말씀에 그동안 필자가 연구해 온 주제가 압축되어 있다는 것이었다. 필자의 주된 연구 주제는 '선, 정의, 법 그리고 사랑'이었다. 이 주제는《천종호 판사의 선, 정의, 법》에서 어느 정도 다루어진 것이다. 그런데 마태복음 5장에 위 주제가 고스란히 담겨 있을 줄이야 꿈에도 생각하지 못한 일이었다.

먼저, 마태복음 5장에서 팔복은 하나님과의 연합과 기독교인의 성품에 관한 내용이다. 이는 하나님의 최고선과 인간의 성품-선에 관한 내용으로 결국에는 '선'과 관련된 가르침이다. 다음으로 마태복음 5장 17-37절의 말씀은 율법, 특히 십계명에 관한 가르침으로 '법'과 관련된 가르침이다. 또 마태복음 5장 38-42절의 말씀은 정의의 한 측면인 동해보복법칙(同害報復法則, jus talionis)을 극복하라는 가르침으로 '정의'와 관련된 말씀이다. 마지막으로 마태복음 5장 43-48절의 말씀은 원수까지 사랑하라는 가르침으로 '사랑'과 관련된 말씀이다. 마태복음 5장이 이런 구조라는 것을 발견하는 순간 심장이 크게 요동쳤다. 지난 15년간의 연구 주제가 마태복음 5장에 있었던 것이다. 이런 발견을 바탕으로 십계명 해석에 관한 글과 정의 및 사랑에 관한 글을 통합할 수 있게 되었고, 결국 이 책을 완성하게 되었다. 참으로 하나님의 놀라운 섭리라고 할 수밖에 없다.

이 책에는 법과 정의, 용서와 사랑에 관한 개념 및 그들 상호 간의 관계에 관한 필자의 의견을 담아두었다. 그리고 이를 바탕으로 십계명에 대한 해석을 전개해 놓았다. 아직 부족한 점이 많고, 보완될 점도 많을 것으로 생각한다. "무지한 말로 생각을 어둡게 하는 자"(욥 38:2)가 되지나 않을지 두렵고 떨린다. 그럼에도 감히 또 한 권의 책을 세상에 내어 놓는다. '선, 정의, 법, 사랑'에 관하여 한 권만으로 정리하지 못하고 여러 권으로 나누어 글을 쓰게 됨을 용서하시기 바란다.

끝으로 이 책의 내용이 대중적이지 않아 독자층이 제한적일 것임이 예상됨에도 불구하고 흔쾌히 출간을 결정해 주신 홍성사

　　　　천종호 판사가 들려주는 십계명

정애주 대표님과 책의 편집을 위해 수고를 아끼지 않으신 편집부에 깊은 감사의 말씀 전한다. 아울러 책의 초고를 읽으시고 소중한 의견뿐 아니라 교정까지 해주신 율하소망교회 이용세 목사님과 원미옥 사모님, 백석대학교 이주향 교수님께 감사의 말씀 올린다.

사랑이신 하나님께서 평범하기 짝이 없는 필자에게 주신 은혜가 너무도 크다. "할렐루야! 마라나타!"

2026년 3월
부산 구서동 우거에서

천 승 호

차례

1

산상수훈을 통한 완성을
기다리는 십계명

십계명의 성격, 산상수훈과의 관계

십계명은 세상에서 가장 유명한 계명이다. 기독교인이 아닌 사람들조차 십계명이라는 이름은 한 번쯤 들어보았을 것으로 생각한다. 십계명이라는 명칭은 부부 십계명, 부모 십계명, 노인 십계명, 활기찬 인생을 위한 십계명, 직장생활 십계명, 행복 십계명 등 아주 다양하게 사용되고 있기 때문이다. 하지만 정작 사람들은 성경에 명령되어 있는 십계명의 내용에 대해서는 잘 알지 못한다. 가장 큰 이유는 종교적인 데 있다고 본다.

십계명은 법이다. 십계명은 지금으로부터 대략 3,500년 전에 주어진 계명이지만, 이스라엘 사람뿐 아니라 기독교인들에게 여전히 효력이 있는 계명으로 받아들여지고 있다. 하지만 계명으로서의 십계명이 현재 어떤 효력을 발휘하는가에 대해서는 사람들마다 생각이 다르다. 어떤 사람들은 십계명을 단순히 도덕법칙에 불과하다고 생각하고, 또 어떤 사람들은 십계명을 자연법의 하나라고 생각한다. 하지만 진정한 기독교인들이라면 십계명을 하나님의 법이자 언약으로 받아들여야 한다. 십계명을 도덕법칙이나 자연법이 아니라 하나님의 법과 언약으로 받아들이는 것은 십계명이 하나님과 인간 사이의 관계를 형성하고 유지하는 데 있어 중요한 '관계의 준칙'이 된다는 것을 의미하고, 더 나아가 십계명을 온전히 지키지 않으면 하나님의 최후 심판대에서 처벌을 받게 된다는 것을 의미한다.

십계명은 기독교인의 삶을 통해서 실천되지 않으면 죽은 문자에 불과하다. 하지만 십계명을 실천하는 일은 쉬운 것 같아 보이지만 실제로는 매우 어렵다. 십계명은 표면적으로는 그 내용이 매우 단순하기에 읽고 있는 동안은 그 계명들을 실천하는 것이 얼마나 어려운지 잘 이해되지 않지만, 우리의 삶에 실천하고자 하는 순간 결코 쉬운 계명이 아니라는 것을 깨닫게 된다.

십계명을 이해하는 출발점은 그 성격을 분명히 파악해 두는 것이다. 앞에서 말했듯이 십계명의 성격을 보편적인 도덕법칙이라고 하는 견해와 하나님의 법이라고 하는 견해 사이에는 십계명의 해석과 실천에 있어 매우 큰 차이를 보인다. 십계명의 성격이 파악되었다면, 그 다음 단계는 성경 말씀을 통해 십계명의 의미를 찾아내는 것이다. 특히 삼위일체 하나님이신 성자 예수 그리스도께서 십계명과 구약의 계명들을 새롭고 완전하게 해석해 주셨으므로 우리는 예수의 말씀을 통해 십계명의 의미를 재조명해야 한다.

예수는 '계명'과 관련하여 특별히 세 개의 말씀을 주셨다. 첫 번째는, "네 마음을 다하고 목숨을 다하고 뜻을 다하여 주 너의 하나님을 사랑하라, 네 이웃을 네 자신과 같이 사랑하라"(마 22:37, 39)는 말씀이고, 이것을 '율법과 선지자의 강령'이라 부르셨다. 두 번째는, '황금률'(黃金律)로 알려진 "그러므로 무엇이든지 남에게 대접을 받고자 하는 대로 너희도 남을 대접하라"(마 7:12)는 말씀이고, 이것을 '율법이요 선지자'라 부르셨다. 율법과 선지자는 넓게는 구약 성경 전체를 의미하므로 위 두 개의 말씀은 구약 성경의 최종 요약, 즉 '강령'(綱領)이라 할 수 있다. 세 번째는, 제자들에게 "새 계명을 너희에게 주노니 서로 사랑하라 내가 너희를 사랑한 것같이 너희도 서로 사랑하라"(요 13:34)는 말씀이다. 이 말씀에서 새 계명은 위 첫 번째 및 두 번째의 말씀과 비교해 보면 '새 계명의 강령'이라고 할 수 있다. 율법과 선지자, 즉 구약 성경에 대응하는 것은 신약 성경, 특히 예수의 복음서이다. 구약 성경은 예수의 복음을 통해 완성되었으므로 새 계명 또는 새 계명의 강령은 '복음서를 포함한 신구약 성경 전체의 강령'이 되는 것이다.

새 계명은 옛 계명이 전제되어야 하는 개념이다. '옛 계명'은 가장 좁게는 십계명을 의미하고, 넓게는 모세5경을 의미하며, 가장 넓게는 구약 성경 전체를 의미한다. 예수는 마태복음 5장에서 7장까지의 '산상수훈'을 통하여 옛 계명에 대한 잘못된 해석을 바로잡아 주시는 한편, 제사장, 서기관, 바리새인 등 율법 해석의 권위자들에 의해 의도적으로 배제되어 있던 구약 성경의 내용을 새롭게 제시하심으로써 옛 계명을 온전하게 하셨다. 특히, 산상수훈 중 마태복음 5장(이하 '마태5장수훈'이라고 함)에는 십계명에 관한 올바르고 새로운 해석이 담겨 있다. 이는 십계명이 예수 그리스도의 말씀으로 폐기된 것이 아니라 예수 그리스도의 법으로 승화되었음을 의미한다. 사도 요한도 비슷한 취지에서 "사랑하는 자들아 내가 새 계명을 너희에게 쓰는 것이 아니라 너희가 처음부터 가진 옛 계명이니 이 옛 계명은 너희가 들은 바 말씀이거니와 다

시 내가 너희에게 새 계명을 쓰노니"(요일 2:7-8)라고 하였다. 마태5
장수훈이 주어지기까지의 과정 및 그 내용은 십계명이 주어지기
까지의 과정 및 그 내용과 긴밀한 대응 관계에 있다. 또 사람들은
산상수훈을 선포하는 예수에게서 서기관들이나 바리새인들에게
서 느낄 수 없는 특별한 권위를 느꼈다(마 7:28-29). 이는 예수와 산
상수훈이 성경에서 차지하는 비중을 상징적으로 보여주는 것이
다. 그러므로 십계명을 해석함에 있어 새 계명인 산상수훈, 특히
마태5장수훈을 배제하는 것은 십계명을 올바르게 해석한 것이
될 수 없다. 결국 십계명의 해석에 있어서는 "성경이 성경을 해석
한다"는 원칙으로 돌아가야 한다.

　이상의 점을 바탕으로 우선 2부에서는 십계명의 법적 성격
을 이해하기 위한 전제로 법의 의미, 하나님의 법의 의미와 종류,
하나님의 법 위반과 죄 등에 관해 서술해 두었다. 3부에서는 십계
명의 제정 목적 및 특성, 십계명의 해석 원칙 등을 제시한 다음 열
개의 계명들에 관하여 구체적인 해석을 해두었다. 4부에서는 십
계명에는 명시적으로 드러나지 않지만 십계명과 구약 성경을 지
배하고 있는 두 가지 원칙, 즉 '정의와 사랑'에 관한 예수의 가르
침에 관해서 언급해 두었다. 특히 '은혜적 정의'와 '원수 사랑'이
예수의 가르침의 핵심이라는 것을 밝혀보고자 하였다. 마지막으
로 5부에서는 십계명과 예수가 가르쳐 준 계명은 아담과 하와의
범죄 이후 타락한 인간 본성으로서는 온전히 실천할 수가 없다는
것을 밝힌 다음, 바로 이 지점에서 예수의 십자가 복음이 필요함
을 언급해 두었다.

　끝으로 저자 서문에서 산상수훈 중 마태복음 5장의 말씀에

그동안 필자가 연구해 온 주제, 즉 '선, 정의, 법, 사랑'에 관한 가르침이 압축되어 있다고 언급한 부분과 관련하여 간단히 언급하고자 한다.

하나님은 선이시고, 인간은 선 자체가 아니라 하나님으로부터 선을 받은 피조물에 불과하다. 인간이 선한 상태를 유지하려면 하나님과의 연합이 필요하다. 하지만 인간은 아담의 범죄로 인하여 하나님과 분리됨으로써 '선의 부재', 즉 악한 피조물이 되었다. 인간이 선을 다시 회복하려면 하나님과의 연합을 이루어야 하고, 이를 위해서는 하나님과의 원수관계를 회복시킨 다음 타락한 인간본성을 새 창조 본연의 성품으로 되돌려야 한다. 하나님과의 관계를 회복하는 것은 죄의 종의 신분에서 하나님의 자녀의 신분으로 회복되는 것이므로 '구속'(또는 속량)이라 하고, 타락한 인간본성이 새 창조 본연의 성품으로 회복되는 것은 '영화'(榮華)라고 한다. 구속과 영화를 합쳐 '구원'이라고 한다.

선과의 관계에서 보면 구속은 인간에게 선의 회복 및 완성을 위한 출발점이 되므로 '구속-선'이라고 할 수 있다. 영화는 새 창조 본연의 성품을 완성하는 것을 의미하므로 '성품-선'이라 할 수 있고, 이는 예수의 재림 때에 이루어진다. 현재의 인간은 성품의 성화의 과정에 있고, 성화를 거쳐 영화에 이르게 되므로 성화도 '성품-선'이라고 할 수 있다. 한편, 인간은 공동체 생활을 하며 자기에게 주어진 몫(생명, 자유, 소득과 부, 권리와 의무, 권력과 기회, 공직과 영광 등 사회적 가치)에 만족하고, 타인에게 분배된 몫을 존중하는 삶을 살아야 한다. 이것이 정의와 공의의 삶이고, 이를 '사회적 가치-선'이라고 할 수 있다. 또 인간은 규범(법과 도덕)에 따라 질서를 지켜야 한다. 이는 공동체의 보존과 유지를 위해 가장 기본적인 선이므로 '질서-선'이라고 할 수 있다. 그렇다면 성경에서 선은 크게 다섯 가지 유형으로 나눌 수 있다. 첫 번째는, 선이신 하나님이고, 두 번째는 구속-선, 세 번째는 성품-선, 네 번째는 사회적 가치-선, 다섯 번째는 질서-선이다.

그런데 구속-선은 하나님과의 관계가 회복되었음을 의미하고, 이는 사람들이 택함을 받아 하나님의 백성이 되었음을 의미한다. 산상수훈은 하나님과의 관계가 회복된 자들을 대상으로 한 말씀이다. 따라서 산상수훈의 가르침을 듣는 '무리와 제자들'(마 5:1)은 이미 구속-선을 이룬 사람들이라고 해도 무방하다. 구속-선을 이룬 자들은 이제 성품의 완성을 향해 나아가야 한다. 이에 관한 가르침이 팔복의 말씀(마 5:3-12)이라고 할 수 있다. 결국 산상수훈 중 팔복의 말씀은 구속-선을 이룬 자들이 성품-선을 완성하는 것과 관련된 말씀이다. 그리고 구속-선을 이루고 성품-선을 완성해 나가야 하는 하나님 나라의 백성들은 하나님 사랑과 이웃 사랑을 실천하면서 세상의 빛과 소금의 역할을 감당해야 한다. 그에 관한 말씀이 마태복음 5장 13-16절이다. 사랑의 실천은 법의 준수 및 정의와 공의의 실천이 토대가 되어야 한다. 그렇지 않으면 온전한 사랑을 이룰 수 없다. 마태5장수훈 중 십계명의 해석과 관련된 부분(마 5:21-37)은 법(율법)의 준수와 관련된 것이고, 이는 질서-선과 관련된다. 또 마태5장수훈 중 '눈에는 눈 이에는 이'로 표현되는 동해보복법칙을 극복하라는 말씀(마 5:38-42)은 정의와 공의의 실현과 관련되는 말씀이고, 이는 사회적 가치-선과 관련되는 말씀이다. 최종적으로 마태5장수훈에는 원수까지도 사랑

해야 한다는 계명이 내려져 있다(마 5:43-48). 이는 하나님 나라의
백성이자 예수 그리스도의 제자들이라면 사랑으로써 율법 및 정
의와 공의를 완성해야 한다는 것을 의미한다(마 5:17-20).

지금까지 언급한 바에 의하면 마태5장수훈이 선, 정의, 법 그
리고 사랑에 관한 가르침이 압축되어 있는 말씀이라는 점에 관해
큰 이의는 없을 것으로 생각한다. 이상에서 언급한 바를 이해하
기 쉽게 표로 정리하면 아래와 같다.

선의 유형		선의 내용	마태5장수훈 내용	
최고선		하나님		선
구원선 =하나님과의 연합	구속-선	하나님과의 관계 회복	하나님 나라의 백성이 됨 예수의 제자가 됨 마태복음 5:1-2	선
	성품-선	새 창조 본연의 성품 성화 → 영화	팔복의 성품 마태복음 5:3-12	
사회적 가치-선		정의와 공의의 실천	동해보복 금지 마태복음 5:38-42	정의
질서-선		법의 준수	십계명의 해석 마태복음 5:21-37	법
새 계명		하나님 사랑, 이웃 사랑, 원수 사랑을 통한 율법의 완성 마태복음 5:17-20, 43-48		사랑

이상으로 십계명과 마태5장수훈과의 관계를 간략하게나마
이해하였으니 이제 십계명 해석에 관하여 본격적인 작업에 들어
가기로 한다.

2

하나님의 법과 계명에 대한 이해

1. 법의 의미

가. 법은 관계의 준칙

십계명을 이해하려면 그 성격부터 파악하고 있어야 한다. 십계명의 성격에 관해서는 '보편적 도덕 또는 윤리'라는 주장, '언약 또는 계약'이라는 주장, '법'이라는 주장이 있다. 십계명은 구약성경 중 '율법'에 포함된 계명이고, 유일하신 하나님에 의해 통치되는 신정국가인 이스라엘에서 적용되던 법 중 최고의 위치에 있던 계명이므로 십계명을 이해하려면 우선 법의 개념에 관한 이해가 필요하다.

"법이란 무엇인가?" 이는 법학자들뿐 아니라 신학자들, 철학자들에게 있어 아주 성가시면서도 중요한 질문이다. 법의 개념에 관해서는 매우 다양한 의견이 제시되고 있으나, 필자는 '법은 관계의 준칙'이라는 입장을 취하고 있다. 법의 개념을 이렇게 정의하는 과정을 대니얼 디포의 소설《로빈슨 크루소》의 주인공 로빈슨 크루소 이야기를 통해 각색해 보면 다음과 같다.

위 소설에서 로빈슨 크루소는 배를 타고 가던 중 폭풍을 만나 배가 난파당하고, 승선자 중 유일하게 살아남아 무인도에 상류할 수 있었고, 그곳에서 혼자 살아가게 되었다. 이러한 상황에서는 함께 생활하는 사람이 없으므로 공동생활을 위한 규칙을 마련할 필요가 없다. 혼자 밤에 일어나 벌거벗고 크게 소리를 지르며 춤추고 다녀도 그 행위를 제약할 사람은 아무도 없다. 하지만 어느 날 로빈슨 크루소는 처형당할 뻔한 원주민을 구해주었고, 금요일에 그를 구해주었다는 이유로 그의 이름을 프라이데이로 지은 다음 그와 함께 살아가게 된다. 공동체 생활이 시작되고, '인간관계'가 시작된 것이다. 이러한 상황에서는 생활습관 등의 차이로 인한 불편함이나, 불화가 생겼을 경우 느끼게 될 불안함을 해소하기 위해 규칙을 마련해 둘 필요가 있다. 이에 로빈슨 크루소와 프라이데이가 공동체 생활을 위하여 지켜야 할 규칙을 정하였다고 하자. 이것은 두 사람 사이에 지켜야 할 법이 된다. 이처럼 두 사람 이상이 일정한 공간 안에서 함께 생활하게 되면 관계가 형성되고, 관계를 유지함에 있어서는 불편함이나 불안함 등이 생기게 마련이며, 이러한 불편과 불안 등을 해소하기 위해 관계자 모두가 지켜야 할 규칙을 만들게 된다. 이러한 규칙이 '관계의 준칙'이고, 이것이 바로 가장 포괄적으로 정의할 수 있는 법의 개념이라고 할 수 있다.

한편, 관계는 그 지속 여부와 관련하여 두 가지 형태로 나눌 수 있다. 먼저, 친부모자녀 사이처럼 한 번 형성되면 소멸되지 않는 관계가 있는데, 이러한 관계는 관계상의 문제가 발생한다고 해도 갈등 상황이 지속될 뿐 그로 인해 관계가 소멸되지는 않는다. 반면에 부부나 친구 사이처럼 형성, 유지, 소멸의 과정을 거치는 관계도 있다. 즉, 관계를 형성, 유지하다가도 문제가 생겨 더 이상 관계를 유지할 수 없게 되면 관계 소멸의 절차를 거칠 수 있는 관계이다. 부부 관계에서의 이혼은 대표적인 관계 소멸에 해당한다. 그리고 이혼을 위해서는 법에서 정해 둔 절차에 따르지 않으면 안 된다. 예를 들어, 부부가 이혼하려고 하는 경우 협의 이혼이 성립하면 법에서 정한 협의이혼절차를 따라야 하고, 협의 이혼이 성립되지 않아 재판상 이혼을 하려면 민법 등에 따른 절차에 따라야 한다. 결론적으로 말해 법은 관계의 형성, 유지, 소멸에 있어 지켜야 할 규칙이라고 할 수 있다.

나. 관계의 준칙의 특성

먼저, 관계의 준칙은 '기한성'을 가진 것과 '지속성'을 가진 것으로 나눌 수 있다. 예컨대, 부동산매매계약을 체결한 경우 매도인과 매수인의 관계는 매수인이 매매대금을 치르고 대상 부동산에 관한 소유권이전등기를 마치게 되면 종료된다. 이를 관계의 준칙의 기한성이라 한다. 이러한 기한성의 반대가 지속성이다. 지속성이란 부동산매매계약처럼 관계의 준칙이 당해 사안에만 적용되고 효력을 잃는 것이 아니라, 공동체 생활 중에 발생하는 모든 사건에 적용되고, 또 법을 제정한 세대뿐 아니라 미래 세대에도 적용되는 특성을 의미한다.

다음으로, 관계의 준칙은 '개별성'을 가지는 것과 '일반성' 또는 '보편성'을 가지는 것으로 나눌 수 있다. 관계의 준칙의 개별성은 부동산매매계약과 같이 그 효력이 계약 체결 당사자 사이에만 미치는 것을 의미한다. 이에 반해 일반성은 관계의 준칙이 개별 당사자 외에 그가 속한 공동체와 그 구성원 모두에 대하여 동등하게 적용되는 것을 의미한다. 관계의 준칙이 특정 공동체를 넘어 지구촌 공동체 전체에 적용되는 특성을 '보편성'이라고 한다.

끝으로, 관계의 준칙은 '임의성'을 가진 것과 '강제성'을 가진 것으로 나눌 수 있다. 관계의 준칙의 임의성이란 관계의 준칙의 준수가 강제되지 않는 것을 의미한다. 이에 반해 관계의 준칙의 강제성이란 사람들의 의사와는 관계없이 관계의 준칙의 준수를 강제할 수 있는 것을 의미한다. 관계의 준칙의 강제성으로 인해 사람들은 자발적으로 규칙(예를 들어, 교통 법규나 특정한 계약 법규)을 준수하고 싶지 않을 때도 그 규칙을 준수해야만 하고, 규칙을 준수하지 않은 경우에는 그에 대하여 공적 제재(형벌이나 배상 등)를 받게 된다.

다. 관계의 준칙의 유형

관계의 준칙은 앞에서 본 관계의 준칙의 특성에 따라 '약속', '규칙' 및 '좁은 의미의 법'으로 나누어 볼 수 있다.

먼저, '약속'이 있다. 약속은 약속을 한 당사자 이외의 사람은 그 약속 사항을 지킬 필요가 없는 관계의 준칙을 의미한다. 다시 말해 약속은 일반성이 없는 관계의 준칙이다. 약속은 다시 계약과 언약으로 나눌 수 있다. '계약'은 부동산매매계약과 같이 일반성뿐만 아니라 지속성도 없는 약속을 의미한다. 이에 반해 '언약'은 부부관계에서의 언약과 같이 일반성은 없으나 지속성은 있는 약속을 의미한다. 부부관계는 실제 생활에서는 이혼을 통하여 관계의 소멸이 이루어지나, 원칙적으로는 검은 머리 파뿌리 되도록 함께해야 하는 지속적 성격을 가지므로, 부부관계를 규율하는 언약도 지속성을 가진다고 해야 한다. 이러한 이유로 예수께서도 "사람이 그 부모를 떠나서 그 둘이 한 몸이 될지니라 이러한즉 이 제 둘이 아니요 한 몸이니 그러므로 하나님이 짝지어 주신 것을 사람이 나누지 못할지니라"(막 10:7-9)고 말씀하셨던 것이다. 언약 중 실제적으로도 파기가 되지 않는 언약이 바로 '하나님의 언약' 이다. 뒤에서 보겠지만 십계명을 포함한 하나님의 법은 언약적 성격을 가지고 있다.

다음으로, '규칙'이 있다. 규칙은 일반성과 지속성을 지니고 있지만 강제성을 가지지 못한 관계의 준칙이다. 규칙의 예로는 동아리 규칙이나 동호회 규칙이 있다.

끝으로, '좁은 의미의 법'(이하 '법'이라 하면 좁은 의미의 법만 지칭한다)이 있다. 이는 일반성, 지속성 및 강제성을 가지는 관계의 준칙을 의미한다. 위와 같은 법의 세 가지 특성을 압축해서 보여주는 것이 법의 '재판규범성'이다. 법의 재판규범성이란 법의 일반성, 지속성, 강제성이 재판을 통해서 보장된다는 것을 의미한다. 재판규범으로서의 법은 모든 사람에게 평등하게 적용되고, 특정 사건에서 한 번 적용되었다고 폐기되는 것이 아니라 동일 유사사건에서 계속 적용되며, 강제성을 보장하기 위해 정당한 제재나 강제 집행을 동원한다. 법이 해석되고 선언되는 법정이 존재하지 않으면 법은 그 기능을 발휘할 수 없다. 따라서 법의 실현이라는 측면에서 보면 재판규범성은 그 무엇보다 중요한 의미를 지닌다.

 천종호 판사가 들려주는 십계명

라. 법의 내용으로서 '약속'과 '명령'

'사회계약설'에 따르면 공동체는 공동체 구성원 상호간의 약속에 의해 성립된다. 그러한 약속은 공동체의 최고법에 표현되어 있다. 이러한 측면에서 보면 법은 '약속'이라고 할 수 있다. 국가 성립의 세 요소는 주권, 국민, 영토이다. 그중에서 가장 중요한 요소는 주권이다. 국가 공동체가 형성되기 위해서는 먼저 공동체를 구성할 사람들의 범위에 관한 약속이 있어야 한다. 공동체 구성원에 포함된 사람들은 주권을 담당할 주권자를 정하고, 국가 공동체에서의 최고법인 헌법을 제정한다. 따라서 헌법은 주권, 국민, 영토에 관한 국가 공동체 구성원 상호간의 약속을 규정하게 된다.

한 국가의 주권자는 국가를 경영하기 위하여 자신의 주권을 행사하여 헌법 및 헌법 하위의 법을 제정한다. 헌법 및 헌법의 하위법에는 주권자의 명령이 표현되어 있다. 이러한 측면에서 보면 법은 '주권자의 명령'이라고 할 수 있다. 법에서 주권자의 명령은 직접적 또는 간접적으로 표현된다. '사람을 살해한 자는 …에 처한다'는 대한민국 형법 제250조 제1항은 '살인하지 말라'는 주권자의 명령이 간접적으로 표현되어 있다. 이에 반해 십계명은 '살인하지 말라', '간음하지 말라', '도둑질하지 말라' 등과 같이 주권자의 명령이 직접적으로 선포되어 있다.

결국 법의 내용을 이루는 것은 공동체 구성원 상호간의 '약속'과 주권자가 내린 '명령'이라고 할 수 있다.

2. 하나님의 법의 종류

토마스 아퀴나스는 법의 유형을 영구법(永久法), 신법(神法), 자연법(自然法), 인정법(人定法) 네 가지로 구분했다. 영구법(또는 영원법)은 만물의 창조주이신 하나님 안에 발견되는 창조주의 이념 또는 신의 예지의 계획을 말하고, 이 법은 영원성을 가진다. 신법은 이른바 '하나님의 법'으로 하나님이 성경 등을 통하여 인간에게 직접 계시해 주신 법을 말한다. 자연법은 영원법에서 발현되는 것으로 실천이성의 제1원리인 '선은 행하고 추구해야 하며 악은 피해야 한다'는 규정을 토대로 하는 법이다. 인정법은 인간에 의해 제정된 법이다. 인정법을 제외한 나머지 법을 하나님의 법이라고 한다(다만 하나님의 존재를 인정하지 않는 무신론자는 자연법을 하나님의 법으로 인정하지 않는다).

하나님은 말씀으로 인간과 소통하신다. 성경은 하나님이 인간에게 계시해 주신 말씀을 "말씀, 율법, 교훈, 명령, 계명, 훈계, 규례, 율례, 법도, 도, 증거, 길" 등으로 표현한다. 위와 같은 하나님의 말씀 중 보편성 및 일반성, 지속성 및 영구성, 강제성 및 재판규범성을 가진 말씀을 '하나님의 법'이라고 한다. 하나님의 법

의 지속성이란 하나님의 법이 예수의 재림 때까지 그 효력을 가지
는 것을 의미하고, 보편성 또는 일반성이란 하나님의 법이 모든
인류 또는 하나님의 택한 백성들에게 효력을 미치는 것을 의미하
며, 강제성 또는 재판규범성이란 최후 심판 때에 하나님의 법을
근거로 최종적인 처벌이 이루어지는 것을 의미한다. 윤리규범이
나 도덕규범은 하나님의 법과 마찬가지로 지속성과 보편성은 있
으나, 하나님의 법과는 달리 강제성과 재판규범성은 없다. 그러
므로 윤리규범이나 도덕규범을 하나님의 법과 같은 차원에서 논
의해서는 안 된다.

하나님의 법에는 인간과 자연을 향한 하나님의 약속과 명령
이 담겨 있다. 그리고 약속과 명령 위반 여부에 따른 저주와 축복
이 선포되어 있다. 저주와 축복의 최종적인 모습은 최후심판 때
에 보게 된다.

성경에 언급되어 있는 하나님의 말씀 중 '법', 다시 말해 '하
나님의 법'이라고 할 수 있는 말씀은 다섯 개다. 이들을 제정된 시
간 순으로 설명하면 아래와 같다.

가. 창조 명령

첫 번째 하나님의 법은 하나님이 우주 만물과 인간을 창조한
직후에 인간에게 내리신 '창조 명령'이다. 창조 명령은 다시 문화
명령과 선악과 명령으로 나눌 수 있다.

'문화 명령'은 아담에게 내리신 "생육하고 번성하여 땅에 충
만하라, 땅을 정복하라, 바다의 물고기와 하늘의 새와 땅에 움직
이는 모든 생물을 다스리라. 내가 온 지면의 씨 맺는 모든 채소와

씨 가진 열매 맺는 모든 나무를 너희에게 주노니 너희의 먹을 거리가 되리라"(창 1:28-29)는 말씀을 말한다. 문화 명령은 '위탁 명령'이라고도 한다.

아담을 먼저 창조하신 하나님은 에덴동산을 창설하시고, 그곳으로 아담을 이끄셨다. 그러신 다음 아담에게 문화 명령의 일환으로 에덴동산을 '경작하며 지키라'는 명령을 내리셨고, 그와 더불어 특별 명령으로 "동산 각종 나무의 열매는 네가 임의로 먹되 선악을 알게 하는 나무의 열매는 먹지 말라 네가 먹는 날에는 반드시 죽으리라"(창 2:16-17)는 명령을 내리셨다. 이 명령이 '선악과 명령'이다. 하나님은 선악과 명령으로 영생을 주는 생명나무 열매를 포함하여 동산 각종 나무의 열매는 마음대로 먹을 수 있도록 허용하셨으나(허용 규범), 단 하나, 선악과나무의 열매를 먹는 것만은 금지하셨다(금지 규범). 허용 규범은 사실상 무한대이나, 금지 규범은 단 하나뿐이라는 사실이 선악과 명령의 두드러진 특징이다.

창조 명령, 다시 말해 문화 명령과 선악과 명령은 넓은 의미에서의 '율법'이라 할 수 있고, 모세를 통해서 내리신 율법(토라)과 구분하기 위해 '타락 이전의 율법'이라고 한다. 문화 명령과 선악과 명령은 아담뿐 아니라 아담의 타락 이후의 모든 인류에게도 적용되는 법이다(웨스트민스터 신앙고백서 제19장 제2항).

나. 마음에 새긴 율법

두 번째 하나님의 법은 '마음에 새긴 율법'이다. 마음에 새긴 율법은 로마서에서 바울이 표현한 바를 따른 것이다. 바울은 로마서에서 율법(히브리어로는 '토라', 헬라어로는 '노모스')을 받지 않은 이 방인들에게 율법이 적용되는지에 대한 질문에 관해 "율법 없는 이방인이 본성으로 율법의 일을 행할 때에는 이 사람은 율법이 없어도 자기가 자기에게 율법이 되나니 이런 이들은 그 양심이 증거가 되어 그 생각들이 서로 혹은 고발하며 혹은 변명하여 그 마음에 새긴 율법의 행위를 나타내느니라"(롬 2:14-15)고 답변하였다. 위 말씀은 이방인에게는 율법 대신에 마음에 새긴 율법이 주어졌고, 마음에 새긴 율법을 따르도록 하기 위해 양심이 주어졌다는 것을 의미한다.

마음에 새긴 율법은 '본성법' 또는 '자연법'이라고도 한다. 이에 관해 에드워즈는 다음과 같이 말한다.

모든 인류에게 있어 의와 심판의 근원적이고 보편적인 규칙은 율법보다 훨씬 오래된 법, 즉 인간 본성이 시작될 때 시작되어 인류의 첫 조상과 더불어 수립되고 첫 조상 안에서 모든 인류와 더불어 수립된, 바로 본성의 법임을 분명히 보여준다. 금지된 열매를 먹지 말라는 명시된 명령도 바로 이 본성의 법을 준수하는지 시험하기 위해서 주어진 것이고, 본성의 법의 주된 규정은 하나님과 하나님의 뜻에 대한 최고의 존중이다.[1]

하나님은 인간을 창조하신 직후에 모든 인간에게 마음에 새긴 율법을 양심과 함께 주셨다. 라이큰은 다음과 같이 말한다. "하

---

1   조나단 에드워즈, 《원죄론》, 부흥과개혁사, 2016, 452쪽.

나님은 항상 그분의 율법의 토대 위에서 사람들을 다루셨다. 어떤 계명들은 그들에게 계시되었었다. 그리고 만약 그것들이 아무 데도 기록되지 않았다면, 그것들은 그들의 마음판 위에 기록되었다(롬 2:14-15)."[2] 다시 말해 마음에 새긴 율법은 모든 인류에게 적용되는 법이다. 따라서 창조 이후 종말에 이르기까지 율법을 받지 못하였다고 변명하는 사람들에 대해서는 마음에 새긴 율법으로 심판을 하게 된다.

다. 노아 언약의 법

세 번째 하나님의 법은 노아 언약에 담긴 법이다. 노아 언약은 하나님께서 홍수로 세상을 심판하신 이후 구원받은 노아와 그 가족들에게 내리신 언약으로 그 내용은 다음과 같다.

> 생육하고 번성하여 땅에 충만하라 땅의 모든 짐승과 공중의 모든 새와 땅에 기는 모든 것과 바다의 모든 물고기가 너희를 두려워하며 너희를 무서워하리니 이것들은 너희의 손에 붙였음이니라 모든 산 동물은 너희의 먹을 것이 될지라 채소 같이 내가 이것을 다 너희에게 주노라 그러나 고기를 그 생명 되는 피째 먹지 말 것이니라 내가 반드시 너희의 피 곧 너희의 생명의 피를 찾으리니 짐승이면 그 짐승에게서 사람이나 사람의 형제면 그에게서 그의 생명을 찾으리라 다른 사람의 피를 흘리면 그 사람의 피도 흘릴 것이니 이는 하나님이 자기 형상대로 사람을 지으셨음이니라 너희는 생육하고 번성하

---

2   필립 그레이엄 라이큰, 《돌판에 새긴 말씀》, P&R, 2015, 38쪽.

여 땅에 가득하여 그 중에서 번성하라(창 9:1-7)

　　노아 언약은 첫째, 창조 명령 중 문화 명령과 같은 의미를 가진 부분, 둘째, 채소 외에 동물의 고기를 먹을 수 있으나 피째 먹어서는 안 되고, 사람이 동물의 고기를 먹음으로 인해 동물들이 사람을 두려워하고 무서워하게 된다는 부분, 셋째, 사람의 생명을 빼앗은 자는 자신의 생명을 빼앗긴다는 부분으로 나눌 수 있다. 노아 언약에는 창조 명령 중 선악과 명령 부분은 빠져 있다. 그렇다고 하나님과 인간 사이의 관계가 단절되는 것이 아니다. 하나님은 노아 가족 8명을 홍수 심판에서 살아남게 하심으로써 그들의 구원자가 되셨으므로, 하나님과 노아 가족의 관계는 하나님과 아담 부부 사이에 맺어져 있는 주종의 관계가 전제되어 있다고 할 수 있다. 한편, 노아 언약 중 세 번째 부분은 '살인하지 말라'는 명령이 간접적으로 표현되어 있다. 노아 언약도 모든 인류에게 적용되는 법이다. 이에 학자들은 노아 언약도 '자연법'이라고 부른다. 이로써 성경에서 자연법으로 볼 수 있는 것은 앞서 본 '마음에 새긴 율법'과 '노아 언약'이다.

라. 율법(토라)

　　네 번째 하나님의 법은 <u>율법(토라)</u>이다. 한글성경의 '율법'은 히브리어 토라와 헬라어 '노모스'를 번역한 것이다. 토라는 '교훈' 또는 '가르침'이라는 뜻을 가진 용어이고, 노모스는 법과 규칙이라는 뜻을 지닌 용어이다. 히브리어 토라가 헬라어 노모스로 번역됨으로 인해 한글성경도 율법이라는 용어를 사용하게 되었다. 그런데 신약성경에서 율법이라는 용어는 한 가지 뜻만으로 사용된 것은 아니다. 먼저, 마태복음 12장 5절, 누가복음 2장 22, 24절, 갈라디아서 3장 10절에서는 율법이 '시내 산 언약의 계명들'이라는 뜻으로 사용되었다.[3] 다음으로, 마태복음 5장 17절, 22장 40절, 누가복음 2장 24절, 16장 16절, 사도행전 13장 15절, 로마서 3장 21절에서는 율법이 '모세5경'의 의미로 사용되었다.[4] 모세5경 중 십계명을 포함한 법령 부분을 '모세의 율법' 또는 '계명'이라고 부른다.

모세의 토라, 즉 모세5경은 역사 부분, 법령 부분, 제의와 절기에 관한 부분이 모두 포함되어 있다. 모세5경 중 법령 부분, 다시 말해 십계명과 미쉬파팀[한글 개역개정성경에는 '법규'(출 21:1) 또는 '율례'(출 24:3)로 번역됨][5] 부분을 '모세의 율법'이라고 하고, 법령 부분, 제의(祭儀), 절기에 관한 부분을 합쳐 보통 '율법'이라고 한다. 성경 중 출애굽기 21장부터 23장 19절까지와 신명기 일부가 미쉬파팀 부분에 해당된다.

전통적으로 율법은 도덕법 부분, 의식법 부분, 재판법 부분으로 나누는데, 그 근거는 "이는 곧 너희의 하나님 여호와께서 너희에게 가르치라고 명하신 명령과 규례와 법도라"(신 6:1)는 말씀이다. 위 말씀 중 '명령'(commandments, praecepta)은 도덕법을, '규례'(statutes, caeremoniae)는 의식법(예식법)을, '법도'(judgements, judicia)는 재판법(사법)을 의미한다고 한다.

---

3   셋 D. 포스텔 외 2인, 《모세를 읽으며 예수님을 보다》, 이스트윈드, 2020, 28쪽.

4   앞의 책, 28쪽.

5   권오윤, 《왕 같은 제사장의 삶》, barahBOM, 2021, 56쪽.

먼저, 십계명으로 요약되는 도덕법은 하나님 사랑에 관한 계명들과 이웃 사랑에 관한 계명들로 나눌 수 있다. 다음으로 의식법(儀式法) 또는 예식법(禮式法)은 제사, 할례, 음식, 의복, 절기 등 공동체가 준수해야 할 의식과 관련된 부분을 말한다. 끝으로 '재판법'(裁判法) 또는 '시민법'(市民法)은 형사처벌, 손해배상과 보상 및 그를 위한 재판 절차와 관련된 부분을 말한다.

법령으로서의 율법은 신정국가인 이스라엘의 법이므로 원칙적으로 이스라엘 백성들에게만 적용되는 법이다. 이 점은 율법을 제외한 나머지 하나님의 법과 비교해 볼 때 율법의 가장 큰 특징이라고 할 수 있다. 그러므로 십계명을 포함하는 율법은 이스라엘 백성과 기독교인들 이외의 사람들에게는 강제성을 지닌 법이 아니라 보편적 도덕 또는 윤리가 될 뿐임을 기억해야 한다. 그리고 앞에서 본 하나님의 법과 관련해서 보면 율법 수여는 이스라엘이 하나님의 법에 대해 최초로 들은 사건이 아니라 하나님의 법을 성문화하고 명시적으로 공표한 것이라고 해야 한다.[6]

마. 그리스도의 법

다섯 번째 하나님의 법은 '그리스도의 법'(갈 6:2)이다. 그리스도의 법은 좁게는 예수께서 초림하신 이후 가르쳐 주신 계명으로 산상수훈과 그 밖에 십계명에 관한 해석 부분을 의미한다. 그리스도의 법은 넓게는 복음서와 신약성경에 나타난 예수 그리스도의 가르침을 의미한다.

6　　필립 그레이엄 라이큰, 《돌판에 새긴 말씀》, 40쪽.

그리스도의 법은 위에서 언급한 4가지 법을 폐기하고 내려진 것이 아니라 그 법들을 계승하여 새롭게 변화시켜 내려진 '새 계명'(요 13:34)이자 '새 언약'(눅 22:20)이다. 그리스도의 법의 제정자이신 예수는 율법과 계명들에 대한 잘못된 해석을 바로잡아 주셨고, 율법과 계명들을 더 깊이 있게 풀이해 주셨을 뿐 아니라 새롭고 확장된 의미를 부여하셨다.[7] 이로 인해 그리스도의 법은 모든 인류에게 적용되는 부분(창조 명령, 마음에 새긴 율법, 노아 언약을 각 계승한 부분과 예수의 말씀 중 모든 인류에게 적용되는 부분)과 하나님 나라의 백성에게만 적용되는 부분(십계명을 계승한 부분과 하나님 나라의 백성에게만 적용되는 부분)이 공존하는 법이 된다. 그리스도의 법 중 하나님 나라의 백성에게만 적용되는 부분은 하나님과 선택된 백성 사이의 언약을 통해 법의 효력이 실현된다. 새 계명의 핵심은 "내가 너희를 사랑한 것같이 너희도 서로 사랑하라"(요 13:34)이고, 이는 복음서를 비롯한 신구약 성경 전체의 강령이라고 할 수 있을 뿐 아니라 모든 인류에게 적용되는 계명이라고 할 수 있다.

율법은 정치적 및 법적으로 신정국가인 이스라엘에서만 효력을 가지는 법이므로 정치적으로 볼 때 신정국가인 이스라엘이 지구상에서 사라진 이상 실정법으로서의 효력을 상실하였다. 한편, 율법은 성경적으로 볼 때 '약속하신 자손이 오시기까지 있을 것'(갈 3:19)이었으므로 약속하신 자손인 예수께서 이 땅에 오셔서 십자가에 못 박히심으로써 폐지되었다. 특히, 율법 중 시민법은 정치적 공동체인 이스라엘에서만 효력을 가지는 법이다. 따라서

---

7   에드먼드 P. 클라우니, 《예수님은 십계명을 어떻게 해석하셨는가?》, 크리스챤, 2008, 108쪽.

교회는 이스라엘 공동체를 이어받은 세속 공동체가 아니고 이스라엘 공동체와는 다른 영적 공동체이므로 시민법의 특정한 규정들은 하나님의 백성을 구속하지 못한다.[8] 더구나 시민법은 이스라엘 공동체가 소멸됨으로써 그 시효가 만료되었으므로 더 이상 효력을 발휘할 수 없다. 한편, 율법 중 제의법은 그 모든 규정들이 예수 그리스도를 가리켰고, 그리스도께서 속죄 제물로 자신을 드리심으로써 율법을 성취하셨기 때문에 희생제사는 더 이상 드릴 필요가 없게 되었고, 이로 인해 제의법도 더 이상 필요치 않게 되었다. 그러므로 옛 제의들이나 희생제사가 이스라엘에서 원상태로 회복될 것이라는 '세대주의'는 신학적으로 오류를 범하고 있는 것임을 명심해야 한다.[9] 더 나아가 도덕법도 이스라엘 공동체의 실정법으로서는 원칙적으로 폐지되었다고 할 것이다. 하지만 하나님은 성도들에게 교회를 주시고, 그리스도의 법이라는 새로운 신법(神法)을 제정해 주셨는데, 이로 인해 도덕법 부분은 그리스도의 법으로 재해석되어 온전하게 성취되기에 이르렀다. 로핑크도 "이 세말론적 해석이 뜻하는 것인즉 그렇다면 바로, 토라는 하느님 백성의 사회질서라는 그 성격을 잃어서는 안 된다는 것이요, 그 전체가 이 모든 사회적 차원과 더불어 산상 설교에 비추어 새로이 해석되어 '그리스도의 법'으로 변형되어야 한다는 것이다"[10]라고 한다. 그러므로 예수의 제자인 기독교인과 예수의 제자 공동체인 교회는 율법 중 도덕법 부분을 그리스도의 법으로서 준

8 　필립 그레이엄 라이큰, 《돌판에 새긴 말씀》, 44쪽.

9 　앞의 책, 44쪽.

10 　게르하르트 로핑크, 《산상 설교는 누구에게?》, 분도출판사, 1990, 178쪽.

수해야 할 의무가 있다.

뒤에서 살펴보겠지만 인간은 율법을 온전히 지킬 수 없고, 결국 그에 대한 책임으로 죽음을 받아들여야만 한다. 이 죽음에는 육적 죽음뿐 아니라 영적 죽음도 포함된다. 하지만 예수께서 인간의 죄를 대속하기 위하여 십자가에서 처형당하셨고, 이러한 희생은 율법의 이면을 지배하고 있는 사랑을 완벽하게 실천한 유일한 사건이 되었다. 그 덕분에 인간에게는 축복이 찾아왔고, 자신이 지은 죄에 대한 책임에서 벗어날 길을 얻게 되었다. 결국, 예수의 사랑이 율법을 완성시켰기에 율법은 그 효력을 다하고 그리스도의 법으로 승화되었다고 하겠다. 이는 구약성경, 특히 십계명의 말씀을 묵상하고 실천하려면 그 말씀들을 산상수훈을 포함한 그리스도의 법이라는 필터에 먼저 여과시켜야 한다는 것을 의미한다.

한편, 그리스도의 법에는 승화된 율법 부분만 있는 것이 아니라 율법으로서는 도무지 감당할 수 없는 '생명의 성령의 법'(롬 8:2) 부분도 있다. 사도 야고보는 이 법을 '자유롭게 하는 온전한 율법'(약 1:25)이라고 한다. 율법은 '책임의 원칙'이 적용된다. 책임의 원칙이란 율법을 이행하지 못하면 그에 따른 책임이 따른다는 것이다. 그런데 율법을 완벽하게 지켜낼 사람은 없다. 그렇다면 모든 사람은 영원한 죽음을 맞아야 한다. 그래서 율법을 '죄와 사망의 법'(롬 8:2)이라고 하는 것이다. 하지만 하나님은 예수로 하여금 인간의 죄를 대신하여 십자가에 처형당하게 하심으로써 율법의 완전한 이행을 이루어 주셨고, 예수의 공로를 대가로 택한 백성을 죽음에서 벗어나 영생할 수 있게 해주셨다. 인간에게 대가 없이 영생을 주실 수 있었던 것은 바로 '생명의 성령의 법' 때문이다. 하나님의 은혜가 아니면 절대 불가능한 일이 일어난 것이다. 그래서 생명의 성령의 법은 '은혜의 원칙'이 적용되는 법이라고 한다. 생명의 성령의 법이 인간에게 주어질 수 있었던 것은 하나님과 그의 독생자이신 예수 그리스도의 인간에 대한 사랑 때문이다. 사랑으로 율법이 완성된 것이다(롬 13:10).

그런데 생명의 성령의 법으로 인해 은혜가 부어진다고 율법을 준행하지 않아도 된다는 것은 심각한 오류이다. 은혜의 원칙으로 책임의 원칙이 배제되는 것이 아니라 책임의 원칙이 은혜의 원칙으로 포섭되어 승화되었다는 것을 알아야 한다. 따라서 구원받은 기독교인은 이제 하나님의 은혜에 대한 감사로 율법을 준수해야만 한다. 그렇지 않으면 구원받은 하나님의 백성이라는 증명을 할 수가 없다. 하지만 기억해야 할 것은 율법을 완벽하게 준수하고자 하는 율법주의적 태도가 아니라 최선을 다해 하나님의 율법을 위반하지 않겠다는 태도로 율법을 준수하고자 해야 한다는 점이다. 은혜의 법이 있기에 기독교인은 율법을 완벽하게 준수하지 못해도 하나님께 죄송한 마음 금할 길은 없겠지만 영원한 죽음에 대한 공포와 두려움은 가지지 않아도 된다. 이것이 바로 '하나님의 아들 예수 그리스도의 복음'(막 1:1)이다.

3. 하나님의 법의 목적과 특성

가. 하나님의 법의 목적

법은 목적을 이루기 위한 수단에 불과하다. 인간들은 법을 제정할 때 목적 규정을 두는 경우가 많다. 예를 들어 소년법 제1조는 목적이라는 제목하에 "이 법은 반사회성이 있는 소년의 환경 조정과 품행 교정을 위한 보호처분 등의 필요한 조치를 하고, 형사처분에 관한 특별조치를 함으로써 소년이 건전하게 성장하도록 돕는 것을 목적으로 한다"고 규정한다. 이와 마찬가지로 하나님의 법에도 목적이 있다.

하나님께서 인간에게 법을 주신 목적은 인간으로 하여금 '옳은(義) 삶'과 '좋은(善) 삶'을 누리도록 하기 위함이다. '옳은 삶'은 하나님과 인간, 인간과 인간 사이의 관계가 올바른 것을 의미하고, 관계의 올바름의 기준은 공의와 정의이다. '좋은 삶'은 하나님께서 인간을 창조하실 때 의도하신 인간의 삶을 의미하고, 이를 '인간의 제일 되는 목적'이라고 하는데 그 내용은 "하나님을 영화롭게 하고, 영원토록 그를 즐거워하는 것"(웨스트민스터 소요리문답 제1조)이다. '법은 정의의 최소한'이라는 말에서 보듯이 인간이 하나님의 법을 지키는 것은 옳은 삶과 좋은 삶을 위한 최소한의 기준이다. 더 나아가 '법은 사랑의 최소한'이라는 말에서 보듯이 법을 지키는 것은 하나님과 인간에 대한 최소한의 사랑을 보여주는 것이 된다. 하나님 사랑과 이웃 사랑은 율법과 선지자의 강령이다. 하지만 인간이 마음과 뜻과 힘을 다하여 하나님을 사랑하고, 이웃을 내 몸과 같이 사랑하면 옳은 삶과 좋은 삶의 최대치에 이를 수 있다. 이러한 통합적인 삶, 다시 말해 옳은 삶과 좋은 삶을 사는 자가 바로 '복 있는 사람'(시 1:1)이다.

대표적으로, 창조 명령을 통해 하나님의 법의 목적을 살펴보기로 하자. 앞에서 본 바와 같이 선악과 명령을 '타락 이전의 율법'으로 보면, 아담과 하와가 범죄한 이후 하나님이 모세를 통해서 내리신 십계명을 포함한 타락 이후의 율법에 비해 지극히 단순하다는 점이 선악과 명령의 또 다른 특징으로 지적될 수 있다. 인간이 하나님의 형상대로 창조되었다는 것과, 인간에게 허용 규범인 문화 명령과 금지 규범인 선악과 명령이 내려졌다는 것은 인간에게 자유의지가 부여되었다는 증거다. 이는 인간이 동물이나 로봇 같은 존재가 아니며, 하나님과 교제하며 하나님의 청지기로서 우주를 지배할 수 있는 자유가 있다는 것을 의미한다. 허용 규범만 있었다면, 인간은 자기 욕망을 무한정 채울 수가 있었을 것이므로 동물과 다를 바가 없었을 것이다. 하지만 자유의지를 전제로 하는 금지 규범으로 말미암아 인간은 욕망을 제한할 수 있게 되어 동물에 비해 우월한 지위에 서게 된다. 자유의지는 인간에게 주어진 특혜요 특권이다. 하나님이 왜 인간에게 선택할 자유를 주셨는지는 비밀이다.

인간에게 주어진 자유의지로 인해 인간은 하나님을 제외하고는 가시적 세계에서 최강의 존재가 되었다. 이와 관련하여 성경에는 인간이 "하나님보다 조금 못하게" 창조된 존재이고, "영화와 존귀로 관을" 쓴 존재라고 표현한다(시 8:5). 이러한 인간의 지위로 인해 예상되는 최악의 사태는 인간이 자신의 의지로 자신에게 적용할 선과 악의 기준을 만들어 낼 여지가 있다는 것이다. 이는 선악과나무가 없다고 해서 해결될 문제가 아니었다. 더구나 선악과나무 열매에는 악한 것, 쉽게 말해서 신비한 약초처럼 인간에게 유익이나 해악을 줄 수 있는 효능 같은 것은 없었다. 인간이 선을 버리고 악을 선택하는 문제는 인간의 자유의지와 관련지어 논해져야 한다. 인간에게 자유의지가 주어진 이상 인간이 하나님을 주인으로 인정하지 않는 악을 저지를 수도 있다는 것은 당연히 예상되는 일이었다. 하나님은 영이시라 인간의 눈에는 보이지 않으시므로 인간이 생육하고 번성하여 땅에 충만하게 되었을 때, 하나님의 존재를 부정하거나 하나님과의 관계를 단절할 가능성이 충분히 있었다. 더 나아가 에덴동산은 인간보다 먼저 타락한 천사도 드나들 수 있는 곳이었고, 그 천사가 아담과 하와를 유혹할 가능성도 배제할 수 없었다. 영원하시고 전지전능하신 하나님도 그것을 다 알고 계셨다.

하지만 인간과의 자발적인 교제를 원하신 하나님은 자신의 절대 자유를 제약하여 인간의 입장에서 볼 때는 감당하기 어려운 결정을 내리셨는데, 그것이 바로 인간에게 자유의지를 주시는 것이었고, 이를 '하나님의 언약적 자제'라고 한다.[11] 그 정도로 하나님은 인간을 사랑하셨고, 이러한 위대한 사랑으로 하나님은 이런 위험한 결정을 내리신 것이다. 이런 상황에서 하나님은 인간을 당신의 존재를 늘 염두에 두고 살 수 있는 길을 만들어 두셨다. 그것이 바로 선악과나무이고, 선악과 명령이다. 하나님은 에덴동산 중앙에 생명나무와 선악과나무를 나게 하시고, 아담으로 하여금 생명나무뿐 아니라 동산의 각종 나무의 열매를 마음껏 먹되 오직 하나 선악과나무의 열매만은 먹지 못하게 하셨다. 무한대의 허용 규범을 주신 반면, 단 한 가지의 금지 규범을 주신 이유는 창조주인 하나님과 피조물인 인간 사이에는 넘어서는 안 되는 절대적인 경계가 있고, 이 경계만 넘지 않으면 영생을 빼앗기지 않고 누릴 수 있다는 것을 가르쳐 주시기 위함이었다. 결국 창조 명령은 인간의 옳은 삶과 좋은 삶을 위해 주어진 것이다.

그런데 아담과 하와는 자신의 의지에 따라 선악과나무 열매를 따 먹음으로써 인류의 첫 번째 죄를 저질렀다. 이로 인해 아담과 하와는 하나님으로부터 돌아섰다. 이러한 배향(背向)의 움직임이 하나님으로부터 유래하였다고는 할 수 없다. 그렇다면 그러한 움직임은 어디에서 온 것인가? 그에 대하여 아우구스티누스는 "참말로 모른다"고 솔직하게 대답한다.[12] 성경은 사탄에 의해 하와가 유혹되고, 하와에 의해 아담이 유혹된다고 기록함으로써 인간이 저지른 배향의 움직임이 인간 자체만의 책임으로 돌릴 수 없음을 간접적으로 시사하고 있다.

---

11   천종호, 《천종호 판사의 예수 이야기》, 두란노, 2021, 96쪽.

12   아우구스띠누스, 《자유의지론》, 분도출판사, 1998, 263쪽.

나. 하나님의 법의 특성

먼저, 하나님의 법의 <u>법적 성격</u>이다. 하나님의 법은 우주만물의 주권자이신 하나님이 모든 인류를 위해서 제정해 주신 법이다. 하나님의 법은 윤리규범이나 도덕규범이 아니라 영원성 및 지속성, 보편성 및 일반성, 강제성을 가진 법이다. 하나님의 법의 법적 성격은 최후심판 때 그 본래적 모습을 명백히 드러낼 것이다. 즉 관념에 불과하다고 생각되던 하나님의 계명이 현실화되어 나타나게 되는 것을 보게 될 것이다. 이는 평소에는 국법의 권위를 체험하지 못하다가 법을 위반하여 법정에 서게 되는 순간 그 엄정함을 보게 되는 것과 유사한 경험이라고 할 수 있다. 하지만 공포와 전율의 면에 있어서는 인간의 법정은 하나님의 법정을 도무지 따라갈 수 없다. 최후심판은 하나님의 법이 재판규범성을 지닌 '법'임을 보장한다. 최후심판이 없다면 하나님의 법은 보편적인 도덕 내지 윤리에 불과함을 잊어서는 안 된다.

이러한 하나님의 법의 법적 성격에 관하여 선한 사마라아인의 비유를 통해서 살펴보자. 선한 사마리아인의 비유를 보면, 제사장과 레위인은 강도상해를 당하여 길 위에 쓰러져 있는 자를 모르는 체하고 지나쳤다고 되어 있다. 그 일이 있은 후 그들이 죽어 하나님의 최후심판대 앞에 섰다고 하자. 하나님은 이웃 사랑의 계명을 가지고 그들을 심판하실 것이다. 그런데 만약 이웃 사랑의 계명이 법이 아니라 도덕이나 윤리에 불과하다고 한다면 하나님은 심판 때 그 제사장과 레위인이 이웃 사랑의 계명을 실천하지 못하였다는 이유로 그들에 대하여 행악죄에 대한 책임을 물으실 수가 없다. 이웃 사랑의 계명이 도덕이나 윤리에 불과하다면 제사장과 레위인이 이웃 사랑을 실천하지 아니한 것은 법을 위반한 것이 되지 않고 그들 속에 있는 악이 드러난 것에 불과하므로 그 악은 제거되어야 할 대상이지 처벌하거나 용서해야 할 대상은 아니기 때문이다. 하지만 이웃 사랑의 계명이 도덕이나 윤리가 아니라 법이라고 한다면 하나님은 제사장과 레위인이 이웃 사랑의 계명을 위반한 데 대하여 행악죄에 대한 책임을 반드시 물으실 것이다. 왜냐하면 제사장과 레위인이 이웃 사랑의 계명을 실천하지 아니한 것은 법을 위반한 것으로서 처벌을 받아야 하는 죄가 되기 때문이다(다만, 택한 백성은 예수 그리스도의 희생으로 죄의 용서를 받을 수 있다). 그러므로 하나님의 최후심판을 전제한다면 하나님의 법은 법적 성격을 가지고 있다고 해야 한다. 이를 부정하는 것은 하나님의 최후심판을 부정하는 것이 됨을 명심해야 한다.

다음으로, 하나님의 법의 <u>언약적 성격</u>이다. 하나님의 법 중에는 하나님과 그의 택한 백성 및 그들로 구성되는 공동체 사이에 체결될 언약에 관한 내용이 담겨 있다. 윤리와 비교해 언약의 첫 번째 특성은 언약 체결 당사자 쌍방이 부담해야 할 책임이 규정되어 있다는 점인데, 하나님의 법에도 인간뿐 아니라 하나님의 부담도 규정되어 있는 점에서 하나님의 법이 언약적 성격을 가진다고 할 수 있다.[13] 언약의 또 다른 특성은 불변성인데, 인간은 하나님과 맺은 언약을 깨트리려고 할지 모르나 하나님은 결코 언약을 깨트리지 않으시므로, 하나님의 법은 언약으로서 불변성을 지니게 된다. 구약 시대의 토라(율법), 특히 십계명은 언약의 대표적

---

13 김용규, 《데칼로그》, 포이에마, 2015, 27쪽.

인 형태이다.

끝으로, 하나님의 법의 도덕적 내지 윤리적 성격이다. 인간 공동체는 하나님을 주권자로 섬기는 '아벨 공동체'와 인간을 주권자로 섬기는 '가인 공동체'로 나눌 수 있다.[14] 가인 공동체와 그 구성원은 하나님의 법을 법이나 언약으로 인정하지 않는다. 그들은 성경에 계시된 하나님의 법을 도덕이나 윤리 규범 정도로만 생각할 뿐이다. 이는 하나님의 법이 도덕적 내지 윤리적 성격을 가지고 있기에 가능한 일이다. 신정국가인 이스라엘이 소멸되어 율법은 더 이상 실정법으로서의 효력을 가지지 않게 되나, 여전히 율법 중 도덕법 부분은 그 규범성을 잃지 않고 그리스도의 법으로 승화된다. 대한민국 헌법이 대한민국 국민을 형성하듯이 하나님의 법은 하나님 나라의 백성을 창조한다. 그리스도의 법으로 승화된 율법을 도덕이나 윤리가 아니라 법으로 받아들이지 않으면 하나님 나라의 백성이 될 수 없다. 하나님의 법을 법으로 인정하는지 도덕이나 윤리로 인정하는지는 기독교인의 정체성 형성에 있어 결정적인 문제임을 잊어서는 안 된다.

---

[14] 아벨 공동체와 가인 공동체에 관하여는 필자의 《천종호 판사의 하나님 나라와 공동선》, 두란노, 2022, 153쪽 이하 참조.

천종호 판사가 들려주는 십계명

4. 하나님의 법 위반과 죄

가. 불의죄와 행악죄

대한민국 형법 위반에 따른 죄의 종류는 매우 다양하다. 내란죄, 간첩죄, 살인죄, 상해죄, 폭행죄, 강간죄, 강도죄, 절도죄, 사기죄, 횡령죄 등 그 종류를 모두 나열하기가 어려울 정도이다. 출애굽기와 신명기에도 다양한 종류의 죄가 나열되어 있다. 하지만 하나님의 법을 위반하는 행위는 그 내용과 성격에 따라 두 가지로 나눌 수 있다. 그 구체적인 내용을 서술하기 전에 우선 이와 관련된 두 학자의 의견을 보기로 하자.

먼저, 김용규는 존재이신 하나님에게서 돌아서는 것이 '죄'라고 전제한 다음 이를 '존재론적 죄'라 하고, 도덕이나 법률을 위반하는 행위를 '범죄'라고 전제한 다음 이를 '도덕론적 죄' 또는 '악 또는 악행'이라 한다. 김용규는 죄 또는 존재론적 죄와 악행 또는 도덕론적 죄의 개념상의 차이를 아래와 같이 설명한다.

따라서 기독교에서 말하는 **죄**란 '신을 거역하는 것', '신에게서 떠나는 것', 한마디로 '신에게서 돌아서는 것'을 의미합니다. 그런데 '그는 존재다'라는 뜻을 가진 신의 이름 '야훼'가 지시하듯 신은 '존재'이기에, 죄 또한 '존재를 떠나는 것' 또는 '존재로부터 돌아서는 것' 곧 '존재상실'을 뜻하지요. 어디 그뿐인가요? 기독교 신학에서 신을 진리(眞)라고 한다면 죄란 진리로부터 돌아서는 것이고, 신을 선함(善)이라고 한다면 선으로부터 돌아서는 것이며, 신을 아름다움(美)이라고 한다면 아름다움으로부터 돌아서는 것을 의미하기도 합니다. 다시 말해 신이 곧 최고의 가치인 교설에서 신에게서 돌아서는 죄는 모든 '가치상실'이기도 하다는 뜻입니다. 이처럼 기독교에서 말하는 죄는 우리가 흔히 말하는 범죄(crime), 곧 폭행, 살인, 사기, 거짓말, 도적질, 간음과 같이 어떤 도덕이나 법률을 범한 것이 아니므로 **'도덕론적 죄'** 내지 **'법률상의 죄'**가 아닙니다. 기독교에서는 이런 죄들은 죄라고 하기보다 '악' 또는 '악행'이라 합니다. 바울이 로마서 1장 29-30절에서 열거한 불의, 추악, 탐욕, 악의, 시기, 살인, 분쟁, 사기, 악독, 수군수군함, 비방, 하나님을 미워함, 능욕, 교만, 자랑, 악을 도모함, 부모를 거역함, 우매, 배약, 무정함, 무자비함 등이 바로 그 악행들이지요. … 기독교에서 말하는 죄는 하나의 존재물인 인간의 그의 바탕인 '존재' 곧 신에게서 돌아서는 것이기에 오직 **'존재론적 죄'** 또는 **'종교적 죄'**입니다. 그리고 이 돌아서는 행위는 단 한 번의 '돌아섬'이지요. 따라서 살인, 도둑질, 간음과 같은 도덕론적 또는 법률상의 죄들이 반복하여 복수적(噇澀鋬)으로 저질러질 수 있는 것과는 본질적으로 다릅니다.[15]

---

15   김용규, 《데칼로그》, 261쪽 이하.

    천종호 판사가 들려주는 십계명

한편, 리쾨르는 하나님에 대하여 인간이 저지른 '잘못'을 '흠'과 '죄'와 '허물'로 구분한 다음, 세 가지 유형의 잘못을 서로 대조하며 그 개념을 정립해 나간다. 먼저, 리쾨르가 말하는 죄의 개념은 아래와 같다.

'죄'의 관념이 생기는 범주는 하나님 '앞'이라는 범주다.[16] … 최초 계기는 '불행 의식'이 아니라 '계약' 곧 유대말로 베리트(Bêrit)이다. 하나님의 부재와 침묵 또는 그와 상응한 인간 실존의 위기와 공허 같은 것이 나타나는 것은 그 이전에 만남과 대화의 차원이 있기 때문이다. 그러므로 죄의식에 결정적인 것은 죄짓기 이전에 계약 관계가 있었다는 점이다. 그 계약 관계의 침해가 곧 죄다.[17] … 죄의 경험은 그처럼 하나님과 사람이 부르고 찾는 관계 속에서 이룩된다. … 죄는 윤리적이기에 앞서 종교적이다. 죄란 어떤 규범이나 가치를 어긴 것이 아니라 인격 관계의 훼손이다.[18]

[무로서의 죄] 계약이 거의 인격적인 관계의 상징이라면 죄의 상징은 기본적으로 관계의 상실, 뿌리 또는 존재론적 기반의 상실을 가리킨다.[19] … 없음, 돌아감, 거역, 벗어나 떨어져 있음 따위는 해로운 무슨 실체라기보다는 훼손된 관계를 가리킨다. … 여하튼 죄의 상징

---

16   폴 리쾨르, 《악의 상징》, 문학과지성사, 1994, 60쪽.

17   앞의 책, 60쪽.

18   앞의 책, 62쪽.

19   앞의 책, 80쪽.

을 이루고 있는 것은 끊어진 관계라는 개념이다.[20] 그 표현들은 죄인을 '무'로 보는 새로운 관념을 형성할 것이다.[21] … 파기된 계약으로 말미암아 하나님은 전적 타자가 되고 인간은 주님 앞에서 아무것도 아닌 존재가 된다.[22]

[실체로서의 죄] 실제론적으로 볼 때, 키에르케고르가 말한 것처럼 죄 역시 무슨 실체다.[23] … 죄의 '고백'은 그렇지 않다. 그 '고백'은 예언자들이 폭로하고 드러낸 악의 실재를 바깥에서 본 것이다. 죄인이 그 악을 의식해서 나온 것이 아니다. 그 때문에 허물 의식의 '주관성'과 죄의 '실재성'이 대조된다. 그리고 죄의 존재론적 측면을 말하게 된다. 죄를 말할 때, 악한 것은 사람의 '마음'이요, 그의 실존 자체다.[24] … 죄는 처음부터 개인적이면서 공동체적이다.[25] … 히브리인들이 종살이 '안'에 있듯이 죄인은 '죄 안'에 있다. 그러므로 죄는 사람이 '그 안에' 처해 있는 악이다. 그래서 죄는 개인적이면서도 공동체적이다. 양심을 초월한 것이며 하나님의 현실과 진실 편에서 인식되는 것이다. 그렇기 때문에 죄는 사람을 묶어두고 종살이 시키는 권세다.[26]

다음으로 리쾨르가 말하는 허물의 개념은 아래와 같다.

---

20   앞의 책, 82쪽.
21   앞의 책, 83쪽.
22   앞의 책, 89쪽.
23   앞의 책, 89쪽.
24   앞의 책, 90쪽.
25   앞의 책, 91쪽.
26   앞의 책, 100쪽.

아주 일반적으로 말해서 허물이란 잘못의 주관적인 계기를 가리킨다고 할 수 있다. 그 점에서, 죄가 잘못의 존재론적인 계기인 점과 다르다. 죄란 하나님 앞에 있는 인간의 실제적 상황에 대한 어떤 의식을 가리킨다. 그런 상황은 반드시 인식되어야 한다. 그래서 예언자들은 모든 권세가 헛된 것임을 왕을 향해 선포했다. 허물을 그러한 실제 상황 말하자면 '즉자'(卽自)의 상황을 '대자'(對自)로 의식화하는 것이다.[27] … 어떤 면에서 죄의 느낌은 곧 허물 느낌이라고 할 수 있다. 허물은 곧 죄의 열매다. 어떤 기원과의 관계가 끊긴 것이다. 그런 뜻에서 허물은 죄가 내면화된 것이라 할 수 있다.[28] … '당신 앞에서'보다 '내'가 더 강조되었든 아니면 '당신 앞에서'가 아예 잊혀졌든 이제 잘못의 의식은 죄가 아닌 허물이다. 이제 악을 측정하는 것은 '양심'이다. 여러 나라 언어에서 똑같은 말인 도덕적 '양심'도 되고 심리학적이고 반성적인 '의식'도 되는 것은 우연한 일이 아니다.[29] … 이제 악을 개인적인 잘못으로 판단한다. 그 개인화로 말미암아 허물은 죄 고백의 '우리'와 단절된다. 포로기의 예언자들이 그 과정을 보여주고 있다. 공동체적인 죄가 개인적인 허물로 바뀌는 것을 보여준다.[30] … 죄의 구도에 따르면 악이란 인류 전체가 그 '안에 들어 있는' 상황이다. 허물의 구도에 따르면 악이란 개개인이 '일으키는' 행위다.[31]

---

27   앞의 책, 107쪽.

28   앞의 책, 108쪽.

29   앞의 책, 109쪽.

30   앞의 책, 110쪽.

31   앞의 책, 112쪽.

위 두 견해는 기본적인 전제가 비슷하다고 할 수 있다. 그 전제는 '인간의 잘못'을 '하나님과의 관계를 깨트리는 것'과 '인간 본성에서 발현되어 나오는 악행'으로 구분한다는 것이다. 우선, 하나님과의 관계를 깨트리는 것은 하나님의 존재를 부정하거나 그의 주권을 부정하는 행위를 의미한다고 볼 수 있다. 이는 인간이 피조물임을 망각하고 창조주 하나님과의 관계를 부정하거나 거부할 뿐만 아니라 우주만물에 대한 주권까지도 행사하려는 것을 의미한다. 아담과 하와의 범죄가 가장 대표적인 것이다. 이러한 행위는 '인간은 만물의 척도'라는 격언에 잘 표현되어 있다. 다음으로, 인간 본성에서 발현되어 나오는 악행이란 우주만물의 주인이신 하나님이 명하신 계명을 위반하는 행위이다. 하나님의 계명은 최종적으로 '사랑하라'는 계명으로 압축되는데, 이 사랑의 계명을 위반하는 것이 두 번째 의미의 잘못이다.

위 두 가지 잘못 중 첫 번째 잘못은 하나님과의 관계가 올바르지 않은 상태에서 저질러지는 행위라고 할 수 있고, 하나님과 관계가 올바르다는 것은 '의롭다'는 것으로 표현되므로, 결론적으로 위와 같은 위반행위는 '불의죄'(不義罪)라고 칭할 수 있다. "의인은 없나니 하나도 없다"는 로마서의 말씀에서 착안해서 명명해 본 것이다. 불의죄는 관계적 차원에서 본 죄의 모습에 해당된다. 법은 관계의 준칙이라고 하는 입장에서 보면 불의죄는 하나님과의 언약적 관계에서 바라본 죄의 모습에 해당된다고도 할 수 있다. 비유적으로 표현하자면 하나님을 향한 우리의 방향이 잘못되어 있다는 것을 의미한다. 쉽게 이해하자면 차량이 도로를 역주행하고 있는 모습을 떠올리면 될 것이다.

위 두 가지 잘못 중 두 번째 잘못은 수명자(受命者)인 인간이 하나님의 계명을 위반하는 행위를 말하고, 계명 위반 행위는 '악행'에 해당되므로 결론적으로 위 두 번째 위반행위는 '행악죄'(行惡罪)라고 칭할 수 있을 것이다. "선을 행하는 자 없나니 하나도 없다"는 로마서의 말씀과 '선의 부재는 악'이라는 명제에 착안해서 명명해 본 것이다. 비유적으로 표현하면 하나님과 멀어진 거리 또는 타락한 정도에 따른 인간의 악행을 의미한다. 쉽게 이해하자면 정상 방향으로 도로를 주행하는 차량이 신호를 위반하거나 과속을 하는 등으로 도로교통법상의 질서를 위반하는 모습을 떠올리면 될 것이다.

용어의 선택과 관련하여 불의죄와 행악죄를 리쾨르와 같이 성경에 나오는 죄와 허물이라는 명칭으로 사용할 수도 있겠으나, 성경에서의 죄와 허물은 고의와 과실 여부로 구분하는데(출 21:12-14, 레 4:13, 22, 27; 5:17 등), 행악죄는 고의와 과실 여부를 불문하고 저지를 수 있으므로 리쾨르의 용어는 그대로 사용하기가 어렵다. 한편, 죄를 존재론적 죄와 도덕론적 죄로 나누는 것은 죄의 법적 성격을 약화시킬 수 있기에 그대로 사용하기는 곤란하다고 생각한다.

이렇게 인간의 잘못, 즉 죄를 '불의죄 및 행악죄'로 나누는 것은 '의와 불의' 및 '선과 악'으로 구분하는 것을 전제로 한다. 이러한 전제를 가지고 로마서를 읽으면 사도 바울이 로마서를 통해 제시하고자 한 바를 좀 더 분명하게 이해할 수 있게 된다.

첫째, '의와 불의' 및 '선과 악'이라는 개념은 바울이 로마서 3장에서 '의인은 없나니 하나도 없다'라는 말씀과 '선을 행하는 자

없나니 하나도 없다'는 말씀을 동시에 언급하고 있는 이유가 무엇인지 알게 해준다. 바울은 로마서에서 모든 사람이 죄 아래 있다고 전제한 다음 "기록된 바 의인은 없나니 하나도 없으며 깨닫는 자도 없고 하나님을 찾는 자도 없고 다 치우쳐 함께 무익하게 되고 선을 행하는 자는 없나니 하나도 없도다"(롬 3:10-12)라고 한다. 위 말씀에서 바울이 '기록된 바'라고 한 것은 그 이후의 말씀이 자신에 의해 창작된 것이 아니라 구약성경에서 인용되었음을 나타내기 위해서다. 그런데 개역개정판 성경은 인용된 구약성경이 '시 14:1 및 시 53:1 이하'라고 각주로 표시하고 있으나, 위 두 개의 시편 말씀에는 '의인은 없나니 하나도 없으며'라는 구절은 보이지 않는다. 그렇다면 '의인은 없나니 하나도 없으며'는 바울이 위 시편 말씀들 외의 구약성경에서 인용해 온 것이라고 할 수밖에 없을 것인데, 위 문장과 동일한 구약성경의 말씀은 찾기가 쉽지 않고, 그나마 가장 유사한 문장은 시편 143편 2절에서 볼 수 있을 뿐이다. "주의 눈 앞에는 의로운 인생이 하나도 없나이다"가 바로 그것이다. 이러한 점과 로마서의 대주제인 "오직 의인은 믿음으로 말미암아 살리라"(롬 1:17)는 말씀을 모두 종합해 보면 바울이 '의인은 없나니 하나도 없으며'라는 표현을 사용한 것은 위 표현이 로마서를 통해 자신의 신학을 전개해 나가는 데 있어 없어서는 안 될 중요한 말씀이라고 판단하였기 때문이라고 생각된다.

그럼 바울은 무슨 이유로 시편 14편 또는 53편을 인용하면서 위 말씀들에는 없는 '의인은 없나니 하나도 없으며'라는 구절을 추가하였을까? 이 질문에 관한 답은 다음과 같다. 바울은 모든 사람은 죄 아래 있다고 선포한다(롬 3:9). 그런 다음 의인은 없나니 하

천종호 판사가 들려주는 십계명

나도 없으며, 선을 행하는 자는 없나니 하나도 없다(롬 3:10, 12)는 구약말씀을 인용한다. 인용된 말씀에서 모든 사람이 죄 아래 있다는 구절은 모든 사람이 죄인이라는 것을 의미하므로, 모든 사람이 죄 아래 있다는 선포 뒤에 '죄인이 아닌' '의인'은 없나니 하나도 없다는 말이 뒤따르는 것은 논리적으로 아무런 문제가 없다. 하지만 모든 사람이 죄 아래 있다는 말에 이어 선을 행하는 자는 없나니 하나도 없다라는 말이 뒤따르는 것은 상식적 차원에서 이해하는 것이 쉽지 않다. 왜냐하면 선을 행하는 자가 하나도 없다는 말은 문자적으로 이해하면 사람이 선이라고 행하는 그 어떤 것도 선이 아니라는 것이고, 이는 사람이 아주 작은 선행조차 행할 수 없다는 말이 되기 때문이다. 다시 말해 이 구절에 따르면 우리가 가난한 자에게 베푸는 자선조차도 선행이 되지 못한다는 뜻이 되는데, 이는 상식적으로는 납득하기 어렵다. 이러한 상식적 차원에서의 의문점을 해결하기 위해서는 이 구절이 앞서 언급된 의인은 하나도 없다는 구절과 표현만 다를 뿐 내용상으로는 동일한 의미를 지닌다는 점이 받아들여져야만 한다.

먼저, 모든 사람이 죄인이라는 말은 모든 사람이 하나님의 법, 특히 율법과 계명을 온전히 지키지 못한 죄를 저지름으로써 죄인의 신분에 처해 있음을 의미한다. 다시 말해 모든 사람이 '행악죄'를 저지르고 있는 죄인이라는 뜻이다. 다음으로, 모든 사람이 죄인이라는 말은 하나님의 존재를 부정하거나 하나님의 주권을 부정하는 죄를 저지름으로써 죄인의 신분에 처해 있다는 뜻도 있다. 즉, 모든 사람이 '불의죄'를 저지른 죄인이라는 뜻이다. 그런데 불의죄를 저지른 자는 하나님과 원수관계에 있게 되므로 그가 선행한다며 행한 것은 그 어느 것도 하나님과의 관계에서는 의미를 가지지 못한다. 어떤 사람이 선행을 한 경우 그것이 철천지 원수관계에 있는 사람에게는 선행으로 받아들여지지 않는 것과 마찬가지다. 다시 말해 불의죄를 저지른 자는 비록 행악죄를 저지르지 않더라도 죄인의 신분에서 벗어나지 못하므로 자신이 생각하기에 선행을 한다고 하여도 그러한 행위는 하나님으로부터 선으로 인정받지 못한다. 결국 선을 행하는 자 없나니 하나도 없다는 구절은 하나님과의 관계가 회복되지 않은 상태에 있는 사람은, 즉 불의죄를 저지르고 그 죄를 용서받지 못한 죄인은 하나님과 원수관계에 있게 되고, 그러한 관계가 유지되는 상태에서는 아무리 많은 선을 행하였다 하더라도 하나님으로부터 선으로 인정받을 수 없다는 뜻이라고 해야 한다. 이에 대해 리쾨르는 "죄란 전부 아니면 전무(全無)임을 바울은 시편을 통해 빌어 말하고 있다"[32]고 한다.

둘째, 죄를 불의죄와 행악죄로 구분하는 것은 로마서 7장 및 8장 말씀을 보다 명확하게 이해할 수 있게 해준다. 바울은 로마서 3장 이후 6장에 이르기까지 선과 악이라는 용어는 사용하지 않고 의와 불의 및 죄라는 용어만 사용하며 자신의 신학을 전개해 나가고 있다. 앞에서 우리는 모든 사람이 죄인임을 인지했다. 그런데 바울은 모든 사람이 죄인이 된 것은 아담의 죄 때문이고, 그 죄 때문에 모든 사람이 죽음에 이르게 되었다고 한다. 즉 바울은 "한 사람으로 말미암아 죄가 세상에 들어오고 죄로 말미암아 사망이

<hr>

32   앞의 책, 112쪽.

들어왔나니 이와 같이 모든 사람이 죄를 지었으므로 사망이 모든 사람에게 이르렀느니라"(롬 5:12)고 한다. 하지만 하나님은 죄인인 인간에게 사망에서 생명으로 나아갈 수 있는 길을 제시하셨다. 그것은 예수 그리스도를 "믿음으로 의롭다 하심"을 받는 것이다. 즉 바울은 "한 사람의 범죄로 말미암아 사망이 그 한 사람을 통하여 왕 노릇 하였은즉 더욱 은혜와 의의 선물을 넘치게 받는 자들은 한 분 예수 그리스도를 통하여 생명 안에서 왕 노릇 하리로다 그런즉 한 범죄로 많은 사람이 정죄에 이른 것같이 한 의로운 행위로 말미암아 많은 사람이 의롭다 하심을 받아 생명에 이르렀느니라 한 사람이 순종하지 아니함으로 많은 사람이 죄인 된 것같이 한 사람이 순종하심으로 많은 사람이 의인이 되리라"(롬 5:17-19)고 한다.

그런 다음 바울은 믿음으로 말미암아 의인으로 간주된 사람은 "죄에 대하여 죽은"(롬 6:2) 사람이라고 선포한다. 죄에 대하여 죽었다는 것은 문자적으로 해석하면 불의죄든 행악죄든 불문하고 더 이상 죄를 저지르지 않는다는 것을 의미한다고 할 것이다. 하지만 바울은 7장에서 "내가 원하는 바 선은 행하지 아니하고 도리어 원하지 아니하는 바 악을 행하는도다"(롬 7:19)라고 선포한다. 여기서 말하는 '나'는 바울을 포함하여 믿음으로 의롭다고 간주된 사람들을 의미하므로 그들은 불의죄 문제는 해결받았다고 할 것이고,[33] 그렇다면 위 말씀에서 악을 행한다는 것은 앞에서 말한 행악죄를 저지르는 것을 의미한다. 여기서 제기되는 문제는

---

[33]　천종호, 《천종호 판사는 바울에게 무엇을 물을까》, 두란노, 2005, 144쪽.

믿음으로 말미암아 의롭게 되어 죄에 대하여 죽은 사람이 행악죄를 저지를 수 있다는 것은 모순되지 않은가 하는 것이다. 하지만 로마서 6장 2절과 7장 19절은 표면적으로 이해하면 모순적으로 보일 수 있을지 모르나 죄에 대하여 죽었다는 의미를 분석해 보면 위 두 구절은 모순된다고 할 수 없다.

죄에 대하여 죽었다는 것에는 두 가지 의미가 있다. 첫 번째 의미는, 죄와 사망의 법이 더는 우리에게 죽음을 요구하지 못한다는 뜻이다. 갈라디아서 2장 19절의 "율법으로 말미암아 율법에 대하여 죽었나니"와 같은 의미라고 보면 될 것이다. 이는 예수 그리스도께서 우리 죄를 대신 짊어지심으로써 피의 대속을 해주셨고, 그 덕분에 하나님께서 의롭다고 여기시는 사람들은 영원한 죽음, 다시 말해 영생의 박탈을 죄의 대가로 내놓지 않아도 되게 되었다는 의미이다. 즉 죄와 사망의 법이 우리에게 죽음을 요구할 권세를 상실하였다는 뜻이다. 그런 의미에서 우리는 죄에 대하여 완전히 죽었다고 할 수 있다. 두 번째 의미는, 우리가 죄의 유혹에 더는 반응하지 않는 것을 뜻한다. 시체는 생체 반응을 보이지 않는다. 눈에 빛을 비추어도, 몸을 바늘로 찔러도 아무런 반응을 할 수 없다. 이와 마찬가지로 우리가 죄에 대하여 죽었다면, 죄의 유혹에 반응할 리가 만무하다. 하지만 인간이 죄의 유혹에 아무런 반응도 하지 않는다는 것은 불가능하다. 예수 그리스도의 보혈로 우리가 죄와 사망의 권세에서 벗어나긴 했지만, 연약한 육신으로 말미암아 죄의 유혹을 완전히 극복하였다고는 할 수 없다. 이런 의미에서라면 인간은 믿음으로 말미암아 의롭게 되었다고 해도 죄에 대하여 완전히 죽은 것이 아니라고 할 수 있다. 바울이 "내가 원하는 바 선은 행하지 아니하고 도리어 원하지 아니하는 바 악을 행하는도다 … 내 속사람으로는 하나님의 법을 즐거워하되 내 지체 속에서 한 다른 법이 내 마음의 법과 싸워 내 지체 속에 있는 죄의 법으로 나를 사로잡는 것을 보는도다 오호라 나는 곤고한 사람이로다 이 사망의 몸에서 누가 나를 건져내랴"(롬 7:19, 22-24)라고 한 것과 "이제 내가 육체 가운데 사는 것"(갈 2:20)은 바울이 죄의 유혹에 대하여 완전히 죽지 못한 자신의 처지를 탄식한 것이라고 할 수 있다. 그렇다면 로마서 6장 2절에서 죄에 대하여 죽었다고 말한 것은 즉 죄와 사망의 법이 우리에게 죽음을 요구할 권세를 상실하였다는 뜻으로 이해함이 타당하다고 할 것이다. 그리고 로마서 6장 2절의 죄에 대하여 죽었다는 의미를 위와 같이 해석한다면 위 구절에서 말하는 죄는 '불의죄' 및 '회개하여 이미 용서받은 행악죄'만 해당되고 믿음으로 말미암아 의롭게 된 자들이 장차 저지르게 될 행악죄는 제외된다고 해석함이 타당하다고 할 것이다. 이러한 접근법은 "이미 목욕한 자는 발밖에 씻을 필요가 없느니라 온 몸이 깨끗하니라 너희가 깨끗하나 다는 아니니라 하시니"(요 13:10)라는 예수의 말씀에서 그 근거를 찾을 수 있다. 위 말씀에서 온 몸이 깨끗하다는 것은 불의죄를 용서받은 것을 의미하고, 발을 씻는 것은 일상의 삶에서 저지르는 행악죄를 용서받는 것으로 이해할 수 있다.

셋째, 죄를 불의죄와 행악죄로 나누고, 그 전제로 의와 선으로 나누는 것은 로마서의 결론 말씀이라고 할 수 있는 로마서 8장 28절과 8장 29-30절의 해석에 큰 도움을 준다. 위 두 구절은 병행 구절이라고 할 수 있는데,[34] 바울은 선의 측면에서 "우리가 알거니와 하나님을 사랑하는 자 곧 그의 뜻대로 부르심을 입은 자들에게는 모든 것이 합력하여 선을 이루느니라"(롬 8:28)고 선포하는 한편, 의의 측면에서 "하나님이 미리 아신 자들을 또한 그 아들의 형상을 본받게 하기 위하여 미리 정하셨으니 … 또 미리 정하신 그들을 또한 부르시고 부르신 그들을 또한 의롭다 하시고 의롭다 하신 그들을 또한 영화롭게 하셨느니라"(롬 8:29-30)고 선포한다. 성도가 영화롭게 되기까지 부르심-중생-회심-칭의-성화-견인-영화의 단계를 거치게 된다. 그중 부르심에서부터 칭의까지는 '구속의 성취' 단계, 곧 '구속으로서의 선'에 해당하고, 성화부터 영화에 이르기까지는 '인격과 성품의 완성' 단계, 곧 '성품으로서의 선'에 해당한다. 그러므로 모든 것이 합력하여 이루는 선이란 결국 칭의와 영화라고 할 수 있다.[35] 위 두 구절을 이렇게 이해해 놓고 보면 바울이 로마서 앞부분에서 "의인은 없나니 하나도 없으며"와 "선을 행하는 자 없나니 하나도 없도다"라는 구절을 동시에 표현한 것의 의미가 더욱 부각된다.

나. 선악과 명령 위반과 불의죄 및 행악죄

하나님의 법을 위반함으로써 저지르는 죄를 불의죄와 행악죄로 나누는 것은 아담의 범죄행위에 대하여도 마찬가지로 적용할 수 있다. 아담은 하나님에 의해 창조될 때 의로웠다. 이러한 의로운 상태를 '원의'(原義, original justice, righteousness)라고 한다. 원의 상

---

34   앞의 책, 172쪽.

35   앞의 책, 171쪽 이하.

태의 아담은 "행복한 삶, 불행과 정반대되는 것을 누렸다. 더 나아가, 만약 아담이 하나님의 명령에 순종했다면, 아담에게는 단지 장수 정도가 아니라 영생이 상으로 주어졌을 것이다. 따라서 '죽음'은 그 정반대 것을 고려해 볼 때, 영원한 죽음 또는 영적 죽음을 의미한다."[36] 아담은 하나님으로부터 직접 선악과 명령을 받았고, 하와는 아담으로부터 하나님께서 선악과 명령을 내리셨다는 것을 전해 들었다. 이러한 사정을 잘 아는 뱀이 어느 날 나타나 하와에게 "하나님이 참으로 너희에게 동산 모든 나무의 열매를 먹지 말라 하시더냐"(창 3:1)고 묻는다. 그러자 하와는 "동산 나무의 열매를 우리가 먹을 수 있으나 동산 중앙에 있는 나무의 열매는 하나님의 말씀에 너희는 먹지도 말고 만지지도 말라 너희가 죽을까 하노라 하셨느니라"(창 3:2-3)고 대답한다. 이러한 하와의 대답은 '만지지도 말라'는 말을 추가함으로써 하나님의 명령에 자신의 해석을 추가한 것이고, 동산 중앙에 있는 나무 중 생명나무 열매는 먹어도 되는데 먹지 못하는 것으로 말함으로써 명령의 범위를 확대시킨 것이며, 먹으면 반드시 죽는 것이 아니라 '죽을까 하노라'고 말함으로써 명령 위반에 대한 처벌 내용을 축소시킨 것이었다. 여기에서 이미 문제가 발생하고 있다. 인간의 자의가 개입되고 있는 순간이고, 인간이 하나님의 명령을 명령 그대로 받아들이지 않게 된 순간이며, 인간이 '유일한 입법자이시고 재판관이신'(약 4:12) 하나님의 지위를 찬탈하는 순간이다. 이는 아담이 선악과를 먹기 전에 이미 하나님으로부터 돌아섰고, 그의 의지가

36   조나단 에드워즈, 《원죄론》, 56쪽.

타락해 있었다고 볼 수 있는 정황을 제공한다.[37] 이 문제는 "내가
이 두루마리의 예언의 말씀을 듣는 모든 사람에게 증언하노니 만
일 누구든지 이것들 외에 더하면 하나님이 이 두루마리에 기록된
재앙들을 그에게 더하실 것이요 만일 누구든지 이 두루마리의 예
언의 말씀에서 제하여 버리면 하나님이 이 두루마리에 기록된 생
명나무와 및 거룩한 성에 참여함을 제하여 버리시리라"(계 22:18-
19)는 말씀에 비추어 보면 얼마나 심각한 문제인지 알게 된다. 다
시는 오지 않을 최고의 기회를 포착한 뱀은 하와에게 "너희가 결
코 죽지 아니하리라 너희가 그것을 먹는 날에는 너희 눈이 밝아져
하나님과 같이 되어 선악을 알 줄 하나님이 아심이니라"(창 3:4-5)
고 하며 결정타를 날린다. 그러자 하와는 "그 나무를 본즉 먹음직
도 하고 보암직도 하고 지혜롭게 할 만큼 탐스럽기도"(창 3:6) 하다
고 생각하였고, 그렇게 되자 선악과나무 열매를 따서 먹고 싶은
욕구가 생겨 결국에는 하나님의 명령을 위반하고 선악과나무 열
매를 따 먹었을 뿐 아니라 아담에게도 주어서 먹게 하였다.

이상의 아담의 위반행위는 두 단계로 구분해 볼 수 있다. 먼
저는, 하나님으로부터 돌아서서 의지가 타락하는 행위이고, 다음
으로는, 의지의 타락 상태에서 계명을 위반하여 선악과나무 열매
를 따 먹는 행위이다. 이렇게 구분한다면 아담이 저지른 죄는 불
의죄 및 행악죄 모두에 해당한다고 할 수 있게 된다. 보다 구체적
으로 말하면 먼저, 아담은 선악과나무 열매를 따 먹음으로써 에
덴동산에서 하나님과 체결한 언약을 위반하였다. 이른바 불의죄

---

37   장재호, 《원죄와 죽음의 문제》(《대학과선교》, 제39집, 233쪽).

를 저지른 것이고, 이로 인해 아담은 하나님과의 관계 단절, 다시 말해 선이신 하나님과 분리 상태에 놓이게 된다. 다음으로, 아담은 뱀의 꾐에 넘어가 의지가 타락하여 선악과나무 열매를 따 먹음으로써 악행을 저질렀다. 이른바 행악죄를 저지른 것이다. 이 죄들로 말미암아 아담은 하나님과 원수관계에 이르렀다. 하나님께서 관계를 회복시켜 주시지 않는 한 원수관계는 영구히 지속될 것이었다. 하나님께서 짐승을 희생시켜 아담과 하와에게 가죽옷을 지어주심으로써 관계 회복의 길을 준비해 두셨기에 망정이지, 그러지 않았다면 아담의 후손들의 삶은 암울하기 그지없었을 것이다.

하나님께서 관계 회복의 길을 마련해 두셨음에도 불구하고, 아담의 죄는 그의 후손들인 인류에게 심대한 영향을 끼쳤다. 신학적으로 말해 인간은 원죄(原罪, original sin) 상태에 놓이게 된다. 원죄란 "마음의 타고난 부패다. 그러나 원죄 교리를 말할 때는 본성의 부패뿐 아니라 아담의 첫 죄의 전가, 다시 말해서 하나님의 판단에 따라 아담의 첫 죄에 대한 형벌을 아담의 후손도 받아야 될 책임 또는 상태도 범위에 포함시켜 이해하는 것이 통상적이다."[38] 원죄란 아담의 죄를 의미하는 것이 아니다. 원죄는 아담의 후손인 인간이 아담이 저지른 첫 죄에 대한 책임을 지는 것, 이른바 '죄의 전가(轉嫁)'를 의미하고, 책임의 내용은 '사망'과 '본성의 부패'(칼뱅의 표현으로는 '전적 타락')이다. 인간이 왜 자신이 저지르지 않은 죄에 대하여 책임을 지는가 하는 문제, 다시 말해 '죄의 전가 신

---

38   조나단 에드워즈, 《원죄론》, 157쪽.

학'은 다루기가 매우 어려운 주제이고, 본서의 연구 범위를 넘는 것이므로 더 이상 언급하지 않기로 한다. 어쨌든 인간은 태어날 때부터 하나님과 적대적 관계에 서게 되고, 전적 타락 또는 원부패(原腐敗, original depravity) 상태에 놓이게 된다. 다시 말해 인간은 불의죄와 행악죄를 당연히 저지를 수밖에 없는 비참한 존재로 태어난다. "내가 죄악 중에서 출생하였음이여 어머니가 죄 중에서 나를 잉태하였나이다"(시 51:5)라는 다윗의 탄식은 원죄 상태로 태어나는 인간 존재의 비참함을 잘 말해 주고 있다. 이제 인간은 아담의 상황보다 더욱 심각한 상황에 처하게 되었다. 왜냐하면 아담은 창조되었을 당시 본성이 원의의 상태, 다시 말해 부패되지 않은 상태에 있었기 때문이다. 그런 아담도 뱀의 유혹을 이기지 못해 죄를 저질렀는데, 원부패 상태로 출생하는 인간이야 더 말할 필요가 없을 것이다. "오호라 곤고한 인간이로다."

다. 죄에 대한 책임

범죄에 대하여 가해지는 책임을 형(刑) 또는 형벌(刑罰)이라 한다. 대한민국 형법상으로 형벌의 종류는 사형, 징역형, 금고형, 자격정지, 자격상실, 벌금, 구류, 과료, 몰수 9가지가 있다. 그중 징역형, 금고형, 벌금형에는 형의 집행유예가 가능하다. 하지만 하나님의 법 위반행위인 불의죄와 행악죄에 대하여 가해지는 책임은 사형(육체적 죽음과 영적 죽음) 한 가지밖에 없고, 형의 집행유예도 없다. 그만큼 하나님의 법 위반에 대해서는 엄정한 조치가 이루어진다

3

십계명:
하나님을 사랑하고,
이웃을 사랑하라

1. 십계명을 받기까지의 과정

십계명은 하나님이 시내 산(신명기에서는 호렙 산으로 되어 있음)에서 이스라엘 공동체와 백성에게 제정해 주신 계명이다. 따라서 십계명의 수명자는 원칙적으로 이스라엘 공동체와 백성이다. 출애굽 이후 십계명이 선포되기까지의 과정을 살펴보면 다음과 같다.

이스라엘 백성들은 애굽에서 나온 지 3개월 만에 시내 광야에 이르렀고, 시내 산 앞에 장막을 쳤다. 모세는 산을 올라갔다가(1차 등정, 출 19:3), 산을 내려와 백성들에게 하나님의 말씀을 전했다.

모세는 다시 시내 산을 올라가서(2차 등정, 출 19:9), 하나님의 명령을 받은 다음 산에서 내려와 백성들에게 하나님께서 전하라고 명령하신 말씀을 전했다.

하나님이 모세를 산 위로 올라오라고 하셨고, 모세는 다시 산을 올랐다(3차 등정, 출 19:20). 하나님은 모세에게 산을 내려가 백성에게 경고한 다음 아론과 함께 올라오라고 하셨다(출 19:24).

모세는 산을 내려가 백성들에게 엄히 경고한 다음 아론과 함께 산에 올랐다(4차 등정, 출 20:1). 하나님은 모세와 아론과 백성들에게 들리도록 친히 십계명을 말씀해 주셨고, 모세에게는 따로 십계명 외의 '법규'(출 21:1-23:19)와 '언약 사항'(출 23:20-33)을 말씀하셨다.

하나님은 모세에게 아론, 나답, 아비후 및 장로 70명을 데리고 산으로 올라오라고 하셨고, 모세는 다시 산에 올라갔다가(5차 등정, 출 24:1, 9), 내려왔다(내려온 직접적 기록은 없음).

하나님은 모세에게 율법과 계명을 친히 기록한 증거판(돌판)을 주겠다며 산으로 올라오라고 말씀하셨고, 모세는 그대로 따랐다(6차 등정, 출 24:13). 하나님은 모세에게 제사와 관련된 사항에 관해 말씀하셨고(출 25:1-31:11), 친히(손가락으로) 십계명을 새긴 돌판을 모세에게 주셨다. 모세는 돌판을 받아 산에서 내려왔으나 백성들이 금송아지를 숭배하고 있는 것을 보고 증거판을 던져 깨뜨려 버렸다.

모세가 스스로 시내 산에 올라가(7차 등정, 출 32:31) 하나님께 사건의 경과를 고한 다음 산에서 내려왔다.

하나님은 모세에게 돌판 2개를 만들어 오라고 하셨고, 모세는 돌판 2개를 만들어 시내 산으로 올라갔다(8차 등정, 출 34:4). 하나님은 모세가 만들어 온 돌판 2개에 다시 십계명을 새겨주셨고, 모세는 돌판을 받아 산에서 내려왔다.

십계명의 수여 과정에서 잊지 말아야 할 점은 십계명은 하나님이 직접 모세와 이스라엘 백성들에게 말씀해 주신 계명이라는 점이다. 이는 십계명이 율법에서 차지하는 비중이 매우 크다는 것을 의미한다.

2. 십계명의 제정 목적

첫째, 하나님이 십계명을 선포해 주신 것은 하나님과 이스라엘(이스라엘 공동체 및 백성) 사이에 언약이 체결되었음을 공포하기 위해서이다. 이 언약으로 하나님과 이스라엘은 언약관계 당사자의 지위를 가지게 되었는데, 이는 '십계명 서언'인 "나는 너를 애굽 땅, 종 되었던 집에서 인도하여 낸 네 하나님 여호와니라"(출 20:2)는 말씀에 잘 표현되어 있다.

이스라엘 백성은 애굽의 노예살이에서 해방되어 하나님의 통치를 받는 백성이 되었고, 이스라엘 공동체는 하나님의 통치를 받는 공동체가 되었다. 이는 이스라엘 백성이 애굽의 주권자인 바로의 종이 아니라 우주만물의 주권자이신 하나님의 종이 되었음을 의미한다. 또 이는 이스라엘 백성이 선택받은 백성으로서 하나님과의 원수관계가 해소되어 불의죄 문제가 해결되었음을 의미한다. 그런데 하나님은 자신의 종이 된 이스라엘 백성과 언약을 체결해 주셨고, 언약을 체결하실 때 일방적으로 하신 것이 아니라 이스라엘 백성의 동의를 받고 하셨다. 이는 하나님이 이스라엘 백성이 종의 신분에 있음에도 불구하고 그들을 존중해 주셨음을 의미한다. 우주만물의 주권자이시고 이스라엘 백성을 종살이에서 해방해 주신 주인으로서는 매우 파격적인 것이 아닐 수 없다. 라이큰은 "하나님에게서 직접 율법을 받은 것은 이스라엘의 유례없는 특권이었다"고 한다.[1]

둘째, 십계명은 이스라엘에게 예측가능성과 안정성을 보장해 주기 위해서 주어졌다. 다시 말해 십계명 언약은 이스라엘 백성들에게 그들이 언약을 위반하지만 않으면 자유로운 삶을 영위할 수 있고, 그들의 공동체의 존속이 유지된다는 보장을 준다.

통상적으로 주인과 종 사이에는 언약이 체결되지 않는다. 언약이 체결되었다 하더라도 주인이 마음만 먹으면 아무런 제약 없이 언약을 변경하는 것이 가능하므로 주인은 자기 기분에 따라 언약과는 다르게 자의적으로 종에게 명령을 내려도 아무런 문제가 되지 않는다. 그러나 이스라엘 백성의 주인이신 하나님은 자신의 종에게 절대불변의 약속을 체결해 주셨다. 하나님은 절대 자유일 뿐만 아니라 절대 불변하시므로 인간들처럼 계약과 관련된 증거가 없다는 이유로 언약을 위반하거나 변경하실 분이 아니므로 언약이 체결되었음을 증거로 남겨둘 이유나 필요가 없으시다. 그런 하나님이 이스라엘과 언약을 체결하신다고 선포하시면서 그 증거로 십계명을 내려주셨다. 이는 절대 불변하시는 하나님이 하신 선언이므로 절대 불변의 약속이 된다. 이 약속으로 말미암아 하나님의 절대 자유에는 언약적 제약이 생겼고, 이로 인해 하나님께서 이스라엘과 맺은 언약은 파기되는 일이 없다.

---

1   필립 그레이엄 라이큰, 《돌판에 새긴 말씀》, 26쪽.

셋째, 하나님께서 십계명을 주신 것은 장차 광야 생활 및 가나안 생활 중 어려움이 닥치게 될 때 종전의 노예 상태로 되돌아가지 않도록 하기 위해서이다. 앞으로 닥칠 어려움과 고난은 하나님만 절대 의지하면 충분히 극복될 수 있으므로, 참 신이 아닌 애굽의 신과 그 국가를 의지할 생각은 하지 말라는 뜻에서 십계명을 주신 것이다.

하나님은 애굽에서 노예생활을 하던 이스라엘 백성들을 속량하신 다음 주권자가 되어 그들을 신정국가인 이스라엘의 백성으로 삼으셨고, 가나안을 이스라엘의 영토로 주셨다. 국가 성립의 세 요소가 갖추어진 것이다. 이스라엘 백성은 하나님의 인도하심으로 애굽의 노예 신분에서 해방되었으므로 애굽과의 관계에서는 자유인이 되었다. 게다가 황송하게도 하나님을 이스라엘의 구원자요 주로 모시게 되었다. 이제 이스라엘이 해야 할 일은 전능하신 하나님께 충성하며 가나안 땅에서 하나님 나라를 세워가는 일이었다. 하지만 이스라엘 백성 중에는 광야 생활이나 가나안 생활 중 생계와 안전 문제에 부닥쳤을 때 애굽에 있었으면 이런 험한 꼴은 당하지 않았을 것이라고 생각하는 사람들이 있을 것이 예상되었다. 그리고 실제로 백성들 중에 광야 생활이나 가나안 생활 중에 어려움에 부닥치자 애굽에서 나온 것을 후회하며 지도자들에게 왜 자신들을 애굽에서 데리고 나왔냐며 항의하는 사람들이 있었다. 하지만 애굽 생활을 그리워하고 애굽으로 돌아가고 싶어 하는 것은 어렵게 얻은 자유인의 신분을 버리고 다시 노예로 전락하는 것이다. 따라서 장차 닥쳐올 삶이 아무리 어렵더라도 애굽의 부와 문화에 현혹되거나 애굽의 신들에게 어려움을 해결해 달라고 매달리는 것은 결코 해서는 안 되는 일이었다. 애굽의 부와 문화를 그리워하거나, 애굽의 신들을 섬기는 것은 여전히 애굽의 종의 신분에서 벗어나지 못하였다는 것을 증명하는 것이다. 하나님 앞에서 자유를 누리게 된 이상 자유를 되찾아 주신 하나님만 의지하면 광야 생활이나 앞으로 닥쳐올 고난은 충분히 극복이 가능하므로 하나님만 절대 신뢰하면서 자유인의 삶을 살아가라는 뜻에서 십계명 언약을 체결해 주신 것이다.

넷째, 하나님이 십계명을 주신 것은 이스라엘을 해방하신 하나님과 교제하며 자유와 행복을 누리도록 하기 위해서이다.

이스라엘 백성은 하나님과 맺은 언약관계를 통해 하나님과 교제하는 특권을 누리게 되었다. 그런데 하나님과의 교제를 위해서는 한 가지 해결해야 할 문제가 있다. 그것은 이스라엘 백성이 거룩해져야 한다는 것이다. 아담의 범죄 이후 인간은 모두 전적 타락 상태에 이르렀고, 이스라엘 백성이라고 달리 볼 이유가 없다. 따라서 이스라엘 백성이 죄 씻음을 받아 거룩해져 있지 않으면 거룩하신 하나님과의 교제는 이루어질 수 없다. 이에 하나님은 이스라엘이 거룩하게 되는 수단으로 십계명을 주셨다. 이스라엘의 거룩함은 종국적으로는 마음의 청결에 있다. 예수도 "마음이 청결한 자는 복이 있나니 그들이 하나님을 볼 것임이요"(마 5:8)라고 하셨다. 마음의 청결을 이루기 위한 출발은 교만과 탐욕(탐심)을 버리는 것이다. 하나님이 십계명을 '너는 나 외에는 다른 신들을 네게 두지 말지니라'는 계명으로 시작하여 '탐내지 말라'는 계명으로 마무리 지으신 것도 바로 이 때문이다.

거룩해진 이스라엘 백성이 하나님과 교제하는 최고의 길은 기도이다. 이스라엘 백성은 하나님의 능력을 온전히 알지 못하므로 어려움이 닥칠 때마다 하나님께 기도할지 아니면 신이라 불리는 것들에게 기도할지 선택해야 할 상황에 놓일 것이다. 하나님은 이스라엘 백성에게 그들이 그러한 상황에 처할 때마다 하나님 외의 다른 신들에게는 기도할 생각조차 하지 말고, 오히려 하나님께만 기도하며 문제를 맡기면 그 문제가 해결될 것이라는 점을 명심하고 있도록 하기 위해 십계명 언약을 제정해 주신 것이다.

이상을 종합해 보면 십계명에는 성경 전체에 흐르는 본질적 주제가 반영되어 있다. 그 주제는 하나님이 자신을 위해 백성을 불러내시고, 이렇게 부름받은 백성은 세상과 구별되어 하나님께 속하여 순종하는 거룩한 백성이 되며, 자신의 정체성에 충실한 것, 즉 모든 견해와 행동이 거룩한 또는 다른 존재가 되는 것이다.[2]

---

2   존 스토트, 《존 스토트의 산상수훈》, 생명의말씀사, 2024, 10쪽.

3. 십계명의 분류

한글성경에서 사용되는 '십계명'이라는 용어는 히브리어 구약성경의 '아세레트 핫데바림'(출 34:28, 신 4:13; 10:4)을 번역한 것인데, 그 뜻은 '열 가지 말씀'이다.[3] 아세레트 핫데바림은 영어로는 'The Ten Commandements'로, 헬라어로는 '데칼로구스'로 각 번역된다. 십계명이 히브리어로 '열 가지 말씀'이라는 점에서 보듯이 십계명을 10개의 계명으로 나누는 점에 대해서는 이견이 없다. 하지만 전체 계명의 내용을 10개로 나누는 방식에 관해서는 의견이 대립된다.

우선, 개혁교회와 그리스정교회는 전통적으로 다음과 같이 10개의 계명으로 분류하고 있고, 이를 '필로식 분류'라 한다.[4]

다음으로, 유대교에서는 제1계명은 필로식에서의 서언 부분이고, 제2계명은 필로식에서의 제1계명과 제2계명을 합친 것이며, 제3계명부터 제10계명까지는 필로식에서의 제3계명부터 제

---

3   김지찬, 《데칼로그》, 생명의말씀사, 2016, 37쪽.

4   앞의 책, 56쪽.

	출애굽기 20:2-17	신명기 5:6-21
서언	나는 너를 애굽 땅, 종 되었던 집에서 인도하여 낸 네 하나님 여호와니라	나는 너를 애굽 땅, 종 되었던 집에서 인도하여 낸 네 하나님 여호와라
제1계명	너는 나 외에는 다른 신들을 네게 두지 말라	나 외에는 다른 신들을 네게 두지 말지니라
제2계명	너를 위하여 새긴 우상을 만들지 말고 또 위로 하늘에 있는 것이나 아래로 땅에 있는 것이나 땅 아래 물속에 있는 것의 어떤 형상도 만들지 말며 그것들에게 절하지 말며 그것들을 섬기지 말라 나 네 하나님 여호와는 질투하는 하나님인즉 나를 미워하는 자의 죄를 갚되 아버지로부터 아들에게로 삼사 대까지 이르게 하거니와 나를 사랑하고 내 계명을 지키는 자에게는 천 대까지 은혜를 베푸느니라	너는 자기를 위하여 새긴 우상을 만들지 말고 위로 하늘에 있는 것이나 아래로 땅에 있는 것이나 땅 밑 물속에 있는 것의 어떤 형상도 만들지 말며 그것들에게 절하지 말며 그것들을 섬기지 말라 나 네 하나님 여호와는 질투하는 하나님인즉 나를 미워하는 자의 죄를 갚되 아버지로부터 아들에게로 삼사 대까지 이르게 하거니와 나를 사랑하고 내 계명을 지키는 자에게는 천 대까지 은혜를 베푸느니라
제3계명	너는 네 하나님 여호와의 이름을 망령되게 부르지 말라 여호와는 그의 이름을 망령되게 부르는 자를 <u>죄 없다</u> 하지 아니하리라	너는 네 하나님 여호와의 이름을 망령되이 일컫지 말라 나 여호와는 내 이름을 망령되이 일컫는 자를 <u>죄 없는 줄로 인정하지</u> 아니하리라
제4계명	안식일을 기억하여 거룩하게 지키라 엿새 동안은 힘써 네 모든 일을 행할 것이나 일곱째 날은 네 하나님 여호와의 안식일인즉 너나 네 아들이나 네 딸이나 네 남종이나 네 여종이나 네 가축이나 네 문안에 머무는 객이라도 아무 일도 하지 말라 이는 엿새 동안에 나 여호와가 하늘과 땅과 바다와 그 가운데 모든 것을 만들고 일곱째 날에 쉬었음이라 <u>그러므로 나 여호와가 안식일을 복되게 하여 그날을 거룩하게 하였느니라</u>	네 하나님 여호와가 네게 <u>명령한 대로</u> 안식일을 지켜 거룩하게 하라 엿새 동안은 힘써 네 모든 일을 행할 것이나 일곱째 날은 네 하나님 여호와의 안식일인즉 너나 네 아들이나 네 딸이나 네 남종이나 네 여종이나 <u>네 소나 네 나귀나 네 모든 가축</u>이나 네 문 안에 유하는 객이라도 아무 일도 하지 못하게 하고 <u>네 남종이나 네 여종에게 너 같이 안식하게 할지니라 너는 기억하라 네가 애굽 땅에서 종이 되었더니 네 하나님 여호와가 강한 손과 편 팔로 거기서 너를 인도하여 내었나니 그러므로 네 하나님 여호와가 네게 명령하여 안식일을 지키라 하느니라</u>

제5계명	네 부모를 공경하라 그리하면 네 하나님 여호와가 네게 준 땅에서 네 생명이 길리라	너는 네 하나님 여호와께서 명령한 대로 네 부모를 공경하라 그리하면 네 하나님 여호와가 네게 준 땅에서 네 생명이 길고 복을 누리리라
제6계명	살인하지 말라	살인하지 말지니라
제7계명	간음하지 말라	간음하지 말지니라
제8계명	도둑질하지 말라	도둑질하지 말지니라
제9계명	네 이웃에 대하여 거짓 증거하지 말라	네 이웃에 대하여 거짓 증거하지 말지니라
제10계명	네 이웃의 집을 탐내지 말라 네 이웃의 아내나 그의 남종이나 그의 여종이나 그의 소나 그의 나귀나 무릇 네 이웃의 소유를 탐내지 말라	네 이웃의 아내를 탐내지 말지니라 네 이웃의 집이나 그의 밭이나 그의 남종이나 그의 여종이나 그의 소나 그의 나귀나 네 이웃의 모든 소유를 탐내지 말지니라

10계명까지와 같다. 이를 '탈무드식 분류'라 한다.[5]

끝으로, 로마 가톨릭과 루터교회는 필로식의 제1계명과 제2계명을 합쳐 제1계명이라 하고, 필로식의 제3계명 내지 제9계명을 제2계명 내지 제8계명이라고 하며, 필로식의 제10계명을 신명기의 내용에 따라 '네 이웃의 아내를 탐내지 말라'는 제9계명으로, 나머지 부분은 제10계명으로 분류한다. 이를 '어거스틴식 분류'라고 한다.[6]

---

5   앞의 책, 57쪽.

6   앞의 책, 58쪽.

4. 십계명의 특성

가. 규범적 특성

먼저, 십계명은 구약 시대의 이스라엘 백성에게 규범적으로 다음과 같은 의미를 가진다.

첫째, 십계명은 <u>율법 중의 율법</u>이다. 십계명은 하나님이 이스라엘 백성에게 내리신 율법의 첫 부분에 등장하고, 이스라엘 백성에게 직접 말씀하신 것으로 율법 중의 꽃에 해당한다. 루터는 십계명이 "모든 약속 중의 약속, 모든 신앙의 원천이며, 그리스도의 복음의 약속을 포괄하는 지혜의 원천이다"라고 한다.[7] 십계명이 신정국가 이스라엘의 법 중에서 차지하는 위치는 현대의 법체계에 비유하자면 헌법에 해당한다고 할 수 있다. 십계명은 반드시 지켜야만 하는 법이므로, 지키지 않아도 되는 권고 사항과는 성격을 달리한다.

둘째, 십계명은 하나님과 이스라엘 사이의 <u>언약</u>이다. 이스라엘 백성이 아닌 사람들은 십계명 언약의 당사자가 아니다. 십계

---

7   프랑크 크뤼제만, 《자유의 보존》, 크리스챤헤럴드, 1999, 17쪽.

명이 단순한 명령이 아니라 언약이 되는 결정적인 이유는 십계명이 인간이 행해야 할 명령만 있는 것이 아니라 하나님이 부담해야 할 부분도 포함되어 있기 때문이다. 이에 관해 김용규는 "십계명을 포함한 신구약성서에 윤리적 측면이 없는 것은 아니지만, 계약에는 윤리에는 전혀 없는 것, 즉 신이 부담하는 그 어떤 몫이 따로 들어 있기 때문이지요. 다시 말해 계약에는 신이 인간에게 스스로 맹세한 약속이 있고, 그가 스스로 부단히 이 약속의 구현에 참여한다는 점에서, 계약은 윤리와 본질적으로 다릅니다"[8]라고 한다. 그리고 십계명은 단순히 이스라엘 공동체뿐 아니라 이스라엘 사람 한 사람 한 사람과 맺어진 언약이다.

셋째, 십계명은 하나님이 이스라엘 공동체 및 백성에게 제정해 주신 법이다. 먼저, 십계명은 하나님이 제정해 주신 법이요 명령이다. 이를 염두에 두지 않으면 십계명을 해석함에 있어 오류를 범할 수 있다. 예컨대, 부모를 공경하라는 계명을 하나님이 제정해 주신 것임을 염두에 두지 않으면 하나님이 명령하셨기 때문에 위 계명을 지켜야 한다는 것이 아니라, 하나님의 명령과는 상관없이 부모에게 권위가 있기 때문에 위 계명을 지켜야 한다는 것으로 해석할 수 있다. 이는 부모가 권위를 잃어버리면 부모를 공경하지 않아도 된다는 결론에 이르게 한다. 하지만 이러한 해석은 위 계명에서 허용되는 바가 아니다. 다음으로, "율법은 이미 구원받은 사람들을 위한 것이었다"는[9] 말처럼 율법의 일부인 십계

---

8   김용규, 《데칼로그》, 27쪽.

9   필립 그레이엄 라이큰, 《돌판에 새긴 말씀》, 58쪽.

명은 애굽의 종살이에서 해방된 이스라엘 백성을 위해 제정해 주신 법이다. 따라서 이스라엘 백성이 아닌 사람들에게는 십계명의 법적 효력이 미치지 않는다. 그리고 십계명은 법적 성격을 가지고 있지만 아무런 대화나 소통 없이 내려진 일방적 지시나 명령이 아니다.[10] 십계명은 미쉬파팀에 정당성을 부여하는 최고의 법이다. 이러한 십계명을 토대로 이스라엘 공동체의 재판법으로 사용되는 미쉬파팀이 제정되었고, 그것은 이스라엘 국가 및 백성들에게 실정법으로 주어졌다.

넷째, 십계명은 '가언명법'(假言命法) 또는 '조건명법'(條件命法)이 아니라 '정언명법'(定言命法) 또는 '무조건명법'(無條件命法)으로 되어 있는 명령이다. 가언명법은 '이럴 경우에는 이렇게 하라, 저럴 경우에는 저렇게 하라'는 형식의 명령이고, 정언명법은 '무조건 무엇을 하라'는 형식의 명령이다.[11] 강영안은 정언명법으로서의 십계명의 특징에 관해 다음과 같이 말한다.

조건명법은 지키지 않을 경우에도 크게 문제되지 않을 수 있습니다. 왜냐하면 그 명령은 단지 어떤 하나의 목적을 위한 수단이기 때문입니다. 그런데 정언명법의 경우에는 조금 성격이 다릅니다. 그것은 무엇을 위한 수단으로서가 아니라 그 자체가 중요한 목적, 중요한 의미를 갖습니다. 그 말은 십계명에 담겨 있는 내용은 어느 시대, 어떤 상황, 어느 장소, 어떤 사람이라도 반드시 지켜야 할 절대적인

---

10   김지찬, 《데칼로그》, 42쪽.

11   강영안, 《십계명 강의》, Ivp, 2009, 43쪽.

하나님의 뜻이라는 의미입니다. 가언명법으로 되어 있는 것들은 어떤 상황이나 인물에 매일 수 있습니다. 그렇지만 십계명의 명령은, 어떤 상황이나 인물, 장소에 매이는 게 아니라 보편적으로 어디에나 누구에게나 적용되는 하나님의 뜻이고 하나님의 절대 명령입니다. 물론, 하나님의 백성이라면 언제 어디서나 지켜야 할 명령이라는 단서를 여기에 붙여야 할 것입니다.[12]

더 나아가 십계명은 '2인칭의 정언명법' 형식으로 되어 있다. 김지찬은 십계명이 2인칭의 정언명법으로 된 이유에 관해 다음과 같이 말한다.

그런데 십계명은 2인칭의 정언명법(apodictic law)으로 되어 있다. 그렇다면 십계명만 왜 2인칭의 정언명법으로 되어 있는지 그동안은 그 이유를 알지 못하였다. 그런데 힛타이트 고대 근동 종주권 조약 규정을 보니 2인칭으로 되어 있음을 알게 되었다: '너는 다른 데 눈 돌리지 마라. 너는 공물을 바쳐라.' 결국 십계명은 왕이 백성의 동의를 구하지 않은 채 무조건 선포하는 3인칭 형태의 법률이 아니라, 종주(1인칭-내)가 베푼 은혜에 감사하여 봉신(2인칭-너)이 감사의 마음으로 언약을 맺고 지켜야 하는 언약의 규정임이 분명해진 것이다.[13]

다섯째, 십계명은 <u>양면성</u>을 가진 계명이다. "~을 하지 말라"

---

12   앞의 책, 44쪽.
13   김지찬, 《데칼로그》, 26쪽.

는 금지명령은 "~을 하라"는 '이행명령'을 내포하고 있고, 이행명령은 금지명령을 내포하고 있다. 예를 들어 살인하지 말라는 계명은 네 이웃을 네 몸과 같이 사랑하라는 명령이 내포되어 있고, 네 부모를 공경하라는 계명은 네 부모를 저주하지 말라는 명령이 내포되어 있다. 라이큰은 "모든 계명은 긍정적이기도 하고 부정적이기도 하다. 죄가 금지되는 곳에서는 그에 상응하는 의무가 요구된다. 그리고 의무가 요구되는 곳에서는 그에 상응하는 죄가 금지된다"고 하며 이를 '양면의 원칙', '정반대의 법칙', '상반의 법칙', '대우의 법칙'이라고 한다.[14]

십계명의 계명들은 제4계명의 서두 부분(안식일을 기억하여 거룩하게 지키라)과 제5계명(네 부모를 공경하라)을 제외하고는 모두 금지명령 형식으로 되어 있다. 계명이 금지하는 것을 행하는 것은 하나님과의 관계에 있어서는 피조물 또는 종의 지위나 본분을 망각하는 것으로서 '불의죄'가 되고, 인간 상호간의 관계에 있어서는 하나님께서 인간 각자에게 나누어 주신 몫에 만족하지 못하는 것으로 '행악죄'가 된다. 십계명의 대부분의 계명들이 금지명령의 형식으로 되어 있는 것에 하나님께 감사해야 한다. 왜냐하면 금지명령은 우리의 행위가 허용되는 한계를 넘지 않으면 문제로 삼지 않겠다는 의미를 가지고 있기 때문이다. 금지명령은 이행명령보다는 그 범위와 한계를 정하기가 용이하다. 하지만 이행명령은 그 한계가 명확하지 않고 경우에 따라서는 무한대로 확장될 수도 있다. 예를 들어 이행명령인 네 부모를 공경하라는 계명은 네 이

---

14   필립 그레이엄 라이큰, 《돌판에 새긴 말씀》, 94쪽.

웃을 네 몸과 같이 사랑하라는 계명의 하나라고 할 수 있는데, 부모를 자신의 몸과 같이 사랑하기 위해서는 경우에 따라 부모를 위해 목숨까지 내놓아야 한다고 할지도 모르기 때문이다. 만약 십계명의 계명들이 모두 이행명령 형식으로 되어 있었다면 인간은 십계명을 준수하고자 하는 의지를 상실하였을지도 모른다. 왜냐하면 앞서 보았듯이 이행명령은 해석에 따라 이행해야 할 내용이 무한대로 확장될 수 있기 때문이다. 십계명이 모두 이행명령 형식으로 되어 있었다면 이스라엘 백성들은 애굽의 종살이에서 벗어났을지는 모르나 계명의 노예로 전락하였을지도 모른다. 십계명의 계명들 대부분이 금지명령 형식으로 되어 있음에도 바리새인들이 십계명의 각 항목을 무한히 세분화해 나가면서 사람들의 삶을 옭아매었는데, 만약 십계명의 계명들이 모두 이행명령 형식으로 되어 있었다면 어떤 사태가 초래되었을지 상상하는 것은 그리 어렵지 않다.

나. 내용적 특성

한편, 십계명은 내용적으로 아래와 같은 특성을 가지고 있다.

첫째, 십계명은 내용이 지극히 단순하다. 특히, 십계명 중 명령만 모아 본다면 한글성경의 출애굽기의 십계명을 기준으로 원고지 2장 반 정도의 분량밖에 되지 않는다. 이는 십계명이 하나님과 이웃 사랑을 실천하기 위한 최대한의 규정이 아니라 하나님과 이웃과의 올바른 관계를 형성하고 유지하기 위한 최소한의 규정이라는 것을 의미한다.[15]

둘째, 십계명에는 고대 이스라엘에 있어 대단히 중요한 금지 규정들은 언급되어 있지 않다.[16] 예컨대 피를 마시는 것에 대한 금지, 정결함과 부정함에 대한 모든 문제들 등 구약윤리의 핵심적 주제들이 빠져 있다.[17]

셋째, 십계명은 율법 중의 율법이지만 십계명에는 희생제사 등 제의의 영역 전체, 즉 종교와 하나님과의 관계에 대한 모든 긍정적인 형성 자체가 배제되어 있다.[18]

넷째, 십계명은 이스라엘 국가의 최고법이지만 십계명에는 경제, 정치, 외교 등 국가 공동체적 영역과 관련된 내용이 없고, 왕과 관료, 납세의무 및 병역의무 이행 등 국가제도에 관한 언급이 없다.[19]

다섯째, 십계명에는 구약윤리에 있어 가장 중심적이고 전형적인 주제인 약자들, 소외된 자들, 비특권층에 관한 조항들과 과부와 고아, 이방인과 빈민, 장애인들의 생활과 권리 보증에 관한 내용이 없다.[20]

여섯째, 십계명은 법이지만 십계명에는 계명 위반에 대한 처벌 규정이 없다. 그렇다고 하여 십계명을 법이 아니라 권고 사항이라고 해서는 안 된다. 왜냐하면 십계명 위반에 대해서는 불의 죄와 행악죄로 다스려지기 때문이다.

일곱째, 십계명은 역사적으로 이스라엘 백성 개인뿐 아니라

---

15   김용규, 《데칼로그》, 41쪽.
16   프랑크 크뤼제만, 《자유의 보존》, 13쪽.
17   앞의 책, 13쪽.
18   앞의 책, 14쪽.
19   앞의 책, 14쪽.
20   앞의 책, 15쪽.

이스라엘 공동체를 향해서 내려진 언약적 법이다. 십계명이 개인과 공동체를 향해서도 내려진 계명이라는 점을 염두에 두지 않으면, '십계명이 기독교 윤리가 보다 개인적이고 개별적인 성향을 갖도록 촉진하는 데 적지 않은 영향을 끼쳤을 수 있다'라고 주장하게[21] 된다. 하지만 이러한 주장을 하게 된 것은 십계명의 특성을 제대로 이해하지 못하였기 때문이라고 생각한다.

21   앞의 책, 15쪽.

5. 그리스도의 법과 십계명

십계명은 율법의 일부분을 이루고 있으므로 그리스도의 법과 십계명의 관계는 전술한 '그리스도의 법과 율법' 부분에서 적시한 내용을 보면 될 것이다. 하지만 십계명은 십계명만의 고유한 특성이 있으므로 이러한 특성을 감안하여 십계명과 그리스도와의 관계에 관하여 몇 가지 점을 지적해 두고자 한다.

먼저, 십계명은 하나님의 법인 그리스도의 법의 일부분을 이룬다. 율법의 일부분에 해당하는 십계명은 신정국가인 이스라엘이 지구상에서 사라진 이상 실정법으로서의 효력을 상실하였다고 할 수 있다. 하지만 약속하신 자손인 예수께서 이 땅에 오셔서 십자가에 못 박히심으로써 율법을 완성한 다음 새 계명인 그리스도의 법을 선포하였고, 이로 인해 십계명은 새 계명으로 승화되기에 이르렀다. 따라서 예수의 초림 이후의 기독교인들은 십계명을 보편적 도덕 또는 윤리라고 여기고 그것을 준수하는 것이 개개인의 자율에 맡겨져 있다고 해서는 안 된다. 이와는 반대로 예수 그리스도를 구세주로 믿는 기독교인이라면 십계명이 그리스도의 법의 일부로서 최후 심판 때 재판규범으로 작용하게 되는 강제

 천종호 판사가 들려주는 십계명

성을 띤 법이라는 점을 명심하고 이 땅에 사는 동안 십계명을 온전히 준수할 수 있도록 최선을 다해야 한다.

다음으로, 십계명은 하나님과 기독교인 사이에 체결되는 새 언약의 핵심 내용이 된다. 십계명이 기독교인에게도 언약이 된다는 것은 기독교인에게 십계명이 최초로 주어졌던 이스라엘 백성과 동등한 지위가 부여된다는 것을 의미한다. 이 얼마나 자랑스러운 일인가. 앞서 언급한 십계명의 제정 목적도 기독교인에게 그대로 적용된다고 할 것이다. 그러므로 기독교인은 십계명을 지킴으로써 하나님과 맺은 언약을 지켜나가야 하고, 이를 통해 하나님 나라의 백성으로서의 자신의 정체성이 세상에 드러날 수 있게 해야 한다.

끝으로, 십계명은 교회와 기독교인 모두에게 적용되는 언약이요 법이다. 십계명이 기독교인 개인뿐 아니라 교회 공동체를 향해서도 내려진 계명이라는 점을 명심하지 않으면, 앞에서 언급했듯이 십계명이 기독교 윤리가 보다 개인적이고 개별적인 성향을 갖도록 촉진하는 데 적지 않은 영향을 끼쳤을 수 있다는 주장을 할 여지도 있다. 하지만 이런 주장은 십계명의 공동체적 특성을 제대로 이해하지 못한 결과라는 것을 알아야만 한다.

6. 십계명 해석 시 주의할 점

십계명을 해석함에 있어서는 다음과 같은 점을 반드시 고려해야
한다.

첫째, 십계명은 그 제정자가 하나님이시므로 열 개의 계명
들에 대한 해석의 출발점은 하나님이어야 한다. 하나님은 우주의
유일한 입법자이시고 해석권자이실 뿐 아니라 재판관이시므로,
하나님은 십계명의 해석에 있어 유일한 권위자이시다. 따라서 십
계명을 해석함에 있어서는 우선적으로 십계명의 제정권자이신
하나님의 뜻이 온전히 드러날 수 있도록 해야 한다. 한편, 하나님
의 뜻은 영원불변하므로 하나님의 뜻이 표명된 십계명도 영원불
변하다. 따라서 시대적 상황에 맞춰 십계명의 의미를 달리 해석
하는 것은 십계명의 영원불변성을 부정하는 것이 된다. 십계명의
문자적 의미를 이해하기 위해 십계명 제정 당시의 시대적 상황을
고려하는 것은 가능하다고 할 수 있으나, 시대적 상황을 반영한
해석을 영원불변한 하나님의 뜻이라고 고정시키는 것은 옳지 않
다. "모세는 '오늘 살아 있는 우리'라고 말합니다. 이것은 우리가
이 세상에서 사는 동안 자신을 위해 새로운 율법을 지어내지 말아

야 한다는 것을 지적하는 말입니다. 우리는 오늘은 이 율법을, 그리고 내일은 저 율법을 갖고자 해서는 안 됩니다. 어째서입니까? 인간의 삶에 필요한 모든 것이 하나님의 율법 안에 들어 있기 때문입니다"[22]라는 칼빈의 말은 십계명을 해석함에 있어 반드시 명심하고 있어야 한다.

둘째, 십계명의 각각의 계명들은 순수하고 정직하게 해석되어야 한다. 하나님은 십계명을 제정하실 때 단순히 "~을 하지 말라" 또는 "~을 하라"고만 하셨지, 그렇게 명하신 의도나 동기를 밝히신 적이 없으시다. 따라서 각각의 계명들에 관하여 하나님이 정하신 의도나 동기를 추정한 다음, 그것을 기준으로 십계명을 해석하고 그에 따라 삶을 살아가도록 하는 것은 자칫하면 하나님의 크신 뜻을 왜곡하게 될 수도 있다. 또 십계명의 각 계명들을 해석함에 있어 하나님의 의도나 동기를 찾고자 하는 것은 결국 하나님의 절대 명령을 조건부 명령으로 변경시킬 가능성이 있다. 즉, 십계명을 해석함에 있어 하나님이 각 계명들을 주신 의도나 동기를 우선시키게 되면 그 동기나 의도에 맞춰 십계명을 해석할 수밖에 없게 되고, 그 의도나 동기에 부합하지 않는 해석은 각 계명들의 의미에서 배제할 수 있게 되므로 각 계명들의 의미가 축소될 여지가 있다. 예를 들어 하나님께서 '살인하지 말라'는 계명을 내리신 의도가 인권을 존중하도록 하기 위한 데 있다고 단정하는 것은 제6계명의 의미를 제대로 이해할 수 없게 만들게 됨을 명심해야 한다. 그러므로 앞에서 언급하였듯이 십계명의 각 계명들은

---

22   존 칼빈, 《칼빈의 십계명 강해》, Vision, 2011, 53쪽.

'정언명법' 형식으로 되어 있는 하나님의 절대 명령임을 명심하여 각 계명들의 내용은 아무런 조건을 부가하지 않고 순수하고 정직하게 해석해야 하고, 그렇게 해석한 바는 순수하고 정직하게 실천해야 한다. "우리는 하나님이 우리에게 말씀해 주시는 것을 아는 것만으로 만족해야 합니다. … 주님이 허락하신 것 이상을 알려고 하지 맙시다!"[23]라는 칼빈의 말은 십계명을 해석함에 있어 항상 명심하고 있어야 한다.

셋째, 십계명은 원칙적으로 하나님과 언약을 맺은 이스라엘 공동체 및 백성을 대상으로 내려진 계명이다. 그리고 예수의 초림 이후 십계명이 그리스도의 법으로 승화된 이상 이제 십계명은 하나님과 언약을 맺은 기독교인을 대상으로 내려진 계명이 되었다. 따라서 현 상황에서는 십계명을 원칙적으로 예수 그리스도를 주로 시인하여 하나님 나라의 백성이 된 기독교인의 삶을 위한 계명으로 해석해야 하지, 하나님과 언약 관계를 맺지 않은 사람들을 위한 보편적 도덕규범으로 해석해서는 안 된다. 한편, 십계명은 옛 계명의 일부이지만 옛 계명의 꽃이다. 옛 계명인 율법과 선지자의 강령은 '하나님을 사랑하고, 네 이웃을 사랑하라'이다. 그렇다면 십계명의 강령도 '하나님을 사랑하고, 이웃을 사랑하라'가 될 것이고, 이는 십계명을 해석함에 있어 하나님 사랑과 이웃 사랑이 우선적으로 실천될 수 있도록 해야 한다는 것을 의미한다.

넷째, 앞에서 언급하였듯이 십계명은 하나님의 법이다. 그러

---

23   앞의 책, 352쪽.

    천종호 판사가 들려주는 십계명

므로 십계명은 하나님의 법이라는 특성에 맞게 해석되어야 하지, 역사서, 예언서, 시가서, 지혜서, 복음서 등을 해석하는 방식과 동일한 방식으로 해석되어서는 안 된다. 한편, 십계명이 하나님의 법이라고 하여 인간의 법을 해석하는 방식을 따라서도 안 된다. 십계명의 각 계명들을 해석하는 것은 과거의 잘못을 판단하고 비판하기 위해서가 아니다. 쉽게 말해 십계명을 해석하는 것이 재판을 위한 전제가 되어서는 안 된다. 십계명을 해석하는 이유는 하나님 나라의 백성으로서의 삶을 살아가기 위한 실천 사항을 정하기 위해서다. 즉 기독교인의 삶에서 하나님 사랑과 이웃 사랑을 실천할 사항을 확정하기 위해 십계명을 해석한다. 따라서 십계명을 해석함에 있어서는 소극적 금지 사항을 해석하는 것을 넘어 적극적으로 실천할 사항도 함께 고민하여야 한다.

다섯째, 십계명의 해석 방식과 관련하여 주의할 점이 있다.

먼저, 십계명의 계명 형식의 특성에 따라 해석해야 한다. 특히 금지명령을 이행명령 형식으로 해석하는 것은 십계명의 준수 범위를 무한히 확장하는 것으로 하나님이 십계명을 제정해 주신 뜻에 부합되지 않을 수가 있다. 예컨대 살인하지 말라, 간음하지 말라, 도둑질 하지 말라는 계명들을 네 이웃을 네 몸과 같이 사랑하라는 명령이라고 전제한 다음 위 계명과 관련한 참된 이웃 사랑의 실천이 무엇인지 나열해 가는 것은 위 계명들의 진정한 의미를 파악하지 못하게 됨을 명심해야 한다.

둘째, 바리새주의화를 경계해야 한다. 십계명은 아주 단순하여 이해하는 데 어려움이 없다. 그 이유에 관해 칼빈은 "그것은 우리가 그분이 너무 어렵게 말씀하셨다는 얄팍한 핑계를 대지 못하게 하시기 위함이었습니다"[24]라고 한다. 이렇게 단순한 계명을 실천에 옮기기 위해서는 열 가지 계명들의 의미를 해석할 필요는 있고, 해석 작업은 각 계명들의 의미를 원칙과 예외로 세분화해 나가는 것도 허용이 된다고 할 것이다. 하지만 그 과정에 원칙이 되는 범위는 축소시키고, 예외적으로 허용되는 범위는 확대시키는 것은 용납할 수 없다. 바리새인들은 구약 성경을 꼼꼼히 살펴 끝에 율법에서 총 613개(금지명령 365개, 행위명령 248개)의 계명을 도출해 내었다고 자랑하며 사람들로 하여금 위 계명들을 엄격히 지켜낼 것을 명령하였다. 그들의 잘못된 해석 방식에 관해 스토트는 다음과 같이 말한다. "사람들이 더 쉽게 율법에 순종하도록 만들기 위해 서기관들과 바리새인들이 한 일은 율법의 명령들을 제한하고, 허용 사항들을 확대하는 것이었다. 그들은 율법의 요구들을 덜 부담스럽게 만들었으며, 율법의 허용 사항들을 더 허용적으로 만들었다."[25] 그들은 613개에 이르는 계명을 거창하게 도출해 내며 자신들의 지성을 자랑하였지만 그 속을 들여다보면 하나님의 뜻과는 거리가 먼 계명들을 생산해 내고 있었던 것이다. 특히, 그들은 "모든 지킬 만한 것 중에 더욱 네 마음을 지키라 생명의 근원이 이에서 남이니라"(잠 4:23)와 같은 구약 성경에서 가장 강조하는 인간의 마음과 행위의 동기는 십계명의 해석과 실천에서 고려하지 않았고, 예수에 의해 가장 크게 질책을 받은 것도 바로 이 점이다. 이러한 바리새인들의 태도는 세속 사회의 질서를

---

24   앞의 책, 353쪽.

25   존 스토트, 《존 스토트의 산상수훈》, 108쪽.

유지하기 위해서는 부득이한 것이라고 해줄 수 있을지는 모르나, 인간의 탐욕에 따라 십계명의 내용을 변질시킨 것에 불과하므로 하나님의 입장에서 보면 심히 불경스러운 일이다. 따라서 우리는 십계명을 해석함에 있어 이러한 바리새주의화를 경계해야 한다.

셋째, 현학적(衒學的) 해석을 경계해야 한다. 현학적이란 쉽게 말해 학식이 있음을 자랑하는 것을 의미한다. 십계명의 해석은 실천을 위한 것이지 자신의 학문적 지식을 자랑하기 위함이 아니다. 철학적 및 사회학적 지식은 십계명의 의미를 명확히 하는 한도 내에서 사용되어야 하지 그러한 지식이 부각되는 해석은 있어서는 안 된다.

끝으로, 저주주의적 해석을 경계해야 한다. 뒤에서 보겠지만 십계명은 인간의 힘으로는 지킬 수 없는 계명이다. 그런데 이 점만을 부각시키는 해석은 인간을 자유롭게 하는 것이 아니라 노예로 만드는 것이다. 예수는 서기관들과 바리새인들이 율법을 "무거운 짐을 묶어 사람의 어깨에 지우"(마 23:4)는 방식으로 해석·적용하는 것에 대해 강력하게 경고하셨다. 그러므로 십계명을 해석함에 있어서는 "너희는 자유의 율법대로 심판 받을 자처럼 말도 하고 행하기도 하라"(약 2:12)는 말씀을 늘 기억하고 있어야 한다. 불의죄는 예수 그리스도의 희생으로 하나님과의 적대적 관계를 해소하는 순간 단번에 해결된다. 하지만 행악죄는 기독교인의 삶 속에서 끊임없이 발생하는 것이므로 죄를 저지를 때마다 회개를 하여야 한다. 불의죄든 행악죄든 예수 그리스도의 이름으로 영과 진리로 회개하였다면 죄사함을 받는다. 하지만 이러한 복음을 가르치지 않고 십계명을 읽고 그 의미를 묵상할 때마

다 여전히 불의죄나 과거의 행악죄들이 다시 용서받아야 하는 것
처럼 매일, 매 순간 자신의 죄를 떠올리며 회개하는 것은 무조건
적으로 용서하신 하나님의 은혜를 무시하는 신성모독이 된다. 과
거의 죄들을 회상하는 것은 반복적으로 죄를 저지르지 않겠다는
다짐과 죄를 저지르지 않는 실천으로 나아가야 한다. "십계명을
다른 시대에 다른 사람에게 적용할 때 유의해야 할 것은, 그 내용
이 해방된 자들에게 향한 것이며 자유를 보존하기 위한 규정들을
담고 있다는 사실이다: 그러므로 굴복과 길들임과 구속의 도구가
되어서는 안 된다."[26]

---

26   프랑크 크뤼제만, 《자유의 보존》, 104쪽.

    천종호 판사가 들려주는 십계명

7. 십계명 해석의 자료 및 관점

가. 십계명 해석의 자료

십계명을 해석함에 있어서는 성경을 최우선적으로 참조해야 한다. 웨스트민스터 신앙고백서 제1장 제9항은 "실수가 없는 확실한 성경 해석의 법칙은 바로 성경 자체입니다. 그러므로 성경의 어느 구절이든지 (여러 가지의 의미가 아닌 단 하나의 의미인) 참되고 완전한 의미에 관해 의문이 제기된다면, 그것은 반드시 더욱 분명하게 말하고 있는 다른 구절들을 통해 그 의미를 연구하고 이해해야만 합니다"라고 되어 있다. 이 원칙에 따르면 십계명을 해석하기 위한 중요한 자료는 다음과 같다.

먼저, 십계명 해석을 위한 첫 번째 자료는 미쉬파팀(한글 개역 개정성경에 '법규' 또는 '율례'로 번역되어 있음)이다. 일종의 '결의법'(決疑法) 또는 판례법이라고 할 수 있는 미쉬파팀은 십계명의 명령들을 위반하는 행위와 그에 대한 처벌 규정을 정한 것으로 십계명의 열 가지 계명들의 적용 범위가 어디까지인지를 어느 정도 짐작할 수 있게 해주는 중요한 자료이다. 따라서 십계명을 해석함에 있어서는 미쉬파팀을 반드시 참작해야 한다.

　　십계명 해석을 위한 두 번째 자료는 구약성경이다. 구약성경에는 십계명과 관련한 말씀들이 분산되어 있다. 따라서 십계명의 각 계명들을 해석함에 있어서는 구약성경의 말씀들도 살펴보아야 한다.

　　십계명 해석을 위한 세 번째 자료는 신약성경이다. 신약성경에는 예수와 사도들이 십계명과 관련하여 언급한 부분이 있다. 십계명의 각 계명들을 해석함에 있어서는 이러한 말씀들도 반드시 고려되어야 한다. 특히 복음서에는 예수께서 십계명의 의미를 풀이해 주신 부분이 있는데, 그것이 바로 마태5장수훈이다. 이는 십계명을 해석함에 있어서 가장 중요한 부분이다. 왜냐하면 예수는 하나님의 아들이시고, 율법을 완성하신 분이시므로 예수의 십계명 해석은 최고의 권위를 가지는 것이기 때문이다. 특히, 예수는 산상수훈에서 "~하였다는 것을 너희가 들었으나 나는 너희에게 이르노니~"라는 형식으로 율법 해석의 권위자들의 십계명 해석이 잘못되었다는 점을 지적하며 올바르게 십계명을 해석해 주시고 있다. "~하였다는 것을 너희가 들었으나 나는 너희에게 이르노니~"라는 말씀은 '권위자들이 십계명을 이리저리 해석하는 것을 너희들이 들었으나, 하지만 이는 잘못되었거나 미흡한 해석이므로 이를 바로잡기 위하여 나는 너희들에게 다음과 같이 말한다'라는 뜻이다. 이러한 진술 형식을 '대립명제 형식'이라 하는데, 산상수훈에는 십계명 및 율법과 관련하여 총 여섯 가지의 대립명제가 나열되어 있다. 그 여섯 가지 대립명제는 살인(마 5:21-26), 간음(마 5:27-30), 이혼(마 5:31-32), 거짓 증거(마 5:33-37), 복수(마 5:38-42), 원수 사랑(마 5:43-48)과 관련한 가르침에서 볼 수 있다. 이러한 대립명제들은 "모세의 율법에서 출발하여 그 계명에 대한 반립명제('그러나 나는 이렇게 말한다')를 제시함으로 인해 율법의 시대를 끝내고 복음의 시대를 선취하여 살게 하는 종말적 선포의 성격을 지니고 있다."[27] 따라서 십계명을 해석함에 있어서는 예수께서 대립명제를 통해 제시한 사항이 우선적으로 고려되어야 한다.

결론적으로 말해 "성경이 성경을 해석한다"는 성경 해석 원칙은 철저히 준수되어야 한다. 라이큰은 "십계명 해석의 제1원칙은 성경적 원칙이다. 모든 계명은 성경 전체의 콘텍스트에서 이해되어야 한다"[28]고 한다. 십계명뿐 아니라 율법을 해석함에 있어서 신학의 도움을 받아야 할 필요는 분명히 존재한다. 하지만 신학은 십계명을 해석함에 있어 2차적 자료로서 활용되어야 한다. 그리고 특정 철학이나 이데올로기는 십계명을 해석함에 있어 도움을 줄 수 있을지도 모르나 그것들을 성경보다 우위에 두고 십계명을 해석하는 것은 매우 위험하다는 것을 명심해야 한다.

나. 십계명 해석의 관점

십계명의 각 계명들을 통일적이고 일관성 있게 이해하기 위해서는 일정한 관점이 전제되어야 한다. 그러한 해석의 관점들은 다음과 같다.

첫 번째로, 하나님의 관점에서의 해석이다. 이 관점에 따라 십계명의 내용을 풀어보면, 하나님 외에는 신이 존재하지 않는다

---

27   홍순원·황현숙, 〈산상설교의 윤리〉(《신학과 실천》, 2014년 5월, 177쪽).

28   필립 그레이엄 라이큰, 《돌판에 새긴 말씀》, 87쪽.

(제1계명), 하나님은 영이시니 하나님을 영 이외의 것으로 만들려고 하지 말라(제2계명), 하나님의 이름을 망령되게 부르지 말고 오히려 너희 삶 속에서 하나님의 이름이 거룩하게 드러날 수 있도록 힘쓰라(제3계명), 하나님은 시간의 주인이시고 너에게 시간을 주신 분이니 일주일 중 하루라도 하나님께 온전히 드려라(제4계명), 하나님은 너뿐 아니라 네 이웃의 주인이시기도 하니 네 이웃의 생명, 아내, 재산 등을 탐내지 말라(제5계명~제9계명), 하나님은 네 마음의 주인이시니 네 마음을 거룩하게 다스려라(제10계명)가 된다.

두 번째로, 사랑의 관점에서의 해석이다. 이러한 관점에서 보면 십계명은 제1계명에서 제4계명까지의 하나님 사랑에 관한 부분과 제5계명에서 제10계명까지의 이웃 사랑에 대한 부분으로 나눌 수 있다.

세 번째로, '하나님과의 관계와 그로써 주어진 자유'의 관점에서의 해석이다. 이러한 관점에서 십계명을 이해하는 대표적인 학자가 크뤼제만이다. 특히 크뤼제만은 십계명 제정 당시의 신정국가 이스라엘의 시대적 상황을 반영하여 십계명을 해석하였다. 이러한 해석 방식을 '사회사적 해석'이라고 부른다.

네 번째로, '존재론적 해석'으로 존재론적 관점에서 십계명을 이해하는 방법이다. 김용규가 취하고 있는 방법으로 하나님을 '존재'로, 하나님 외의 피조물은 '존재물'로 전제하고 십계명을 이해하고자 하는 방식이다. 김용규는 다음과 같이 주장한다.

그럼에도 이 책이 취하려고 하는 입장은 크뤼제만의 입장과는 근본적으로 다릅니다. 우리가 시도하려는 것은 십계명에 대한 '사회사적 해석'이 아니고 '존재론적 해석'이기 때문이지요. 신이 시내 산에서 계명을 내리면서 스스로 자신을 밝힌 말 "나는 너를 애굽 땅, 종 되었던 집에서 인도하여 낸 네 하나님 여호와니라"(출 20:2)에 초점을 맞춘 크뤼제만이 '사회사적 해석'을 전개했다면, 본문은 그보다 먼저 호렙 산에서 자신의 이름을 묻는 모세에게 스스로를 '나는 존재다(출 3:14)'라고 밝혔던 것과 연관하여 '존재론적 해석'을 시도하려 합니다.[29]

세상의 모든 존재물들은 '그저' 있는 것이 아니라 '무엇으로' 있지요. 예컨대 사과는 사과로 있고, 책상은 책상으로 있습니다. 이때 사과를 사과이게 하는 그 어떤 성질, 또는 책상을 책상이게 하는 그 어떤 성질이 존재론에서 말하는 그것의 본질(本質)입니다. 그리고 그것의 '있음'이 곧 존재(存在)입니다. 그렇다면 세상의 모든 존재물은 본질과 존재로 구성되어 있다고 할 수 있지요.[30] … 요컨대 신은 그 어떤 것에 한정되고 규정된 존재물이 아니며, 존재물이 존재하는 방식으로 존재하지도 않습니다. 즉, 신은 '무엇'으로 존재하지 않고 '그저' 존재하지요.[31]

모세에게 십계명을 내린 신은 '존재'입니다. 구약성서 출애굽기 3장 14절을 보면, 신은 그의 이름을 묻는 모세에게 '에흐예 아세르 에흐예'(Eheyeh asher Eheyeh)라고 자신의 정체를 밝혔지요. 그런데 이 말

---

29   김용규, 《데칼로그》, 42쪽.

30   앞의 책, 209쪽.

31   앞의 책, 210쪽.

은 하나의 이름이기보다는 문장입니다. 우리말로는 '나는 있다', '나는 존재한다'로 해석됩니다. 여기에서 '그는 있다', '그는 존재한다'와 같은 뜻을 지닌 신의 이름, 곧 '야훼'(yhwh)라는 말이 나왔습니다(《십계 3》 중 '약삭빠른 계산, 놀라운 결과' 참조). 이것이 우리가 신을 존재로 파악하는 흔들리지 않는 근거입니다. 그리고 바로 여기에 십계명에 대한 존재론적 해석 내지 성서 전반에 대한 존재론적 고찰의 실마리가 놓여 있는 것입니다. … 신을 존재로, 그리고 인간을 포함한 그 밖의 모든 것들을 존재물로 파악하는 구분은 신구약성서에 대한 존재론적 이해에 필수불가결한 요소입니다(《십계 1》 중 '신은 존재이다' 참조).[32]

십계명의 각 계명들은 서로 아무런 관련성이 없는 독자적인 계명들이 아니다. 우주만물을 조화롭게 섭리하시는 하나님께서 그런 식으로 십계명을 제정해 주셨을 리는 없다고 생각한다. 십계명을 제정해 주신 하나님의 뜻을 온전히 깨닫기 위해서는 십계명의 각 계명들이 통일적이고 일관성 있게 해석되어야 한다. 그러기 위해서는 십계명의 제정자, 제정 목적, 특성 등을 모두 고려하여 십계명의 해석 관점을 설정해야 한다.

앞에서 말했듯이 십계명의 문자적 의미를 이해하기 위해 십계명 제정 당시의 시대적 상황을 고려하는 것은 가능하다고 할 수 있으나, 시대적 상황을 반영한 해석을 영원불변한 하나님의 뜻이라고 고정시키는 것은 옳지 않다고 생각한다. 한편, 십계명을 존재론에 치우쳐 해석하는 것은 하나님의 인격성과 십계명의 재판

---

32   앞의 책, 45쪽.

     천종호 판사가 들려주는 십계명

규범성을 희석시킬 가능성이 있으므로 주의해야 한다. 이에 관해 김지찬은 "그러나 너무 존재론적으로 해석해서 하나님은 스스로 존재하는 분이라는 점을 강조하면, 우리와 도대체 어떤 관련이 있는지가 잘 드러나지 않는다. '하나님은 존재 자체이시고, 우리는 피조물이다'라는 것 외에는 실존적으로 어떤 의미인지 분명하지 않다"[33]라고 하고, 스토트도 "현대의 급진적인 신학자들이 하나님에 대한 교리를 재구성하려 하는 것을 우리가 거부하는 이유 중 하나는 그들이 하나님을 비인격화하기 때문이다. 하나님을 '우리(인간) 존재의 기반'으로 보는 개념은 그분이 신적 아버지시라는 개념과 도저히 양립할 수 없다"[34] "하나님을 '우리 자신 안에 있는 궁극적 존재' 혹은 '우리 존재의 기반'으로 생각한다면, 그분의 관심사와 우리의 관심사를 구분하는 것이 불가능하다"[35]고 한다.

십계명의 제정자는 절대불변하시는 하나님이시고, 수명자는 애굽의 종살이에서 해방되어 하나님과 언약을 맺은 이스라엘 공동체 및 백성들이다. 십계명의 제정 목적은 앞에서 몇 가지 언급했으나 핵심은 이스라엘 백성 모두가 하나님과 맺은 관계를 잘 유지하여 자유와 행복을 누릴 수 있도록 하는 것이다. 십계명은 하나님의 약속이 담긴 언약이요 하나님의 명령을 담은 법이다. 이상의 점을 모두 고려하면 십계명의 가장 중요한 해석 관점은 '하나님과의 관계'가 되어야 한다고 생각한다. 이러한 해석 관점

33　김지찬, 《데칼로그》, 195쪽.

34　존 스토트, 《존 스토트의 산상수훈》, 216쪽.

35　앞의 책, 218쪽.

을 '관계론적 해석'이라고 할 수 있다.

　인간관계는 형성, 유지, 소멸의 과정을 밟는다. 하지만 하나님과 맺은 관계는 언약관계이므로 관계의 소멸은 없다. 그 누구도 하나님과 택하신 백성 사이를 갈라놓을 수 없다. "높음이나 깊음이나 다른 어떤 피조물이라도 우리를 우리 주 그리스도 예수 안에 있는 하나님의 사랑에서 끊을 수 없으리라"(롬 8:39). 이러한 하나님과의 관계를 토대로 십계명의 각 계명들을 분류하면 제1계명 내지 제4계명은 하나님과 맺은 관계를 잘 유지하라는 뜻을 담고 있고, 제5계명 내지 제10계명은 이웃이 하나님과의 관계를 유지하는 것을 방해하지 말라는 뜻을 담고 있다고 할 수 있다. 하나님과 맺은 관계를 잘 유지하는 길은 하나님에 대한 인간의 본분을 잊지 않는 것이고, 이웃이 하나님과의 관계를 유지하는 것을 방해하지 않는 길은 하나님께서 이웃에게 나누어 주신 몫(생명, 아내, 재산 등)을 존중하는 것이다. 탐욕 또는 탐심은 하나님에 대한 본분을 망각하고, 이웃의 몫을 존중하지 않는 것이다. 제10계명이 모든 계명들의 바탕이 되는 것도 바로 이 때문이다. 이것이 십계명을 관계론적 관점에서 해석하는 것이다.

8-1. 제1계명의 해석

가. 내용

너는 나 외에는 다른 신들을 네게 두지 말라.

나. 출애굽기 미쉬파팀

먼저, 출애굽기 중 제1계명과 직접적으로 연관되는 말씀은 ① "여호와를 경외하여 여호와께 범죄하지 말라"(출 20:20), ② "다른 신들의 이름은 부르지도 말며 네 입에서 들리게도 하지 말라"(출 23:13), ③ "너는 그들의 신을 경배하지 말며 섬기지 말며 그들의 행위를 본받지 말고 그것들을 다 깨뜨리며 그들의 주상을 부수고 네 하나님 여호와를 섬기라"(출 23:24-25), ④ "너는 그들과 그들의 신들과 언약하지 말라 그들이 네 땅에 머무르지 못할 것은 그들이 너를 내게 범죄하게 할까 두려움이라 네가 그 신들을 섬기면 그것이 너의 올무가 되리라"(출 23:32-33) 등이 있다.

다음으로, 출애굽기 중 제1계명과 간접적으로 관련되는 말씀은 ① "너는 무당을 살려두지 말라"(출 22:18), ② "여호와 외에 다른 신에게 제사를 드리는 자는 멸할지니라"(출 22:20) 등이 있다.

다. 신명기 미쉬파팀

먼저, 신명기 중 제1계명과 직접적으로 연관되는 말씀은 ①
"너희가 쫓아낼 민족들이 그들의 신들을 섬기는 곳은 높은 산이
든지 작은 산이든지 푸른 나무 아래든지를 막론하고 그 모든 곳을
너희가 마땅히 파멸하며 그 제단을 헐며 주상을 깨뜨리며 아세라
상을 불사르고 또 그 조각한 신상들을 찍어 그 이름을 그곳에서
멸하라"(신 12:2-3), ② "너는 스스로 삼가 네 앞에서 멸망한 그들의
자취를 밟아 올무에 걸리지 말라 또 그들의 신을 탐구하여 이르기
를 이 민족들은 그 신들을 어떻게 섬겼는고 나도 그와 같이 하겠
다 하지 말라"(신 12:30), ③ "네 하나님 여호와를 위하여 쌓은 제단
곁에 어떤 나무로든지 아세라 상을 세우지 말며 자기를 위하여 주
상을 세우지 말라"(신 16:21-22), ④ "네 하나님 여호와께서 네게 주
시는 어느 성 중에서든지 너희 가운데에 어떤 남자나 여자가 네
하나님 여호와의 목전에 악을 행하여 그 언약을 어기고 가서 다른
신들을 섬겨 그것에게 절하며 내가 명령하지 아니한 일월성신에
게 절한다 하자 … 너는 그 악을 행한 남자나 여자를 네 성문으로
끌어내고 그 남자나 여자를 돌로 쳐죽이되"(신 17:2-5) 등이 있다.

다음으로, 신명기 중 제1계명과 간접적으로 연관되는 말씀
은 ① "너희 중에 선지자나 꿈꾸는 자가 일어나서 이적과 기사를
네게 보이고 그가 네게 말한 그 이적과 기사가 이루어지고 너희가
알지 못하던 다른 신들을 우리가 따라 섬기자고 말할지라도 너는
그 선지자나 꿈꾸는 자의 말을 청종하지 말라 … 그런 선지자나
꿈꾸는 자는 죽이라 이는 그가 너희에게 너희를 애굽 땅에서 인
도하여 내시며 종 되었던 집에서 속량하신 너희의 하나님 여호와

를 배반하게 하려 하며 너희의 하나님 여호와께서 네게 행하라 명령하신 도에서 너를 꾀어 내려고 말하였음이라 너는 이같이 하여 너희 중에서 악을 제할지니라"(신 13:1-5), ② "네 어머니의 아들 곧 네 형제나 네 자녀나 네 품의 아내나 너와 생명을 함께 하는 친구가 가만히 너를 꾀어 이르기를 너와 네 조상들이 알지 못하던 다른 신들 곧 네 사방을 둘러싸고 있는 민족 혹은 네게서 가깝든지 멀든지 땅 이 끝에서 저 끝까지에 있는 민족의 신들을 우리가 가서 섬기자 할지라도 너는 그를 따르지 말며 … 너는 용서 없이 그를 죽이되 … 너는 돌로 쳐 죽이라"(신 13:6-10), ③ "그의 아들이나 딸을 불 가운데로 지나게 하는 자나 점쟁이나 길흉을 말하는 자나 요술하는 자나 무당이나 진언자나 신접자나 박수나 초혼자를 너희 가운데에 용납하지 말라"(신 18:10-11) 등이 있다.

라. 해석

제1계명 해석의 대전제는 '여호와 하나님은 무에서 유, 즉 무에서 우주 만물을 창조하시고 다스리시고 심판하시는 유일무이하신 신이시다'는 것이다. 이는 하나님 외에는 신이라고 칭할 존재는 없다는 것을 의미한다. 그리고 그런 하나님이 친히 현현하시어 "나는 여호와라"(신 5:6)고 하시며 그의 위엄을 보이셨다. 칼빈의 말을 빌려 말하면 '태양빛조차 존재할 수 없게 만들 수 있는 나인데 그 어떤 신을 내 앞에 두려고 하느냐'라고 하는 것이 하나님이 말씀하시고자 하는 바라고 생각한다. 칼빈은 다음과 같이 말한다.

하나님의 위엄이 우리에게 나타난 이상, 우리는 다른 신을 고려해서는 안 됩니다. 왜냐하면 하나님은 그 어떤 경쟁자도 허락하시지 않기 때문입니다. 태양 앞에서 다른 모든 별들의 빛이 사라지듯이, 하나님이 우리에게 자신을 계시하실 경우, 우리는 오직 그분만을 경배하고 예전에 우리 눈에 그럴듯하게 보였던 모든 것을 아무것도 아닌 것처럼 여겨야 합니다. 바로 그것이 예언자들이 주님이 다스리시는 날이 오면, 그분 외에는 다른 빛이 없을 것이고, 태양조차 어두워질 것이고, 달도 깜깜해지리라고 말했던 이유입니다(슥 14:6-7 참고).

그런데 제1계명은 "다른 신들을 두지 말라"고 하며 마치 다른 신이 존재하는 것처럼 표현되어 있다.[36] 이로 인해 제1계명을 해석하는 방식은 두 가지로 나뉜다. 첫 번째는 '일신론적 해석'이다. 일신론은 우주의 신은 유일한데 그분은 다름 아닌 '여호와 하나님'이라는 주장이다. 일신론에 따르면 '다른 신'은 참신이 아니라 거짓 신으로서 인간이 만들어 낸 우상(맘몬, 바알, 아세라, 아스다롯 등)이거나 하나님에 의해 창조된 피조물(천사, 태양, 달, 별 등) 중 인간에 의해 신으로 불리어지는 것에 불과하다. 두 번째는 '다신론적 해석'이다. 다신론은 하나님 외에 다른 신들의 존재도 인정하되 하나님이 '최고신'이라는 이론이다. 권오윤은 "제1계명은 다른 신들의 존재를 인정하지만 오직 여호와 하나님만이 예배의 대상임을 강조한다"[37]고 하며 제1계명을 해석함에 있어 다신론적

---

36   프랑크 크뤼제만, 《자유의 보존》, 55쪽.

37   권오윤, 《왕 같은 제사장의 삶》, 79쪽.

태도를 취하고 있는 것으로 보인다. 다신론적 해석에 따르면 하나님 외의 다른 신들은 스스로 존재하게 되었다고 하거나 하나님에 의해 창조되었다고 하게 된다.

하지만 하나님 외에 다른 신이 존재하고, 그들이 스스로 존재하였다거나 하나님에 의해 창조되었다고 하는 것은 모두 성경신학에 부합되지 않는다. 하나님은 유일하신 참 신이시고 하나님 외의 신은 존재하지 않으므로, 인간이 신이라고 부르는 것은 엄밀히 말하면 인간의 필요에 따라 만들어졌거나 하나님의 피조물 중 인간에 의해 신으로 불리어지는 것에 불과하다. 다시 말해 다른 신들은 인간에 의해 만들어지고[38] 신격화된 '우상'(偶像)에 불과하다. 김용규는 "이른바 다른 신, 곧 우상은 그것이 무엇이든 인간의 욕망이 형상화된 것이기 때문에 이를 섬긴다는 것은 그 열망에 스스로 구속된다는 것을 의미합니다"[39]라고 한다. 그렇다면 제1계명은 일신론에 따라 해석되어야 한다. 일신론에 따라 제1계명을 해석하면 '여호와 하나님 외에는 신이라는 존재는 없으니 여호와 하나님을 섬긴다고 하면서 동시에 다른 신을 섬기는 것은 하나님을 섬기는 것이 되지 않고 배반하는 것이 된다'가 된다. 이 점을 가르치기 위해서 예수는 "한 사람이 두 주인을 섬기지 못할 것이니 혹 이를 미워하고 저를 사랑하거나 혹 이를 중히 여기고 저를 경히 여김이라 너희가 하나님과 재물을 겸하여 섬기지 못하느니라"(마 6:24)고 말씀하신 것이다.

---

38   강영안, 《십계명 강의》, 74쪽.

39   김용규, 《데칼로그》, 140쪽.

　　제1계명은 하나님이 우주만물의 창조주이시자 심판자이심을 선언하는 계명이다. 따라서 하나님이 우주만물 및 인간을 창조하시고 최후 심판권을 행사하신다는 것을 부정하는 것은 제1계명에 위배된다. 즉 하나님을 향한 신앙과 양립할 수 없는 유물론이나 진화론을 바탕으로 성경을 해석하는 것은 올바른 성경신학이 아니다.

　　또 제1계명은 하나님이 우주만물의 역사를 이끌어 가시는 주권자이심을 선언하는 계명이다. 인간을 비롯한 우주만물의 역사는 모두 하나님의 섭리 속에 있다. 그러므로 유물론적 사관이나 인본론적 사관에 따라 역사를 해석하거나 전망하는 것은 제1계명에 위배된다. 전지전능하신 하나님의 섭리는 세계의 과거와 현재뿐 아니라 미래에 대해서도 작동한다. 사람들은 아직 오지 않은 미래를 예측하기를 원한다. 하지만 인간들은 하나님께서 특별히 계시해 주시지 않는 한 미래에 관해 알 수가 없고, 알려고 해서도 안 된다. 하나님께서 알려주시지 않는 미래의 일들을 억지로 알고자 하는 것은 하나님의 섭리를 부정하는 것이고, 미래에 일이 어떻게 될지 알아내기 위해 하나님 이외의 자들을 찾아가는 것은 하나님의 주 되심을 부인하는 것이다. 한국 기독교인 중에는 교회에 출석하면서도 신년 초만 되면 토정비결이나 사주팔자를 보거나, 수시로 무속인이나 점술가를 찾아가 점을 치고 관상을 보거나, 이사하거나 창업식을 거행할 때 도사나 법사 등을 찾아가 길일(吉日)을 정하는 등의 행위를 하는 사람들이 아직도 많이 있다. 이러한 행위는 하나님의 섭리를 부정하는 것으로서 제1계명에 위반됨을 명심해야 한다.

끝으로 제1계명은 하나님이 창조하신 피조물에게 하나님과 대등한 지위나 권위를 부여하지 말 것을 선언하는 계명이다. 피통치자들은 특정 통치자들을 숭배하고자 하는 경향이 있고, 통치자들은 피통치자들이 자신을 신적 권위를 가진 자로 대우해 주기를 바라고 즐기는 경향이 있다. 그러한 경향은 독재체제일수록 더 강해진다. 히틀러 통치 시기에 어느 사람은 히틀러를 "더 위대하고 더 강력한 새로운 예수 그리스도"라고 불렀고, 어느 목사는 히틀러를 "진정한 성령"이라고 불렀다.[40] 스탈린 통치 시기에 어느 사람은 스탈린에게 "오 위대한 스탈린, 오 민족들의 지도자, 그대 진정 인간을 낳은 자여, 그대 진정 이 땅을 비옥하게 한 자여"라는 시를 지어 바쳤다.[41] 이러한 신성모독은 정도의 차이는 있지만 대한민국도 예외가 아니다. 시기적으로는 과거 군사독재 시기뿐 아니라 현재 민주적 통치 시기에도 있고, 정치적으로는 보수 진영뿐 아니라 진보 진영에도 있으며, 신성모독 행위자로는 평신도 기독교인뿐 아니라 하나님의 종이라고 자부하는 목회자나 신학자들도 포함되어 있다.

하나님을 경외하기는커녕 오히려 하나님 외에 다른 신들을 두는 사조, 즉 무신론, 진화론, 미신행위, 개인숭배 등이 교회에 광범위하고 깊숙이 침투해 있다. 하나님이 허락하시지 않는 욕망을 충족시키기 위해, 엄습하는 불안감이나 두려움을 해소하기 위해 하나님 외의 것들에 매달려서는 안 된다. 속된 표현으로 양

---

40   리처드 오버리, 《독재자들》, 교양인, 2008, 204쪽.

41   앞의 책, 205쪽.

다리 걸치기를 해서는 안 된다. 양다리 걸치기를 하는 주된 이유
는 하나님과 거짓 신 모두로부터 복이나 이익을 얻기 위함일 것
이다. 하지만 양다리 걸치기는 실질적으로 하나님께서 주시는 자
유를 포기하고 거짓 신의 노예로 전락하는 것으로서 복을 받는 것
이 아니라 끔찍한 재앙을 초래하는 것에 불과하다는 것을 잊어서
는 안 된다.

 천종호 판사가 들려주는 십계명

8-2. 제2계명의 해석

가. 내용

너를 위하여 새긴 우상을 만들지 말고 또 위로 하늘에 있는 것이나 아래로 땅에 있는 것이나 땅 아래 물속에 있는 것의 어떤 형상도 만들지 말며 그것들에게 절하지 말며 그것들을 섬기지 말라 나 네 하나님 여호와는 질투하는 하나님인즉 나를 미워하는 자의 죄를 갚되 아버지로부터 아들에게로 삼사 대까지 이르게 하거니와 나를 사랑하고 내 계명을 지키는 자에게는 천 대까지 은혜를 베푸느니라.

나. 미쉬파팀

출애굽기와 신명기 중 제2계명과 관련되는 말씀은 ① "내가 하늘로부터 너희에게 말하는 것을 너희 스스로 보았으니 너희는 나를 비겨서 은으로나 금으로나 너희를 위하여 신상을 만들지 말라"(출 20:22-23), ② "여호와께서 호렙 산 불길 중에서 너희에게 말씀하시던 날에 너희가 어떤 형상도 보지 못하였은즉 너희는 깊이 삼가라 그리하여 스스로 부패하여 자기를 위해 어떤 형상대로든지 우상을 새겨 만들지 말라 남자의 형상이든지, 여자의 형상이든지, 땅 위에 있는 어떤 짐승의 형상이든지, 하늘을 나는 날개 가진 어떤 새의 형상이든지, 땅 위에 기는 어떤 곤충의 형상이든지, 땅 아래 물속에 있는 어떤 어족의 형상이든지 만들지 말라 또 그리하여 네가 하늘을 향하여 눈을 들어 해와 달과 별들, 하늘 위의 모든 천체 곧 너희의 하나님 여호와께서 천하 만민을 위하여 배정하신 것을 보고 미혹하여 그것에 경배하며 섬기지 말라"(신 4:15-19) 등이 있다.

그리고 제2계명과 관련한 대표적인 사건이 모세가 시내 산에서 하나님으로부터 말씀을 받는 동안 산 아래에서 아론과 이스라엘 백성들이 공모하여 '금송아지'를 만든 사건이다. 그 사건에서 이스라엘 백성들은 아론에게 "일어나라 우리를 위하여 우리를 인도할 신을 만들라"(출 32:1)고 요구하였고, 아론은 백성들의 요구에 따라 금으로 송아지 형상을 만든 다음 그들에게 그것을 보여주면서 "이스라엘아 이는 너희를 애굽 땅에서 인도하여 낸 너희의 신이로다"(출 32:4)라고 말했다. 여기서 아론과 이스라엘 백성들은 애굽에서 인도하여 낸 하나님을 송아지 모양을 새긴 우상으로 형상화함으로써 제2계명을 위반하였다.

다. 해석

제2계명은 하나님 및 다른 신들을 새긴 우상이나 형상으로 만들지 말라는 계명이다.[42] 제1계명은 거짓된 신들을 섬기는 것

---

42   김지찬, 《데칼로그》, 139쪽.

을 금지하는 계명이나, 제2계명은 참된 하나님을 그릇되게 섬기는 것을 금지하는 계명이다.[43]

먼저, 제2계명에 의하면 하나님을 새긴 우상이나 형상으로 만들어서는 안 된다. 하나님은 영이시므로 새긴 우상이나 형상으로 만들 수 있는 어떠한 모습이 없으시기 때문이다. 모세도 하나님께서 호렙 산 불길 중에 나타나 이스라엘 백성들에게 말씀하시던 때에 하나님의 형상은 그 어떤 것도 볼 수 없었다고 증언한다. 또 하나님은 하나님의 형상대로(또는 형상으로) 인간을 만드셨으므로 굳이 하나님을 새긴 우상이나 형상으로 만들 이유가 없다.[44] 하나님을 새긴 우상이나 형상으로 만드는 것은 하나님을 자신의 손아귀에 '붙잡아 두고'[이를 '로컬리제이션 모티브'(localization motive)라 함][45] '통제하겠다'[이를 '매니퓰레이션 모티브'(manipulation motive)라 함][46] 는 고약한 심보에서 비롯된 것이고, 섬겨야 할 하나님을 오히려 요술램프 속의 거인처럼 필요할 때마다 불러내어 부려먹겠다는 심산에 불과하다. 우주만물을 만드신 하나님의 능력을 새긴 우상이나 형상 속에 가두어 두거나, 하나님을 새긴 우상이나 형상 속으로 임재하시도록 하여 하나님의 복을 받아내겠다고 생각하는 것은 심히 어리석은 일이다. 따라서 복을 얻거나 기도의 응답을 받기 위한 도구로 사용하거나, 귀신의 접근을 막기 위한 부적으로 사용하거나, 그 어떤 용도로도 하나님 모양의 동상이나 조형

43   필립 그레이엄 라이큰, 《돌판에 새긴 말씀》, 147쪽.

44   김지찬, 《데칼로그》, 164쪽.

45   강영안, 《십계명 강의》, 93쪽.

46   앞의 책, 94쪽.

물이나 이미지를 만들어서는 안 된다. 이는 하나님을 우리 자신의 형상으로 개조하는 신성모독에 해당한다. 오히려 우리가 그분의 형상으로 개조되어야 한다.[47]

다음으로, 다른 신들을 위한 새긴 우상이나 형상도 만들어서는 안 된다. 다른 신들은 앞에서 보았듯이 결론적으로 말하면 인간에 의해 신격화된 것에 불과하고, 실체가 없는 망상에 불과하므로 눈으로 보이는 외적 형태로 만들 수 있는 것이 전혀 없다. 다른 신들의 새긴 우상이나 형상은 인간의 풍요를 위해 신을 지배하고 조종하기 위해 만든 것에 불과하다.[48]

한편, 하나님은 제2계명을 명하시면서 자신을 '질투하는 하나님'이라고 말씀하신다. 이 말씀은 이스라엘 백성뿐 아니라 모든 기독교인에게도 해당되는 말씀이다. 하나님께서는 왜 이렇게 과격하게 말씀하시는 걸까? 이에 관해 김용규는 다음과 같이 말한다.

> 물론 이렇듯 과격하게 표현되고 실행된 질투는 당연히 야훼 그 자신을 위한 것이 아니고, 오직 그의 백성들을 위한 것이라고 보아야 한다는 것이 기독교의 가르침입니다. 그렇지 않고 만일 신의 질투가 그 자신을 위해서라고 생각한다면, 야훼는 초기 기독교 시대의 이단자 마르키온(Marcion)의 주장대로 '피의 제사'를 요구하고, 그의 백성을 전쟁터로 내보내서 전 주민을 학살케 하며, 아버지의 잘못을 3, 4대까지 돌리는 배타적이고 포악한 질투의 하나님으로 보일 뿐입니

---

47   필립 그레이엄 라이큰, 《돌판에 새긴 말씀》, 169쪽.

48   김지찬, 《데칼로그》, 141쪽.

다. 우리가 1장에서 이미 살펴본 것처럼 야훼는 만물의 궁극적 근거이자 초월적 포괄자로서 만물을 자기 안에 창조하여 그 피조물들을 궁극적으로 선으로 이끌어가는 존재입니다. 따라서 때로 지나칠 정도로 과격하게 나타나는 그의 질투는 그의 백성들이 우상을 신으로 믿고 따라 그것의 노예가 되는 것을 막으려는 신의 사랑과 의지에 대한 선지자들의 표현이라고 보아야 한다는 거지요.[49]

하나님의 질투는 인간이 자신의 선택권을 행사하여 하나님을 미워하고 새긴 우상이나 형상을 사랑하지나 않을까 노심초사하다가 결국에는 앙갚음을 하게 만드는 질투가 아니다. 하나님의 질투는 비정상적이고 소유욕이 강한 질투도 아니다.[50] 하나님의 택정하심은 불변하고, 하나님의 택하심으로 하나님의 자녀가 된 사람들을 하나님의 사랑에서 끊을 수 있는 것은 아무것도 없다. 사탄이라도 하나님이 택하신 자녀들을 하나님으로부터 빼앗지 못한다. 히브리어로 질투라는 말의 어근은 긍정적인 의미에서 열정과 정열을 가리키고,[51] 질투가 의미하는 바는 하나님은 자신의 명예가 더럽혀지는 것을 허락하시지 않으신다는 것이다.[52] 또 하나님은 제2계명의 위반에 대해서는 삼사 대에 걸친 화를, 제2계명의 준수에 대해서는 천 대에 이르는 복을 주시겠다고 선언하시는데 이는 하나님의 질투의 결과에 해당한다고 할 수 있다. 이상

---

49   김용규, 《데칼로그》, 181쪽.

50   필립 그레이엄 라이큰, 《돌판에 새긴 말씀》, 152쪽.

51   김지찬, 《데칼로그》, 157쪽.

52   존 칼빈, 《칼빈의 십계명 강해》, 83쪽.

의 점들을 모두 고려하면 하나님의 질투는 하나님의 은혜로 종의 신분에서 벗어나 하나님의 자녀가 되었음에도 하나님을 마음과 힘과 뜻을 다하여 사랑하지 않고 건성으로 하나님과의 관계를 유지하며 하나님의 명예를 더럽히고자 하는 사람들을 향한 안타까움에서 비롯된 것으로서, 진심으로 하나님을 사랑하여 영원한 복을 누리기를 바라는 하나님의 열정과 열심을 의미한다고 봄이 타당할 것이다. 이러한 하나님의 열정과 열심은 "에브라임이여 내가 어찌 너를 놓겠느냐 이스라엘이여 내가 어찌 너를 버리겠느냐 내가 어찌 너를 아드마 같이 놓겠느냐 어찌 너를 스보임 같이 두겠느냐 내 마음이 내 속에서 돌이키어 나의 긍휼이 온전히 불붙듯 하도다"(호 11:8)라는 말씀에서 잘 드러난다.

한편, 앞서 언급했듯이 제2계명에는 계명의 준수 여부와 관련하여 화(禍)와 복(福)이 언급되어 있다. "네 하나님 여호와는 질투하는 하나님인즉 나를 미워하는 자의 죄를 갚되 아버지로부터 아들에게로 삼사 대까지 이르게 하거니와 나를 사랑하고 내 계명을 지키는 자에게는 천 대까지 은혜를 베푸느니라"가 바로 그것이다.

위 말씀 중 하나님을 미워한 아버지의 죄를 그 아버지로부터 아들에게로 삼사 대까지 이르게 하겠다는 말씀은 이해하기가 쉽지 않다. 위 말씀은 언뜻 보면 하나님의 공의와 정의에 어울리지 않는 것 같다. 위 말씀은 표면적으로는 하나님께서 "아버지가 신 포도를 먹었으므로 그의 아들의 이가 시다"(겔 18:2)는 말로 표현되는 연좌제(緣坐制)를 시행하시는 것으로 해석될 여지가 있고, "가계에 흐르는 저주"라는 개념을 허용하시는 것으로 해석될 여지도 있다. 하지만 위 말씀은 그렇게 해석해서는 안 된다. 왜냐하면 하나님께서 "아들은 아버지의 죄악을 담당하지 아니할 것이요 아버지는 아들의 죄악을 담당하지 아니하리니"(겔 18:20)라고 약속하셨기 때문이다.[53] 비록 표현상으로는 아버지의 잘못 때문에 그 후손들이 벌을 받는 것처럼 해석될 여지도 있으나, 후손들이 벌을 받는 것은 선대의 잘못 때문이 아니라 그들 자신의 잘못 때문이라고 해석해야 한다.[54] 그럼 후손들의 잘못과 벌은 무엇인가? 잘못은 바로 아담의 불의죄로 인해 후손들에게 전가된 죄를 말하고, 벌은 그 후손들이 받아야 할 원래의 죄악 상태로 내버려져 멸망에 이르게 되는 것을 의미한다.[55] 즉, 아담의 불의죄로 인해 전가된 죄를 지고 살아가는 후손들을 구원으로 이끄시지 않고 원래 상태 그대로 내버려 두신다는 것을 의미한다. 이를 두고 하나님이 공의롭지 않다거나 정의롭지 않다고 비난할 수는 없을 것이다. 하나님의 내버려 두심(롬 1:24, 26, 28)으로 인해 인간은 "낙원 추방이라는 원초적 분리에서 오는 감정, 곧 '사망의 느낌', '버림받음의 감정', '쓸모없음'에 대한 인식 등을"[56] 갖게 된다. 김용규는 이러한 실존적 상황을 카뮈, 사르트르, 하이데거를 비롯한 20세기 실존주의자들이 고발했던 '내던져짐'(Geworfenheit)이라는 끔찍한 상황이라고 한다.[57]

그런데 제2계명 위반으로 말미암는 하나님의 내버려 두심은

---

53 권오윤, 《왕 같은 제사장의 삶》, 90쪽; 김지찬, 《데칼로그》, 160쪽.

54 존 칼빈, 《칼빈의 십계명 강해》, 88쪽.

55 앞의 책, 91쪽.

56 김용규, 《데칼로그》, 268쪽.

57 앞의 책, 174쪽.

삼사 대가 지나면 중단된다. 반면에 아버지의 제2계명 준수로 말미암는 후손들에 대한 하나님의 구원의 은혜는 천 대에 이른다. 제2계명 위반에 따른 벌은 제2계명 준수에 따른 상과는 비교가 안 된다. 이는 하나님의 질투는 하나님의 백성들을 배제하기보다는 품기 위한 데 있다는 것을 의미한다. 이와 관련하여 김지찬은 다음과 같이 말한다. "설령 문자 그대로 받아들인다 해도 하나님께서는 그를 미워하는 자의 죄는 불과 3~4대로 제한한 반면, 그를 사랑하는 자에게는 1,000대까지 은혜를 베푸신다. 이것이 하나님의 은혜이다. 그러므로 지금 우리가 하나님의 계명을 잘 지키고 준행한다면 우리 후손들은 하나님의 은혜의 손길 안에 확실하게 거하게 될 것이다. 우리가 하나님 앞에서 제대로 신앙 생활하는 것이 내 아들, 내 딸, 내 자손이 복을 받는 길이다. 그것이 우리가 자녀들에게 줄 수 있는 가장 값지고 귀한 유산이 아닌가!"[58]

끝으로 한 가지 지적할 것은 새긴 우상과 미술작품의 한계 설정 문제이다. 제2계명은 예술행위를 금지하는 계명이 아니라 숭배행위를 금지하는 계명이다.[59] 따라서 일반적으로 예수 그리스도와 마리아를 비롯한 성서의 인물들 또는 성인들을 그리거나 조각한 미술작품들을 감상하는 것에 대해서는 우상 숭배라고 할 수 없겠지만, 그러한 미술작품들을 병을 낫게 하는 등의 기적을 일으킨다는 이유로 숭배하고 의지하게 되면 이는 새긴 우상을 숭배하는 것에 해당됨을 명심해야 한다.

---

58   김지찬, 《데칼로그》, 162쪽.

59   김용규, 《데칼로그》, 168쪽.

8-3. 제3계명의 해석

가. 내용

너는 네 하나님 여호와의 이름을 망령되게 부르지 말라 여호와는 그의 이름을 망령되게 부르는 자를 죄 없다 하지 아니하리라.

나. 출애굽기 미쉬파팀

제3계명과 관련된 출애굽기 말씀은 ① "너는 재판장을 모독하지 말며 백성의 지도자를 저주하지 말라"(출 22:28), ② "내가 사자를 네 앞서 보내어 길에서 너를 보호하여 너를 내가 예비한 곳에 이르게 하리니 너희는 삼가 그의 목소리를 청종하고 그를 노엽게 하지 말라 그가 너희의 허물을 용서하지 아니할 것은 내 이름이 그에게 있음이니라"(출 23:20-21)가 있다.

제3계명과 관련된 신명기 말씀은 ① "너는 재판을 굽게 하지 말며 사람을 외모로 보지 말며 또 뇌물을 받지 말라 뇌물은 지혜자의 눈을 어둡게 하고 의인의 말을 굽게 하느니라 너는 마땅히 공의만을 따르라"(신 16:19-20), ② "네 하나님 여호와께 서원하거든 갚기를 더디 하지 말라 네 하나님 여호와께서 반드시 그것을 네게 요구하시리니 더디면 그것이 네게 죄가 될 것이라 네가 서원하지 아니하였으면 무죄하리라 그러나 네 입으로 말한 것은 그대로 실행하도록 유의하라 무릇 자원한 예물은 네 하나님 여호와께 네가 서원하여 입으로 언약한 대로 행할지니라"(신 23:21-23)가 있다.

다. 해석

자연의 동식물과 사물들은 인간에 의해 이름을 부여받고, 아담 이후의 사람들은 사람에 의해 이름을 부여받는다. 사람들 중에는 부여받은 이름이 마음에 들지 않는 경우 개명을 하기도 한다. 하나님도 이름을 가지고 계신다. 하지만 하나님의 이름은 인간에 의해 명명된 것이 아니라 하나님이 인간에게 인간을 위해 계시해 주신 것이다. 하나님께서 계시해 주신 하나님의 이름은 히브리어로 "에흐예 아세르 에흐예" 또는 "야훼"이다. "에흐예 아세르 에흐예"는 한글 성경에서는 "나는 스스로 있는 자니라"로, 천주교 새번역 성경에서는 "나는 있는 나다"로, 공동번역 성경에서는 "나는 곧 나다"로 각 번역한다.[60] 이에 관해 김용규는 '있는 자'라는 말에는 알게 모르게 신이 '강한 자' 또는 '전능한 자'에서처럼 하나의 '존재물'인 것같이 오해될 소지가 다분히 들어 있다며 그냥 '나는 있다' 또는 '나는 있음이다'로 번역하는 것이 좋겠다고 주장한다.[61]

여호와의 이름은 어떤 특정한 이름이 아니라 '모든 이름 위에

---

60   김지찬, 《데칼로그》, 193쪽.

61   김용규, 《데칼로그》, 216쪽.

뛰어난 이름'(빌 2:9)이기 때문에, 부를 수 있는 모든 것 위에 있기 때문에, 모든 명칭 위에 머물러 있기 때문에 그것은 더없이 존귀하다.[62] 제3계명은 하나님의 지존성과 관련되어 있는 계명이다.

제3계명에서의 '여호와의 이름'은 단순히 하나님의 호칭인 에흐예 아세르 에흐예 또는 야훼만을 의미하는 것이 아니다. 이름은 그것이 지칭하는 대상에서 분리되면 단순히 발음할 수 있는 문자나 언어에 불과하다. 그리고 인격을 가지지 않은 존재들은 자신이 어떤 이름으로 불리든 개의치 않을 것이다. 그러나 이름이 지칭하는 대상이 인격적인 존재라면 이름과 그 대상이 결합되는 순간 이름은 관계적으로 아주 중요한 의미를 지니게 된다. 왜냐하면 이름은 그것이 지칭하는 대상의 고유한 정체성, 인격, 성품을 드러내기 때문이다. 하나님의 이름도 우주 만물의 창조주이시고 통치권자이신 하나님의 인격, 능력, 성품을 드러낸다. 하나님이 인간과 언약을 체결하실 때 엘 샤다이나 엘로힘이라는 명칭으로 체결하시지 않고 여호와라는 이름으로 체결하시는 이유도 여호와라는 이름이 하나님의 인격을 드러내기 때문이다. 그리고 하나님의 이름은 하나님께서 직접 계시하신 것이므로 하나님 자신이라 할 수 있다.[63] 이러한 하나님의 이름은 결코 가벼이 취급되어서는 안 된다는 것이 제3계명이 가르치는 바이다. 클라우니는 "하나님의 이름이란 그의 계시에 나타난 하나님의 임재를 말하는 성경의 특수한 방식을 의미합니다. 하나님의 이름을 사용한

---

62   앞의 책, 219쪽.

63   존 스토트, 《존 스토트의 산상수훈》, 218쪽.

다는 것은 어떤 특정한 발음이 거룩하기 때문이 아니라 하나님 자신이 그 이름에 임재하고 있으며 그 이름에 하나님의 모든 사역과 활동이 계시되어 있기 때문에 매우 심각한 것이 됩니다. 이런 의미에서 하나님의 이름을 그의 인격과 정체성 그리고 그분의 성품과 분리하는 것은 불가능합니다"[64]라고 한다.

이름은 수치가 아니라 자랑이 되어야 한다. 사회적으로 물의를 일으킨 사람이 개명하는 것도 자신의 이름을 수치스럽다고 여기기 때문이다. 그렇다면 여호와의 이름을 망령되게 일컫는다는 것은 기본적으로 여호와의 이름을 수치스럽게 만든다는 것을 의미한다. 그러므로 여호와의 이름을 망령되게 일컫지 말라는 것은 여호와의 이름이 자랑스럽게 되도록 하라는 뜻으로 이해할 수 있다. 더 나아가 예수는 하나님의 이름이 거룩히 여김을 받을 수 있도록 기도하라고 명령하신다. 이는 우리 삶의 모든 영역에서 하나님의 이름이 거룩히 여김을 받을 수 있도록 처신하라는 뜻이다. 강영안은 이름이 거룩히 여김을 받는다는 것이 "적극적으로 표현하면 하나님의 이름이 우리 삶에서 마땅히 받아야 할 무게를 갖게" 만든다는 뜻을 가지고 있다고 한다.[65] 하나님은 거룩하시므로 거룩히 여김을 받는 것은 하나님의 이름에 합당한 예우를 보여주는 것이다. 대부분의 사람들은 자신들의 행위로 인해 자신의 가문, 모교, 국가의 이름이 더럽혀지는 것에 수치심과 죄책감을 느낀다. 그렇다면 자신의 행위로 인해 하나님의 이름이 더럽혀지는

---

64   에드먼드 P. 클라우니, 《예수님은 십계명을 어떻게 해석하셨는가?》, 71쪽.

65   강영안, 《십계명 강의》, 139쪽.

것에 대해서는 어떤 반응을 보여야 할까? 하나님의 이름이 우리의 행위로 인해 거룩히 여김을 받기는커녕 더럽혀지는 것은 우리 하나님 여호와의 이름을 망령되게 일컫는 것임을 명심해야 한다.

한편, 하나님은 우주만물의 창조주이시고 통치권자이시다. 다시 말해 인간의 운명을 좌지우지하실 수 있는 절대자이시다. 이러한 절대적 존재의 이름을 들으면 사람들은 '공포와 전율'을 느끼게 될 것이고, 그 이름의 능력에 압도당할 것이다. 이러한 하나님의 이름은 인간의 삶 속에서 어떤 어려움이나 의견 차이를 해소하기 위해 선용될 수도 있으나, 인간의 욕망 추구를 위해 악용될 가능성도 배제할 수 없다. 대통령의 이름을 이용하여 사기를 저지르는 것은 전형적인 예에 해당한다. 제3계명은 하나님의 이름을 악용하지 못하도록 경계하시는 계명이기도 하다고 할 수 있다. 제3계명의 의미를 김지찬은 "어떤 상황에서도 하나님의 이름을 부적절하게 사용해서는 안 된다"[66]로 해석한다. 크뤼제만도 "하나님의 이름 아래, 그의 이름 안에서 그 어떤 불의도 일어나서는 안 된다"[67]고 전제한 다음 "이 계명은 하나님과 그의 힘에 대한 모든 가능한 악용을 금지한다"[68]고 해석한다.

이상의 점을 모두 고려하면 제3계명에서 금지되는 행위는 다음과 같다고 할 수 있다.

첫째, 하나님의 이름을 '함부로' 불러서는 안 된다.[69] 이는 윗

---

66   김지찬, 《데칼로그》, 186쪽.

67   프랑크 크뤼제만, 《자유의 보존》, 65쪽.

68   앞의 책, 66쪽.

69   김지찬, 《데칼로그》, 177쪽.

사람의 이름을 함부로 부르지 않는 한국 사회의 관습을 떠올리면 이해하기가 쉬울 것이다.

둘째, 저주하거나 욕할 때 하나님의 이름을 사용해서는 안 된다.[70] 이러한 점에서의 위반은 대체로 서양 문화권에서 발생한다. 출애굽기에는 어머니는 이스라엘 사람이고 아버지는 애굽 사람인 어떤 사람이 이스라엘 사람과 싸우다 '여호와의 이름을 모독하여 저주'하다가 돌로 처형당하는 이야기가 나온다(레 24:10-23).

셋째, 하나님의 이름을 허망하고 가치가 없는 일에 사용해서는 안 된다.[71] 하나님의 이름을 허망하고 가치 없는 일에 사용하는 것은 하나님을 소중하게 생각하지 않는다는 증거다. 칼빈은 "우리가 누군가를 소중히 여길 경우, 우리는 그의 이름을 헛되이 사용하지 않습니다. 그때 우리는 다른 이가 그의 이름을 조롱하는 것을 묵인하지도 않습니다. 만약 어떤 이가 그에 대해 험담을 하거나 그를 조롱한다면, 우리는 그와 싸우려 들 것입니다. 우리는 모욕감을 느끼며 그런 일을 제어하려고 할 것입니다"[72]라고 한다.

넷째, 하나님의 이름을 마법의 주문처럼 사용하거나, 거짓 예언을 참 예언으로 둔갑시키기 위하여 사용해서는 안 된다.[73] 사도행전에서 마술하는 어떤 유대인들이 시험 삼아 악귀 들린 자들에게 '주 예수의 이름'을 불러 말하며 악귀를 쫓아내고자 한 경우가 바로 이 경우에 해당된다(행 19:13-16).

---

70   앞의 책, 177쪽.

71   앞의 책, 182쪽.

72   존 칼빈, 《칼빈의 십계명 강해》, 113쪽.

73   필립 그레이엄 라이큰, 《돌판에 새긴 말씀》, 182쪽.

다섯째, 진실을 말하겠다고 하나님의 이름으로 맹세하였음에도 거짓말을 하는 것처럼, 거짓을 감추기 위한 수단으로 하나님의 이름을 입에 올려서는 안 된다. 이스라엘 사람들에게는 하나님의 이름을 걸고 맹세하는 일은 허락되었다.[74] 그러므로 맹세는 하나님의 이름으로만 하여야 하지,[75] 하나님 외의 그 어떤 것으로도 맹세를 해서는 안 된다(마 5:34-35). 그리고 하나님의 이름으로 맹세를 하였다면 절대로 거짓말을 해서는 안 된다. 거짓말을 해야 할 상황이라면 하나님의 이름으로도 맹세하지 말아야 한다.

여섯째, 하나님의 이름의 권위를 동원하여 자신의 주장이나 진술의 신빙성을 높이는 행위를 해서는 안 된다.

라. 해석의 확장

제3계명과 관련된 미쉬파팀을 보면, 재판관, 백성의 지도자 및 하나님의 사자(使者)에 관한 내용이 있다. 재판관, 백성의 지도자 및 하나님의 사자는 하나님의 권한과 이름을 빌어 행사하는 자들이라고 할 수 있다. 그렇다면 우리가 그들을 청종하는 이유는 출애굽기 23장 23절의 말씀처럼 하나님의 이름이 그들에게 있다고 인정하기 때문이다.[76] 바울의 표현에 따르면 그들은 '위에 있는 권세들'(롬 13:1)이라고 할 수 있다. 그들에 대한 우리의 태도는 어떠해야 하는가?

우주 만물의 통치자요 입법자요 재판관은 하나님이시다. 그

런데 하나님은 인간에게 자유 의지를 주셨고, 인간 공동체를 인간 스스로 규율해 나가도록 하셨다. 그로 인해 만들어진 것이 국가 공동체와 인간의 법이다. 아담과 하와의 타락 이후 인간의 범죄는 날이 갈수록 심각해져 갔고, 하나님의 택한 백성들이 하나님께서 주신 삶을 온전히 살아가기가 어려운 실정이 되어 버렸다. 이에 모든 국가의 근본적이고도 최우선적인 목적은 공동체 내의 폭력을 억제하고, 질서를 유지하며, 외적(外敵)으로부터 국민의 안전을 보장함으로써 국가에 소속된 국민과 가정이나 교회 같은 중간 단계의 공동체가 스스로 선을 이루어 가는 데 방해가 되지 않도록 해주는 것이 되었다. 이러한 국가의 목적을 이루기 위해서는 국가의 권위가 필요하다. 그 권위의 근원에 대해 사람들은 국민이라고 하지만, 기독교인들은 하나님이라고 선언한다. 그래서 바울 사도는 로마서 13장 1절에서 "권세는 하나님으로부터 나지 않음이 없나니 모든 권세는 다 하나님께서 정하신 바"라고 한 것이다. 이는 로마서 12장 19절과 논리적으로 밀접한 관련이 있다. 바울은 "너희가 친히 원수를 갚지 말고 하나님의 진노하심에 맡기라 기록되었으되 원수 갚는 것이 내게 있으니 내가 갚으리라고 주께서 말씀하시니라"(롬 12:19)고 말한다. 이는 기독교인은 원수에게 직접 복수할 권한을 행사할 수 없고, 하나님을 통해서만 행사할 수 있다는 뜻이다. 그런데 하나님의 복수 권한은 예수의 재림 시에 종국적으로 행사된다. 하지만 하나님은 질서를 유지하여 기독교인이 예수 재림 시까지 보존되고 사명을 감당할 수 있도록 해주시기 위해 하나님의 복수 권한을 임시적으로 국가에 맡기셨다. 그것을 나타내기 위해 바울은 로마서 13장 1절에서 권세는 하나님에게서 나고, 하나님이 정하시는 것이라고 선언한 것이다.

결국, 세속 국가의 권력은 하나님으로부터 부여받은 것이고, 새 창조가 이루어질 때까지 특정한 목적의 범위 내에서 한시적이고 잠정적으로 주어진 것이다. 이로 인해 국가 권력은 절대적일 수가 없다. 비록 국민 주권 국가에서 통치권자들이 국민투표를 통해 선출되고는 있지만, 그것이 국가의 권력과 통치권이 하나님으로부터 나오지 않았다는 근거가 될 수는 없다. 왜냐하면 하나님께서 국가의 권력과 통치권을 수여하시는 것과 그러한 하나님의 주권적 행위에 따라 특정 국민이 자신이 속한 국가의 권력과 특정한 통치권자를 결정하기 위해서 하는 국민투표는 같은 차원에서 논할 수 있는 것이 아니기 때문이다. 세속 국가들과 그 통치권은 하나님으로부터 비롯되었으므로, 다시 말해 세속 국가들과 그 통치권은 하나님의 이름으로부터 그 권위를 부여받으므로 하나님을 우리의 주권자로 인정한다면, 세속 국가들과 그 통치권의 권위 자체에 복종하지 않을 수가 없고, 권위에 복종하는 것은 실제적으로는 국가의 통치권자들과 행정 관료인 '위에 있는 권세들'에게도 복종해야 함을 의미한다. 이것은 자신이 선호하는 통치자들과 행정관료가 아니더라도 그렇게 해야만 하는 것이다. 이는 하나님이 국가와 국가 권력을 만드셨고, 그 결과 통치권자와 행정 관료가 세워졌다는 '양심'을 따르는 것이지, 국가가 가진 '칼'의 '진노'에 위협당해서 복종하는 것이 아니다.

이러한 점에서 보면 "각 사람은 위에 있는 권세들에게 복종하라 권세는 하나님으로부터 나지 않음이 없나니 모든 권세는 다 하나님께서 정하신 바라 그러므로 권세를 거스르는 자는 하나님의 명을 거스름이니 거스르는 자들은 심판을 자취하리라"
(롬 13:1-2)는 사도 바울의 가르침을 우리는 이해할 수 있고, 위 가
르침은 십계명 중 제3계명과 긴밀하게 관련을 맺고 있다는 것을
알게 된다.

　　어떤 사람들은 '위에 있는 권세들'은 곧 하나님의 사역자이
기 때문에 복종하고 존경해야 한다고 말한다. 하지만 이 말은 잘
못 해석하면, 위에 있는 권세들은 세상을 통치하기 위한 하나님
의 도구로 사용되고 있기에 그가 하는 일은 모두 하나님의 뜻에
따른 것이므로 옳다 그르다 판단하지 말고 무조건 복종해야 한다
는 생각에 이를 수도 있다. 하지만 그렇게 해석하는 것은 성경을
온전히 이해한 것으로 보기 어렵다. 왜냐하면 위에 있는 권세들
의 통치 행위가 모두 하나님의 나라나 교회에 좋거나 유익한 것만
도 아니고, 그들의 재판이나 재판의 집행이 모두 정의로운 것만
도 아니기 때문이다. 그러므로 경우에 따라서는 우리는 그들에게
복종하지 않아도 된다고 해야 한다.

　　그렇다면 그 기준은 무엇인가? 그것은 바로 하나님이 그들
에게 부여하신 사명이다. 하나님이 그들에게 맡긴 사명은 우리가
그들에게 복종하고 존경심을 나타내는 데 있어 근본적인 한계를
설정해 준다. 즉 그들이 하나님으로부터 부여받은 사명을 위배하
는 경우에는 그들에게 복종하지 않아도 된다. 위에 있는 권세들
의 사명은 '선(공동선)을 행하는 것'이다. 따라서 국가 및 국가의 권
력을 쥔 자가 선을 행하기를 거부하거나 악을 행할 때, 예를 들어,
기독교인들이 구원-선을 이루어 가지 못하도록 박해할 때, 국민
에게 과도한 세금을 부담시키는 등 국민들로 하여금 사회적 가치

를 실현하지 못하도록 방해할 때, 국가의 근본적이고 보편적인 의무인 국가 내 질서 유지와 국민의 안전 보장을 위한 의무의 수행을 거부할 때, 그들은 "하나님의 사역자가 되어 네게 선을 베푸는 자"(롬 13:4)로서의 임무에서 벗어났으므로 국민은 국가 및 국가의 폭력에 대하여 '저항권'을 행사할 수 있다.

다만 저항권을 행사함에 있어서는 '비례의 원칙'이 적용되어야 한다. 먼저 저항권을 행사하는 목적이 정당해야 하고, 그 방법과 정도가 적절해야 하며(준법 투쟁→시민불복종→저항권 행사), 피해가 최소로 발생하도록 해야 하고, 저항권 행사로 지켜져야 하는 국가의 질서와 금지시켜야 하는 국가 권력 사이의 균형성이 있어야 한다. 하지만 기독교인으로서는 저항권을 행사함에 있어 무엇보다 우선시해야 할 것이 있다. 그것은 바로 "네 이웃을 네 자신과 같이 사랑하라"(마 19:19)는 말씀과 "너희 원수를 사랑하며 너희를 박해하는 자를 위하여 기도하라"(마 5:44)는 말씀이다. 더 나아가 하나님의 명확한 뜻이 드러났다면 저항권의 행사도 삼가야 한다. 예수께서 빌라도의 판결을 수용한 것은 빌라도에 대하여 저항권을 행사하면 안 되었기 때문이 아니다. 오히려 예수는 하나님의 아들로서 빌라도가 오판을 감행하고 있다는 것을 아셨음에도 불구하고, 이러한 재판을 통해서라도 인류를 구원하시고자 하는 하나님의 주권에 복종하신 것이다.

기독교인들은 이러한 시각에서 국가와 통치 권력을 바라볼 수 있어야 한다. 이것이 제3계명을 제대로 준수하는 길임을 잊지 말아야 한다.

8-4. 제4계명의 해석

가. 내용

안식일을 기억하여 거룩하게 지키라 엿새 동안은 힘써 네 모든 일을 행할 것이나 일곱째 날은 네 하나님 여호와의 안식일인즉 너나 네 아들이나 네 딸이나 네 남종이나 네 여종이나 네 가축이나 네 문안에 머무는 객이라도 아무 일도 하지 말라 이는 엿새 동안에 나 여호와가 하늘과 땅과 바다와 그 가운데 모든 것을 만들고 일곱째 날에 쉬었음이라 그러므로 나 여호와가 안식일을 복되게 하여 그날을 거룩하게 하였느니라(출애굽기).

네 하나님 여호와가 네게 명령한 대로 안식일을 지켜 거룩하게 하라 엿새 동안은 힘써 네 모든 일을 행할 것이나 일곱째 날은 네 하나님 여호와의 안식일인즉 너나 네 아들이나 네 딸이나 네 남종이나 네 여종이나 네 소나 네 나귀나 네 모든 가축이나 네 문안에 유하는 객이라도 아무 일도 하지 못하게 하고 네 남종이나 네 여종에게 너 같이 안식하게 할지니라 너는 기억하라 네가 애굽 땅에서 종이 되었더니 네 하나님 여호와가 강한 손과 편 팔로 거기서 너를 인도하여 내었나니 그러므로 네 하나님 여호와가 네게 명령하여 안식일을 지키라 하느니라(신명기).

나. 미쉬파팀

제4계명과 관련된 출애굽기 말씀은 ① "너는 엿새 동안에 네 일을 하고 일곱째 날에는 쉬라 네 소와 나귀가 쉴 것이며 네 여종의 자식과 나그네가 숨을 돌리리라"(출 23:12), ② "너희는 나의 안식일을 지키라 이는 나와 너희 사이에 너희 대대의 표징이니 나는 너희를 거룩하게 하는 여호와인 줄 너희가 알게 함이라 너희는 안식일을 지킬지니 이는 너희에게 거룩한 날이 됨이니라 그 날을 더럽히는 자는 모두 죽일지며 그 날에 일하는 자는 모두 그 백성 중에서 그 생명이 끊어지리라 엿새 동안은 일할 것이나 일곱째 날은 큰 안식일이니 여호와께 거룩한 것이라 안식일에 일하는 자는 누구든지 반드시 죽일지니라 이같이 이스라엘 자손이 안식일을 지켜서 그것으로 대대로 영원한 언약을 삼을 것이니 이는 나와 이스라엘 자손 사이에 영원한 표징이며 나 여호와가 엿새 동안에 천지를 창조하고 일곱째 날에 일을 마치고 쉬었음이니라"(출 31:13-17), ③ "너는 엿새 동안 일하고 일곱째 날에는 쉴지니 밭 갈 때에나 거둘 때에도 쉴지며"(출 34:21), ④ "엿새 동안은 일하고 일곱째 날은 너희를 위한 거룩한 날이니 여호와께 엄숙한 안식일이라 누구든지 이 날에 일하는 자는 죽일지니 안식일에는 너희의 모든 처소에서 불도 피우지 말지니라"(출 35:2-3) 등이 있다.

다. 해석

일주일 단위로 하루씩 안식일이라고 정해 놓고 그날에는 아무 일도 하지 않고 쉬는 것이 안식하는 것이라고 한다면 제4계명은 이행하는 것이 그리 어려운 계명이라고 할 수 없다. 하지만 안식일에 무엇을 할 수 있는지에 관해 생각하는 순간 제4계명은 이행하기가 결코 쉬운 계명이 아니라는 것을 알게 된다. 왜냐하면 안식일에 어떤 일은 할 수 있고, 어떤 일은 할 수 없는지를 정하기 위해서는 '안식'과 '기억하여 거룩하게 한다'의 의미를 밝혀야 하는데 그 작업이 결코 만만하지 않기 때문이다.

안식일은 하나님께서 십계명을 주시기 전부터 제정해 주신 것이다. 어떤 사람들은 안식일 성수(聖守)를 구체적으로 명령한 곳이 출애굽기 20장 8-11절이므로, 모세의 십계명을 통해 안식일 성수 명령이 제정되었다고 주장한다. 하지만 출애굽기 16장 21-30절을 보면, 이스라엘 백성은 그 이전부터 하나님의 명령에 따라 안식일을 성수해 왔다는 것을 알 수 있다. 더구나 십계명도 모세가 만든 것이 아니라 하나님이 모세에게 명령하신 것이다. 따라서 안식일 제도가 인간에 의해 제정되었다는 것은 잘못된 주장이다.

안식일은 유대민족이 인류에게 남긴 위대한 유산 중의 하나이다. 안식일의 실시는 1년 단위로 순환되던 농경사회의 삶을 일주일 단위의 도시적 삶으로 전환시키게 만든 획기적이고 급진적인 사건이다. 안식일 제도는 현대의 도시적 삶을 이미 예견하고서 행해진 것이라고 볼 수밖에 없다. 유대민족의 안식일 준수 신앙이 없었더라면 인류는 일주일 주기로 정기적으로 일에서 벗어나는 것을 생각도 하지 못했을 것이다. 프랑스 대혁명 이후 이성주의자들은 십 일에 하루씩 쉬는 것으로 제도를 바꾸었다. 하지만 그 제도는 그리 오래 가지 못하고 일주일에 하루씩 쉬는 것으로 복귀되었다.

유대민족은 1주일 단위로 하루씩 안식하되, 현재의 요일 기준으로 토요일을 안식일이라고 하며 매우 엄격하게 안식일을 지킨다. 유대민족의 안식일을 기준으로 안식일을 지켜야 한다면 현재의 요일 기준으로 일요일을 주일이라고 하여 지키는 것은 제4계명을 위반하는 것이 된다. 하지만 안식일이 아니라 안식 자체에 중점을 둔다면 현재 기독교계가 정하고 있는 주일을 기억하여 지키는 것도 제4계명을 위반하는 것이 아니라고 할 수 있다. "어떤 사람은 이 날을 저 날보다 낫게 여기고 어떤 사람은 모든 날을 같게 여기나니 각각 자기 마음으로 확정할지니라"(롬 14:5)는 사도 바울의 말도 같은 취지라고 할 것이다. 이러한 점에서 보더라도 제4계명은 안식의 의미를 해석하는 것이 무엇보다 중요한 작업이 된다고 할 수 있다.

제4계명의 의미는 다음과 같이 해석된다.

첫째, 안식일에는 안식해야 한다는 것이다. 제4계명에는 안식의 의미를 유추할 수 있는 부분이 있는데, 먼저, 아무 일도 하지 말라는 것이고, 다음으로, 쉬라는 것이다. 결국 안식이라는 말은 제4계명의 문맥상으로는 '아무 일도 하지 말고 쉬는 것'을 의미한다고 할 수 있다. 그리고 제4계명에는 안식일에 아무 일도 하지 않고 쉬어야 하는 것은 하나님께서 6일 동안 창조사역을 마치신 후 "일곱째 날에 쉬었"(창 2:1-3)기 때문이라고 한다. 그럼 아무 일도 하지 말고 쉬는 것은 무슨 뜻인가? 손 하나 까딱하지 않고 그냥 그대로 있어야 한다는 뜻은 아닐 것이다. 성경을 보면 안식일에 구덩이에 빠진 짐승을 구해주는 것(마 12:11), 소나 나귀를 외양간에서 풀어내어 이끌고 가서 물을 먹이는 것(눅 13:10-17), 할례를 행하는 것(요 7:22) 등은 허용되었다. 이러한 예들을 따른다면 안식일에 안식한다는 것이 손 하나 까딱하지 않고 그냥 그대로 있어야 한다는 것은 아니라고 할 것이다.

그럼, 안식일에는 어떤 행위를 할 수 있는가? 이는 안식일의 제정 목적이 무엇인지와 관련되는 문제이다. 왜냐하면 안식일의 제정 목적이 무엇인지에 따라 그 목적 수행을 위해서라면 적극적으로 행위를 할 수 있고, 목적 수행에 어긋난다면 소극적으로 행위를 해서는 안 되기 때문이다. 미쉬나에는 안식일에 해서는 안 될 39개 조항을 규정해 두고 있다.[77] 이 규정도 안식일의 제정 목적에 따라 다시 해석되어야 한다. 복음서에서의 예수의 가르침은 바로 여기에 근거를 두고 있다. 그럼 안식일의 제정 목적은 무엇인가? 제4계명에서 그 대답을 찾으면 안식일이 "여호와의 안식일"이라서 하나님께서 "안식일을 복되게 하여 그날을 거룩하게 하였"기 때문이라는 것이다. 출애굽기 31장 13절에는 "나의 안식일"이라고 되어 있다. 이는 안식일이 시공간의 창조주이신 하나님의 소유로, 하나님께서 안식일을 복되게 만들고 거룩하게 만드셨다는 뜻이 된다. 시간의 주인은 하나님이시다. 하나님이신 예수께서 "인자는 안식일의 주인이니라"(마 12:8, 막 2:28)고 선언하신 것도 바로 이것을 의미한다. 하나님은 인간에게 안식일을 제외한 나머지 시간의 관리권을 부여하셨지만 안식일은 전적으로 하나

77　김지찬, 《데칼로그》, 240쪽.

님의 통제권 안에 두셨다. 그러므로 인간은 안식일에 관해 어떠한 권리도 주장할 수가 없다. 안식일은 하나님이 소유하시는 복되고 거룩한 시간이니 우리는 그 시간을 우리를 위해 사용해서는 안 된다. 따라서 안식일에는 '인간을 위해서는' 아무것도 하지 말고 쉬어야 한다. 반대로 안식일에는 먼저, '하나님을 위해서는', 다음으로 '우리의 구원을 위해서는' 그 무엇이라도 할 수 있어야만 한다. 해서는 안 되는 일만 강조하면 '안식일주의'라는 치명적인 함정에 빠질 수 있음을 명심해야 한다. 그러므로 안식일에 하나님께 예배와 찬양을 올려드리고, 하나님의 말씀을 묵상하는 일은 적극 장려되어야 한다. 또 안식일에 이웃이나 짐승이 어려움에 처해 있을 경우에는 그들을 어려움에서 구해 내어 하나님의 선하심을 드러내어야 한다.

안식일 성수의 명령은 아담의 범죄 이후 보다 큰 의미를 지니게 되었다. 아담이 죄를 저지르기 전에는, 인간이 하나님과 항상 동행할 수 있었으므로 구원의 문제가 없었다. 하지만 범죄 이후 아담은 에덴동산에서 추방되었고, 그 이후 저주를 받아 아담뿐 아니라 그의 후손들은 "얼굴에 땀을 흘려야 먹을 것"(창 3:19)을 얻게 되는, 다시 말해 생존을 위해서는 죽도록 일을 해야만 하게 되는 사태가 초래되었다. 이러한 상황에 처한 인류는 생존과 번식에 대한 불안과 공포 때문에, 또 삶의 욕망으로 인한 탐욕 때문에, 제대로 쉴 수 없는 존재가 되었다. 이는 인간으로 하여금 위엣 것을 생각할 여유, 즉 자신을 창조하신 하나님을 위한 시간을 낼 수 없게 만들어 버렸고, 그 결과 인간은 구원의 기회로 제공된 인생을 아무런 성취도 없이 허비할 수밖에 없게 되었다. 이에 하나님은 인간이 창조주를 기억하고 스스로의 영혼 상태를 되돌아보기 위한 시간을 가질 수 있도록 하기 위해 안식일 성수 명령을 십계명을 통해 명시적으로 내리신 것이다. "안식일이 사람을 위하여 있는 것이요"(막 2:27)라는 말씀은 바로 이것을 증명한다. 그러므로 안식일을 거룩히 지키는 방법으로 그날에는 아무도 그리고 아무 일도 하지 말라는 말씀은, 살기 위해 발버둥치는 인간에게 손해를 보이려는 것이 아니라, 마침내 흙으로 돌아갈 소망 없는 인간에게 영원히 사는 원리와 비밀을 보여 주는 하나님의 사랑과 은혜의 명령이라는 것을 명심해야 한다. 안식일 성수의 계명은 죽음으로 향하는 욕망을 좇는 대신 생명이신 하나님과 동행하는 것이 참으로 사는 것임을 가르쳐 준다. 죽음에 이르게 하는 욕망을 좇다 하나님과 교제할 시간조차 내지 못하는 일은 없어야 한다. 하나님은 시간의 창조주이시고 참 안식이시니 다른 것에서 안식을 누리려고 해서는 안 된다. 아우구스티누스가 "하나님을 향하도록 우리를 지으셨기에 하나님 안에서 안식하기까지 우리 마음은 안식하지 못합니다"(고백록 1권 1장)라고 말한 것처럼 우리는 하나님 아니면 참 안식을 누릴 수 없다는 것을 알아야 한다. 결국 안식일 성수 명령은 그 누구보다도 명령을 지키는 사람 자신에게 가장 유익한 명령이라 할 수 있다. 이러한 측면에서 제4계명은 하나님과 이웃을 사랑하는 것뿐만 아니라 자기도 사랑하라는 계명으로 이해해야 그 의미가 보다 깊이 이해될 수 있는 계명이라고 할 것이다.

둘째, 안식일을 기억하여야 한다는 것이다. 기억한다는 것은 원칙적으로 과거의 일을 상기한다는 뜻이다. 이런 측면에서 보면

 천종호 판사가 들려주는 십계명

하나님께서 엿새 동안 우주 만물을 창조하시고 7일째 되는 날 쉬셨다는 것과 이스라엘 백성을 애굽에서 인도하여 내시고 만나와 메추라기로 먹여 살리신 것 등을 상기하라는 뜻이 된다. 하지만 안식일은 7일 단위로 돌아오므로 그날을 거룩하게 지키기 위하여 기억하고 준비하라는 뜻도 가지고 있다. 예수의 재림 때에 우리가 누리게 될 영원한 안식을 생각하며 안식일을 중심으로 우리의 삶을 살아가는 것이 바로 안식일을 기억하는 것이다.

셋째, 안식일을 거룩하게 지켜야 한다는 것이다. 이를 신명기에서는 '안식일을 지켜 거룩하게 하라'고 한다. 먼저, 안식일을 거룩하게 지키는 첫 번째 핵심은 나 자신부터 안식일을 거룩하게 보내는 것이다. 나 자신이 안식일을 거룩하게 지켜야 하는 이유는 안식일의 주인이신 하나님이 베푸시는 구원에 대해 감사를 드리기 위함이다. 결국 안식일을 거룩하게 지키는 것은 안식일에 드리는 예배를 통해 구원의 소망을 견고하게 하는 것을 의미한다. 따라서 안식일에는 영생 구원의 소망을 견고하게 하는 활동을 우선적으로 해야 한다. '안식일에 아무 일도 하지 말라'는 것은 바로 이런 의미라고 할 수 있다. 그런데 사람들은 "안식일이 사람을 위하여 있는 것이요 사람이 안식일을 위하여 있는 것이 아니니"(막 2:27)라는 말씀을 들어, 안식일 성수 계명을 희석시키려고 한다. 하지만 앞에서 살펴보았듯이 '안식일이 사람을 위하여 있다'는 말씀이 안식일의 주인이 사람이라는 뜻이 아니며, 또 위 말씀에서의 비교 대상은 인간과 안식일이지, 인간과 하나님이 아니라는 것을 명심해야 한다.

앞서 살펴보았듯이, 범죄 이후 안식일의 의미는 인간의 구원에 그 초점이 있다. 구원을 이루기 위해서는 하나님께 절대 의존되어야 한다. 하나님의 은혜로 절대 의존되는 것이지 우리 힘으로 하나님께 절대 의존되는 것이 아니다. 안식일이 인간을 위해 존재한다는 말은, 은혜로 구원받은 신앙인들로 하여금 구원의 기쁨을 주신 하나님께 감사드리고 그 기쁨을 누리도록 하기 위해 안식일이 존재한다는 것이다. 따라서 안식일은, 하나님과는 상관없이 인간의 욕망을 채우는 데 시간을 낭비하거나 긴급하지도 않은 일을 하기 위해 존재하는 것이 아니다. 만일 안식일이 그런 목적으로 존재한다고 하면 안식일의 주인은 인간이라고 할 수밖에 없을 것이고, 이는 안식일의 창조자도 인간이라는 결론에 이르게 한다. 하지만 이러한 결론은 하나님이 안식일을 창조하셨다는 창세기 말씀과 예수께서 안식일의 주인이라는 복음서 말씀에 명백히 위배되는 것이다.

한편, 제7일째를 거룩하게 보내기 위해서는, 엿새 동안 힘써 모든 일을 행하여 안식일을 기쁘게 맞을 준비를 해야 한다. 그렇지 않고서는 안식일이 되어서도 세속적 탐욕과 걱정으로 천국의 기쁨을 맛볼 수 없다. 이것이 바로 '엿새 동안 힘써 네 모든 일을 행해야 한다'는 말씀의 의미이다. 하나님께서 일주일 중 하루만을 안식일로 정하신 것은 "설령 우리가 우리의 악한 욕망과 위선 그리고 우리의 본성에 속한 모든 것을 포기하기 위해 최선을 다할지라도, 우리는 이 세상을 떠나는 날까지 결코 그런 상태에 도달할 수 없다는 것을 알려 주시기 위함"[78]이었지, 나머지 6일은 하나

---

78   존 칼빈, 《칼빈의 십계명 강해》, 146쪽.

                    천종호 판사가 들려주는 십계명

님과는 상관없는 일을 하며 살아도 된다는 것을 알려주시기 위함이 아니다. 따라서 성도는 자신에게 주어진 6일 동안, 안식일 성수를 방해할 만한 모든 것을 제거하고 안식일을 맞아야 한다. 이것은 예수의 재림을 맞는 성도들의 자세와도 일맥상통하는 것이다. 6일 동안 아무 일도 하지 않고 빈둥거리며 놀다가, 대충대충 살다가, 해야 할 일을 미루다가, 안식일을 핑계로 삼아 아무 일을 하지 않는 것은 진정한 의미의 안식일 성수가 아니다. 한편, 7일 모두 세속적인 일에 활용할 수 있는 사람들과 달리 성도들이 활용할 수 있는 시간은 6일뿐이다. 단 1초도 허비할 시간이 없다. 오히려 6일간의 삶이 7일의 효과가 나도록 해야 한다. 하나님이 광야의 이스라엘 백성에게 제6일째에는 이틀 치의 만나를 거두라고 하신 것(출 16:22)은 이를 가르치시기 위함이다. 계획한 일을 절대 내일로 미뤄서도 안 된다. 철두철미하게 시간을 아껴 안식일을 준비해야 한다. 그렇지 않으면 하나님께 영광을 돌릴 수 없다. 목숨 걸고 6일간 살다가 제7일을 맞이하는 자가 진정으로 안식일을 성수하는 자이고, 영원한 천국의 기쁨을 맛보게 될 자이다. 목숨 걸고 6일간의 인생을 살다가, 죽은 후 천국에 가서 7일째에 진정한 안식을 누리게 되는 것과 같은 이치이다.

안식일을 거룩하게 지키는 두 번째 핵심은 '나를 제외한 모든 사람 및 동물도 안식일을 거룩하게 보내게 하는 것'에 있다. 출애굽기 20장 8-10절의 말씀을 보면 안식일을 지키는 것은 나만의 문제가 아니라 나와 관계된 모든 사람과 연관된 문제라는 것을 알 수 있다. 예를 들어 회사를 경영하는 사람이 있는데, 만일 그 사람이 일요일에 쉬지 않고 일을 하게 되면, 그 회사의 종업원들도 쉬지 못할 가능성이 높다. 그때 그 종업원이 회사 경영자와 같은 신앙 공동체에 속해 있다면 그는 안식일 성수 규정을 들어 경영주에게 떳떳하게 일요일에 쉬겠다고 할 수 있을 것이다. 이처럼 안식일 성수 명령은, 모든 인간에게 보장된 휴식권을 보장해 준다는 의미에서 공동체 유지 및 존속을 위해 없어서는 안 되는 규범이라고 할 수 있다. 한편, 제4계명은 잠시 머무르다 가는 손님에게도 휴식권을 보장해 줘야 함을 명령하고 있다. 수천 년 전에 이미 이런 규범이 있었다는 것은 참으로 놀라운 일이 아닐 수 없다. 제4계명을 '세계 최초의 노동자 권리장전'이라고도 부르는 것은 바로 이 때문이다.[79]

하나님께서 제7일째 되는 날에 쉬셨기 때문에 우리가 쉴 수 있듯이, 인간의 권력 관계에서 보면 이른바 '갑'의 입장에 있는 사람이 쉬어야만 '을'의 입장에 있는 사람도 쉴 수 있다는 것을 잊어서는 안 된다. 우리가 일요일에 식당에 간다면 그 식당 운영자와 종업원 중에는 가족들과 쉬고 싶어도 쉬지 못하는 사람들이 생기게 될지도 모른다. 공동체 구성원 모두가, 부자이든 가난한 사람이든 상관없이 평등하게 일주일에 한 번 정도는 생계를 위한 근로에서 벗어나 마음 놓고 가족과 함께 휴식할 수 있도록 사회적 여건을 조성하는 것이 무엇보다 중요하다고 생각한다. 한 마디로 '내 이웃도 쉬게 해야 한다'는 것이다. 이 점에서 안식일 성수 명령은 현대의 사회복지 차원에서도 대단히 중요한 의미를 가진다고 볼 수 있다.

79　필립 그레이엄 라이큰, 《돌판에 새긴 말씀》, 218쪽.

하지만, 긴급을 요하는 일은 안식일에도 해야 한다. 예를 들어, 병원 응급실, 119구급대, 공공 교통수단 등은 인간의 생명을 살리고 공동체의 안전과 질서를 유지하는 데 필수적이므로 안식일에도 운영할 수 있도록 해야 한다. 이것은 안식일 성수의 예외적인 부분이 아니라 원칙적인 부분이라고 생각한다. 예수께서 마태복음 12장 1-13절과 마가복음 2장 23절-3장 6절에서 말씀하시고자 한 바도 바로 이것이다. 그리고 바리새인들은 이러한 예수의 말씀에 아무런 반박을 하지 못했다. 이를 보면 그들은 예수께서 말하신 바를 이해했다고 볼 수 있다. 그런데 그들은 이해한 바에서 출발하여 자신들의 잘못된 전통을 고칠 생각에까지는 이르지 못했다. 오히려 예수를 죽여야겠다는 결의를 하기에 이르렀다. 참으로 안타까운 일이 아닐 수 없다.

하나님께서 제7일째 되는 날마다 쉬라고 하시지 않았다면 인간은 그 본성상 7일 주기로 휴식 취할 생각을 못했을 것이다. 이와 마찬가지로 우리가 7일 주기로 휴식을 취하지 않는다면 우리와 관계를 맺은 사람들도 정기적으로 휴식을 취할 수 없을 것이다. 안식일 성수 명령은 하나님의 인간에 대한 사랑과 인간들의 이웃에 대한 사랑이 무엇보다도 선명하게 드러나는 명령이다. 쉼이 필요한 현대인들에게 안식일 성수 명령보다 소중한 명령은 없다고 본다. 예수께서 가르쳐 주신 바에 따라 지혜롭게 안식일을 성수해야 할 것이다.

8-5. 제5계명의 해석

가. 내용

네 부모를 공경하라 그리하면 네 하나님 여호와가 네게 준 땅에서 네 생명이 길리라(출애굽기).

너는 네 하나님 여호와께서 명령한 대로 네 부모를 공경하라 그리하면 네 하나님 여호와가 네게 준 땅에서 네 생명이 길고 복을 누리리라(신명기).

나. 미쉬파팀

제5계명과 관련된 말씀은 ① "자기 아버지나 어머니를 치는 자는 반드시 죽일지니라"(출 21:15), ② "자기의 아버지나 어머니를 저주하는 자는 반드시 죽일지니라"(출 21:17), ③ "사람에게 완악하고 패역한 아들이 있어 그의 아버지의 말이나 그 어머니의 말을 순종하지 아니하고 부모가 징계하여도 순종하지 아니하거든 그의 부모가 그를 끌고 성문에 이르러 그 성읍 장로들에게 나아가서 그 성읍 장로들에게 말하기를 우리의 이 자식은 완악하고 패역하여 우리 말을 듣지 아니하고 방탕하며 술에 잠긴 자라 하

면 그 성읍의 모든 사람들이 그를 돌로 쳐 죽일지니”(신 21:18-21),
④ “그의 부모를 경홀히 여기는 자는 저주를 받을 것이라 할 것이
요”(신 27:16), ⑤ “그의 아버지의 아내와 동침하는 자는 그의 아버
지의 하체를 드러냈으니 저주를 받을 것이라 할 것이요”(신 27:20)
등이 있다.

다. 해석

인간은 자연적 상태에서는 부모의 연합을 통해 이 땅에 나게
된다. 이는 하나님께서 정하신 질서이다. 그리고 한 번 맺어진 부
모자녀 관계는 결코 소멸되지 않는다. 부모와 자녀가 서로 감정
이 상하여 더 이상 얼굴조차 보려고 하지 않는 경우에도 부모자
녀 관계는 계속 유지된다. 부모나 자녀 중 어느 쪽이 먼저 죽더라
도 여전히 부모자녀 관계는 소멸되지 않는다. 또 부모자녀 관계
는 역전이 되지 않는다. 부모가 자녀가 되고, 자녀가 부모가 되는
경우는 절대 없다. 하나님은 부모자녀 관계의 이러한 특성, 다시
말해 고정불변의 관계적 특성을 감안하여 부모를 공경하라는 제
4계명을 내리셨다.

하나님께서 부모를 공경하라고 하신 이유는 무엇일까? 그
에 대한 대답은 다양할 것이나, 필자는 하나님이 자신이 창조하
신 질서와 조화가 유지되는 것을 보고 싶어 하시기 때문이라고
생각한다. 이 세상에 태어나는 사람은 모두 생물학적으로 부모
를 가진다. 하나님은 우리의 부모를 통해 우리를 이 땅에 보내셨
고, 부모자녀 관계는 그 어떤 것으로도 변경할 수 없는 귀중한 관
계이자 질서이다. 부모는 다시 자신들의 부모를 가진다. 부모에

서 부모로 계속 거슬러 올라가면 결국에는 창조주 하나님께 이르게 된다. 김용규는 "부모 공경이 자만을 극복하는 복종을 배우는 훈련이자, 신에게로 돌아가는 지름길"[80]이라고 한다. 창조주에서 개인에게 이르는 질서는 그 누구도 뒤집을 수 없다. 하나님은 사람들이 이러한 창조 질서를 기억하고, 인간이 뒤집을 수 없는 질서는 절대로 무너뜨리지 말라는 뜻에서 제5계명을 내리신 것이라고 생각한다. 따라서 부모를 공경하지 않는 것은 변경할 수 없는 관계와 질서를 변경하고자 하는 것이 된다는 것을 명심하여야 한다.

제5계명의 이행을 통해 부모의 권위는 존중된다. 하지만 제5계명이 직접적으로 목적하는 바는 하나님의 창조 질서를 지키기 위함에 있지 부모의 권위를 존중하기 위함에 있지 않다. 따라서 제5계명을 통해 부모의 권위가 존중되는 것은 제5계명이 지켜짐으로 인한 간접적 효과에 불과하다. 만약 부모를 공경해야 하는 직접적인 이유가 부모의 권위 때문이라면 자녀가 부모의 권위를 인정하지 않는 경우 부모를 공경하지 않아도 된다는 결론에 이르게 되는데, 이러한 결론은 받아들일 수 없다. 더구나 부모의 권위는 자녀의 기분에 따라 부정될 수 있는 것도 아니다. 그러므로 제5계명이 부모의 권위를 존중하기 위해 제정해 주셨다는 것은 기독교 외에 종교나 도덕에서는 가능한 해석일 수는 있으나 기독교의 입장에서는 취할 수 있는 해석이 아니라고 생각한다. 물론 제5계명을 통하여 권위에 대한 복종과 겸손을 배울 수는 있다고 할

것이나, 그러한 "복종과 겸손은 흔히 오해하듯이 단순히 '권위 순응적' 인간의 미덕을 의미하는 것은 아니라는 것"[81]이다. 또 부모의 공경은 하나님의 명령과는 상관없이 인간으로서의 당연한 도리이기 때문에 하는 것이라고 해서는 안 된다.[82] 부모를 공경하는 것은 인간의 도리인 것은 분명하다. 하지만 그 도리가 하나님의 명령에서 비롯된다는 것이 기독교인이 취해야 할 태도이다. 인간의 도리라고 하면 보편성은 있으나 절대성은 없다. 하지만 부모 공경은 하나님의 명령이므로 절대적인 것이다. "자녀들은 자신들에게는 부모와 관련해서는 아무런 자유도 없다는 것을 알아야 합니다"[83]라는 칼빈의 말은 바로 이것을 의미한다.

그럼 "공경하다"는 어떻게 해석해야 하는가. 공경하다는 히브리어 '카베드'를 번역한 것으로 이는 '중히, 무겁게 여기라'는 뜻이다.[84] 제5계명은 금지규범이 아니라 이행규범으로서 자칫 잘못하면 그 실천 범위가 무한대로 확장될 수 있다. 조선시대 유교에서 규정한 효행의 내용들이 바로 그것이다. 그러므로 부모를 중히, 무겁게 여기는 것이 어떤 것인지에 관하여 모든 사례를 나열할 수는 없다. 다만 실천적으로 두 가지 측면에서 그 의미를 파악해 두면 족하다고 생각한다.

부모를 중하게 여긴다는 공경의 첫 번째 실천적 의미는, 부모에게 영적, 정신적으로는 예를 갖추어 대하고, 물질적으로는

---

81   앞의 책, 291쪽.

82   권오윤, 《왕 같은 제사장의 삶》, 138쪽.

83   존 칼빈, 《칼빈의 십계명 강해》, 188쪽.

84   강영안, 《십계명 강의》, 177쪽.

구체적인 봉양을 하는 것을 의미한다.[85] 노년의 부모들에게는 음식, 옷, 거주지의 제공과 가족의 동거를 통한 심신의 안정이 더욱 절실하다. 부모와의 의견 대립으로 감정적으로 좋지 않은 상태에 있다고 하더라도 부모에 대한 예를 갖추는 것을 그만두거나, 봉양이 필요한 부모를 돌보지 않는다면 부모를 공경한 것이 되지는 않는다. 이 의미에서의 공경은 감정적, 물리적 사정으로 인해 온전히 실천되지 못할 수도 있다. 예를 들어 부모와의 관계가 악화된 경우 영적, 정신적으로 부모에게 예를 갖추어 대하는 것이 쉽지 않을 것이고, 자녀의 형편이 아주 어려운 경우에는 부모를 봉양하는 것이 쉽지 않을 것이다. 하지만 이는 제5계명의 사실상의 제약에 불과하지 공경의 의미상의 한계는 아니다.

부모를 중하게 여긴다는 공경의 두 번째 실천적 의미는, 부모의 가르침이나 지시에 순종한다는 것을 의미한다(엡 6:1). 순종이란 자녀가 부모의 가르침이나 지시를 존중하며 따르는 것이다. 하지만 부모의 가르침과 지시에 순종하는 것에는 한계가 있다. 예를 들어 부모가 자식에게 하나님 말씀과 어긋나는 일을 하도록 가르치고 명령한다거나, 불법이나 부정의를 저지르라고 한다면 자녀는 그러한 가르침에 순종해서는 안 된다. 이에 관하여 에베소서 6장 1절에는 "자녀들아 주 안에서 너희 부모에게 순종하라"고 되어 있다. 이는 자녀가 부모의 가르침이나 지시 사항을 순종할지 말지를 결정하는 기준이 '주 안에서'가 되어야 한다는 뜻이다. '주 안에서'는 '하나님의 계명이나 뜻 안에서'라는 의미이다.

85　프랑크 크뤼제만, 《자유의 보존》, 76쪽.

이는 하나님이 사람들에게 부모를 공경하라고 명령하셨다고 하여 인간이 하나님의 명령을 무시하고 부모를 공경해야 한다는 것이 아님을 가르쳐 준다. 이에 관해 칼빈은 "하나님은 … 우리가 모든 윗사람들에게 순종해야 한다는 것을 알려 주셨습니다. 그러나 우리는 그분이 그렇게 하심으로써 자신의 권리를 포기하신 것이 아니라는 것에 주목해야 합니다"[86]라고 한다. 따라서 하나님의 계명이나 뜻에 위반되는 부모의 가르침이나 지시 사항은 따르지 말아야 한다. 하지만 부모의 가르침이나 지시 사항이 주의 계명이나 명령에 위반된다고 하여 부모에 대한 예를 표하는 것을 거부하거나 봉양이 필요한 부모에 대한 봉양을 거절하는 것은 부모를 공경하는 것이 아님을 명심하여야 한다.

앞서 언급하였듯이 제5계명은 이행규범으로서 자칫 잘못하면 그 실천 범위가 무한대로 확장될 수 있다. 이에 사람들은 제5계명의 한계를 설정하기 위해 다양한 시도를 한다. 하지만 그 한계를 설정하는 작업이 제5계명의 진정한 의미를 밝혀 실천하고자 하는 것이 아니라 제5계명을 잠탈하기 위한 것이 되어서는 안 된다. 복음서에 제5계명을 잠탈하기 위해 동원된 편법이 소개되어 있는데 그것은 바로 '고르반 제도'이다.

예수는 몇 명의 바리새인과 서기관이 찾아오자 그들에게 다음과 같이 말씀하셨다.

너희가 하나님의 계명은 버리고 사람의 전통을 지키느니라 또 이르

---

86   존 칼빈, 《칼빈의 십계명 강해》, 194쪽.

시되 너희가 너희 전통을 지키려고 하나님의 계명을 잘 저버리는도
다 모세는 네 부모를 공경하라 하고 또 아버지나 어머니를 모욕하는
자는 죽임을 당하리라 하였거늘 너희는 이르되 사람이 아버지에게
나 어머니에게나 말하기를 내가 드려 유익하게 할 것이 고르반 곧 하
나님께 드림이 되었다고 하기만 하면 그만이라 하고 자기 아버지나
어머니에게 다시 아무 것도 하여 드리기를 허락하지 아니하여 너희
가 전한 전통으로 하나님의 말씀을 폐하며 또 이 같은 일을 많이 행
하느니라(막 7:8-13)

위 말씀의 의미는 다음과 같다. '고르반'이란 말은 유대 사람
들이 자신의 재산을 하나님께 드린 후 그 사실을 공식적으로 알리
기 위해 사용하던 말이었다. 재산 소유자가 "고르반!" 하고 외친
이후에는 고르반으로 바치겠다고 맹세한 재물은 성전 소유가 된
다. 따라서 재산 소유자는 고르반이라 외친 이후에는 그 재산을
처분할 권리를 잃게 된다. 하지만 재산을 사용할 권리는 죽을 때
까지 보유한다. 이는 재산의 명의만 성전에 넘겨둔 채 여전히 죽
을 때까지 재산을 사용하고 수익을 누릴 수 있다는 뜻이다. 그런
데 이러한 처분권과 사용수익권의 분리는 고르반 제도의 악용을
가능하게 만들었다. 예를 들어, 빚이 있는 사람이 빚을 갚기 싫어
자신의 재산을 고르반으로 넣은 경우, 채권자들은 그 재산에 대
해 강제집행할 수 없게 되나, 채무자는 여전히 그 재산을 사용수
익할 수 있으므로 채무자는 고르반 제도를 채무 면탈의 수법으로
악용할 수 있었다. 그런데 이러한 고르반 제도는 제5계명을 잠탈
하는 수단으로도 이용되었다. 부모를 봉양해야 하는 사람들이 부

모에게 생활비 등을 주고 싶지 않은 경우 고르반 제도를 이용하면 자신의 재산을 전부 성전에 귀속시켜 두고, 부모에게는 재산이 없어서 생활비 등을 줄 수 있는 형편이 못 된다고 잡아뗄 수 있었던 것이다. 그렇지만 그들은 성전에 귀속시킨 재산에 대한 사용수익권을 가지고 있었으므로 그 재산을 이용하여 죽을 때까지 별다른 어려움 없이 살아갈 수 있었다. 부모로부터 '성전에 귀속시킨 재산을 되돌려 받으면 되지 않느냐'라는 반박을 당하면, 고르반으로 드린 재물을 되돌려 받는 것은 하나님께 한 맹세를 어기는 일이라서 결코 안 된다는 장로의 전통을 들어 부모의 반박을 물리칠 수 있었다. 이상이 고르반 제도를 통하여 제5계명이 잠탈되는 실태이다.

제5계명은 계명을 지키는 데 대한 축복이 언급되어 있다. 이에 사도 바울은 제5계명을 "약속이 있는 첫 계명"(엡 6:2)이라고 하였다. 축복의 내용은 출애굽기에는 "그리하면 네 하나님 여호와가 네게 준 땅에서 네 생명이 길리라"고 되어 있으나, 신명기에는 "그리하면 네 하나님 여호와가 네게 준 땅에서 네 생명이 길고 복을 누리리라"로 되어 있다. 또 에베소서에는 "네가 잘되고 땅에서 장수하리라"(엡 6:3)고 되어 있다. 이러한 성경 구절이 의미하는 바는 제5계명을 지키면 첫째는 오래 사는 복을, 둘째는 잘되는 복, 즉 물질의 복을 받게 된다는 것이다.[87]

부모를 공경하는 것은 장수하고, 복을 누리는 지름길이다. 그렇다면 최선을 다하여 제5계명을 준수하지 않을 이유가 없다.

87　강영안, 《십계명 강의》, 197쪽.

라. 해석의 확장

　교회 전통에서는 제5계명이 부모와 자식에게만 적용되는 것이 아니라 임금과 신하, 임금과 백성, 스승과 제자 그리고 고용자와 피고용자 관계에도 적용되는 것으로 해석했다.[88] 하지만 이러한 해석은 해석의 한계를 넘어가는 것으로 생각한다. 부모를 공경하는 것과 위에서 말한 관계에서의 임금, 스승, 고용자를 공경하라는 것은 같은 차원에서 놓고 논의할 수 없는 측면이 있다. 우리가 부모를 공경하는 이유는 제5계명이 명확하게 부모를 공경하라고 하고 있고, 부모와 자녀 관계는 절대 소멸될 수 없고 역전될 수 없는 관계를 전제로 하며, 부모의 권위 자체로 인한 것이 아니라 하나님의 명령이기 때문이다. 하지만 임금, 스승, 고용자는 제5계명의 부모에 포섭되기가 어려울 뿐 아니라, 임금과 신하 및 백성, 스승과 제자, 고용자와 피고용자의 관계는 절대 소멸될 수 없는 관계가 아닐뿐더러 역전될 가능성도 있으므로 그들을 부모의 반열에 둘 수는 없다. 또 우리가 그들을 존중하는 것은 그들의 정당한 권위 때문이지 하나님의 명령으로 인한 것이 아니다. 따라서 임금, 스승, 고용주를 부모처럼 공경하라는 것은 제5계명의 해석상 허용될 수가 없다.

　하지만 그렇다고 해서 임금, 스승, 고용자를 우리가 존중하지 말아야 한다는 것은 아니다. 성경을 보면 임금 등 통치권자는 '위에 있는 권세들'로서 복종하여야 한다는 말씀이 있으므로(예를 들어 앞서 본 로마서 13:1, 엡 6:5-9 등) 우리는 그런 말씀들을 근거로 그

88　앞의 책, 184쪽.

들을 '존중'하면 되지, 군이 제5계명을 근거로 그들을 부모의 위치에 올려놓고 '공경'할 필요는 없다고 생각한다. 그렇게 하는 것은 인간관계에 '가부장적 권위주의'를 존치시키게 만드는 것이다. 로핑크는 "예수와 복음을 위하여 집이나 형제나 자매나 어머니나 아버지나 자식이나 전토를 버린 자는 현세에 있어 집과 형제와 자매와 어머니와 자식과 전토를 백배나 받는다"(막 10:29-30)는 말씀에서 버렸다가 돌려받는 대상에 아버지가 빠져 있는 것은 아버지가 가부장 지배의 상징이기 때문이라고 한다.[89] 한편 로핑크는 "땅에 있는 자를 아버지라 하지 말라 너희의 아버지는 한 분이시니 곧 하늘에 계신 이시니라"(마 23:9)는 말씀은 육신의 아버지를 대신하여 하나님이 우리의 아버지가 되어 주신다는 것인데, 이는 예수의 형제자매들이라는 새 가족 안에는 인간의 지배란 없어야 한다는 것을 가르쳐 주시기 위함이라고 한다.[90] 이러한 점을 모두 고려하면 아벨 공동체인 교회에서는 가부장적 권위주의가 더 이상 존치되어서는 안 된다. 가부장적 권위주의를 존치시키는 것은 사람들로 하여금 부모 공경이 하나님의 명령이 아니라 가부장적 권위주의의 발현이라는 생각을 가지게 만들지도 모르고, 그렇게 되면 오히려 부모들은 제대로 공경을 받지 못할지도 모른다. 다시 말해 가부장적 권위주의로 인해 피해를 입는 것은 봉양을 받아야만 하는 부모임을 잊지 말아야 한다.

---

89   게르하르트 로핑크, 《산상 설교는 누구에게?》, 분도출판사, 1990, 81쪽.

90   앞의 책, 81쪽.

8-6. 제6계명의 해석

가. 내용

살인하지 말라.

나. 출애굽기 미쉬파팀

제6계명과 직접적으로 관련된 출애굽기 말씀은 ① "사람을 쳐죽인 자는 반드시 죽일 것이나 만일 사람이 고의적으로 한 것이 아니라 나 하나님이 사람을 그의 손에 넘긴 것이면 내가 그를 위하여 한 곳을 정하리니 그 사람이 그리로 도망할 것이며 사람이 그의 이웃을 고의로 죽였으면 너는 그를 내 제단에서라도 잡아내려 죽일지니라"(출 21:12-14), ② "사람이 매로 그 남종이나 여종을 쳐서 당장에 죽으면 반드시 형벌을 받으려니와 그가 하루나 이틀을 연명하면 형벌을 면하리니 그는 상전의 재산임이라"(출 21:20-21), ③ "도둑이 뚫고 들어오는 것을 보고 그를 쳐죽이면 피 흘린 죄가 없으나 해 돋은 후에는 피 흘린 죄가 있으리라"(출 22:2-3) 등이 있다.

제6계명과 간접적으로 관련된 출애굽기 말씀은 ① "사람을 납치한 자가 그 사람을 팔았든지 자기 수하에 두었든지 그를 반드시 죽일지니라"(출 21:16), ② "사람이 서로 싸우다가 하나가 돌이나 주먹으로 그의 상대방을 쳤으나 그가 죽지 않고 자리에 누웠다가 지팡이를 짚고 일어나 걸으면 그를 친 자가 형벌은 면하되 그간의 손해를 배상하고 그가 완치되게 할 것이니라"(출 21:18-19), ③ "사람이 서로 싸우다가 임신한 여인을 쳐서 낙태하게 하였으나 다른 해가 없으면 그 남편의 청구대로 반드시 벌금을 내되 재판장의 판결을 따라 낼 것이니라 그러나 다른 해가 있으면 갚되 생명은 생명으로, 눈은 눈으로, 이는 이로, 손은 손으로, 발은 발로, 덴 것은 덴 것으로, 상하게 한 것은 상함으로, 때린 것은 때림으로 갚을지니라"(출 21:22-25), ④ "사람이 그 남종의 한 눈이나 그 여종의 한 눈을 쳐서 상하게 하면 그 눈에 대한 보상으로 그를 놓아줄 것이며 그 남종의 이나 여종의 이를 쳐서 빠뜨리면 그 이에 대한 보상으로 그를 놓아줄지니라"(출 21:26-27), ⑤ "너는 과부나 고아를 해롭게 하지 말라 네가 만일 그들을 해롭게 하므로 그들이 내게 부르짖으면 내가 반드시 그 부르짖음을 들으리라 나의 노가 맹렬하므로 내가 칼로 너희를 죽이리니 너희의 아내는 과부가 되고 너희 자녀는 고아가 되리라"(출 22:22-24), ⑥ "너는 이방 나그네를 압제하지 말며 그들을 학대하지 말라 너희도 애굽 땅에서 나그네였음이라"(출 22:21) 등이 있다.

다. 신명기 미쉬파팀

제6계명과 직접적으로 관련된 신명기 말씀은 ① "네가 새 집을 지을 때에 지붕에 난간을 만들어 사람이 떨어지지 않게 하라 그 피가 네 집에 돌아갈까 하노라"(신 22:8), ② "그의 이웃을 암살하는 자는 저주를 받을 것이라 할 것이요"(신 27:24), ③ "무죄한 자를 죽이려고 뇌물을 받는 자는 저주를 받을 것이라 할 것이요"(신 27:25) 등이 있다.

제6계명과 간접적으로 관련되는 신명기 말씀은 ① "사람이 자기 형제 곧 이스라엘 자손 중 한 사람을 유인하여 종으로 삼거나 판 것이 발견되면 그 유인한 자를 죽일지니"(신 24:7), ② "맹인에게 길을 잃게 하는 자는 저주를 받을 것이라 할 것이요"(신 27:18) 등이 있다.

라. 해석

제6계명은 사람뿐 아니라 모든 생명체를 대상으로 하는 살생(殺生, kill)을 금하는 계명이 아니라, 사람을 대상으로 하는 살인(殺人, murder)을 금하는 계명이다. '살인하지 말라'는 히브리어로 '로 티르짜흐'이고, 티르짜흐의 어근은 '라짜흐'로 이는 사형선고의 집행 또는 목숨을 건 전투에서 군인이 행한 살인의 종류에는 사용되지 않고, 동물을 사냥하고 죽이는 것에도 사용되지 않는다.[91]

살인은 인간의 생명을 빼앗는 것이다. 그런데 인간의 생명은 하나님이 주신 것이다. 그렇다면 인간에게는 타인의 생명을 빼앗을 권리가 없다. 비록 부모에 의해서 출생하게 된다고 해도 부모조차도 자녀의 생명을 빼앗을 권리는 가지고 있지 않다. 인간의 생명을 빼앗을 권리는 하나님만이 가지고 계신다. 이와 관련

91　필립 그레이엄 라이큰, 《돌판에 새긴 말씀》, 275쪽.

하여 하나님은 "나 외에는 신이 없도다 나는 죽이기도 하며 살리기도 하며 상하게도 하며 낫게도 하나니 내 손에서 능히 빼앗을 자가 없도다"(신 32:39)라고 말씀하신다. 그리고 하나님도 자의적으로 인간의 생명을 빼앗지 않으신다. 하나님께서 인간의 생명을 취하는 것은 인간이 하나님의 계명을 위반하고, 그 계명에 위반할 경우 생명을 잃게 된다는 처벌 규정이 있을 경우이다. 그러므로 살인이 금지되는 이유는 인간에게 사람을 죽일 권리가 없기 때문이라고 해야 한다. 그런데 "다른 사람의 피를 흘리면 그 사람의 피도 흘릴 것이니 이는 하나님이 자기 형상대로 사람을 지으셨음이니라"(창 9:6)는 말씀이 살인할 수 없는 이유가 된다는 견해가 있다. 위 견해는 사람이 살인을 해서는 안 되는 이유는 사람이 하나님의 형상대로 지음받았기 때문이라는 것이다.[92] 이러한 주장은 인간의 존엄성을 강조하는 것으로서 충분히 납득할 만하다. 하지만 사람이 하나님의 형상대로 지음을 받았기 때문에 사람을 살해해서는 안 된다는 논리를 사람뿐 아니라 하나님께도 적용하게 되면 하나님조차 하나님의 형상대로 지음을 받은 사람에 대하여 죽음의 벌을 부과할 수 없다는 결론을 도출해 낼 여지가 있다. 게다가 인간의 존엄성을 강조하는 위 논리는 사형제도는 허용되어서는 안 된다는 주장의 중요한 근거로 원용될 가능성이 있고, 이러한 해석은 성경이 가르치는 바와도 합치되지 않는다. 위 말씀은 사람의 피를 흘린 경우, 즉 사람을 죽음에 이르게 한 경우 사망한 사람은 하나님의 형상대로 지음을 받은 존재이기 때문에 그를 살

---

92   강영안, 《십계명 강의》, 212쪽.

인한 것에 대한 죄책은 그 사람과 동등한 가치를 부여받은, 다시 말해 하나님의 형상대로 지음을 받은 인간을 죽음에 이르게 하는 것이어야 한다는 뜻으로 해석되어야 한다. 즉 위 말씀은 살인을 해서는 안 된다는 근거가 되는 말씀이라기보다는 범죄에 대한 처벌에 있어 동해보복 또는 상호성(相互性) 원칙을 선포하는 말씀으로 이해해야 한다.

제6계명은 원칙적으로 사람의 생명을 빼앗는 행위를 금지한다. 그런데 사람을 살해하는 과정에 납치, 유괴와 같은 폭력이 동원될 수도 있고, 살인을 시도하였으나 미수에 그쳐 사람을 다치게 하거나 장애인이 되게 할 수도 있다. 이러한 측면에서 보면 제6계명은 단순히 살인만을 금하는 규정이 아니라 사람의 신체에 관한 일체의 행위를 금지하는 규정이라고 해석할 수 있다. 그러므로 인간은 그 누구도 타인을 살해하거나, 타인에게 상해를 입히거나, 폭행을 가하거나, 자유를 침탈할 권리가 없다. 다시 말해 그 누구도 사람에게 살인, 상해, 폭행, 자유침탈 등과 같은 폭력을 행사할 권리는 없다. 그런 행위를 한 사람을 그냥 그대로 두는 것은 그러한 행위를 한 사람에게 정당성을 인정해 주는 꼴이 된다. 그런데 폭력을 인정해 주는 정당성이 바로 권력이라고 할 수 있기 때문에 폭력에 관한 죄들은 권력과 관련된 죄라고 할 수 있다. 그러므로 제6계명은 권력욕에 사로잡혀 타인의 생명과 신체와 자유를 유린하려고 하지 말라는 뜻으로 이해할 수 있다. 하나님은 인간의 창조주이시자 심판권자이시다. 인간에 대한 모든 권력은 하나님이 가지고 계신다. 따라서 폭력은 그 어떤 것도 창조주의 작품을 훼손하는 행위가 될 뿐 아니라 심판권자의 권리를 찬탈하는 행위가 된다는 것을 명심하여 폭력을 통해 사람을 지배하려고 해서는 안 된다.

살인의 문자적 의미는 '사람을 사망하게 함'이다. 이와 관련하여 김용규는 제6계명의 살인의 의미를 일차적으로 그리고 근본적으로 영혼의 살인 곧 존재론적 살인을 금지하는 계명으로 해석하는 것이 옳다고 주장하면서, 존재론적 살인을 인정하기 위해서는 소외라는 개념을 도입하는 것이 방법론적으로 매우 유용하다고 주장한다.[93] 하지만 "몸은 죽여도 영혼은 능히 죽이지 못하는 자들을 두려워하지 말고 오직 몸과 영혼을 능히 지옥에 멸하실 수 있는 이를 두려워하라"(마 10:28)는 예수의 말씀에 따른다면 인간은 인간의 영혼을 죽일 수가 없다고 해야 하고, 그렇다면 제6계명이 1차적으로 영혼을 죽이는 행위를 금하는 계명이라는 해석은 받아들이기 어렵다고 생각한다. 다만 뒤에서 보듯이 인간을 소외시키는 것은 배제로 인한 폭력에 해당하므로 제6계명을 위반하는 행위라고 할 수가 있다.

먼저 살인이 되려면 사람이 '사망'에 이르러야 한다. 사망 시점에 관하여는 심장의 맥박이 정지되는 때를 사망 시점으로 인정하는 '맥박정지설'(또는 심정지설)이 통설이다. 따라서 살인은 사람에게 위해를 가하여 맥박이 정지되게 만드는 것이라고 할 수 있다. 다음으로, 살인은 사람을 대상으로 한다. 사람이 되는 시점에 관하여는 '규칙적인 진통을 동반하면서 분만이 개시된 때'를 기준으로 하는 '진통설' 또는 '분만개시설'이 통설이자 대한민국 대

---

93   김용규, 《데칼로그》, 335쪽.

법원의 견해이다. 따라서 규칙적인 진통을 동반하면서 분만이 개시되기 전에 죽임을 당했다면 형법상으로는 살인죄가 아니라 낙태죄가 된다.

살인을 고의(죄)로 저질렀든 과실(허물)로 저질렀든 살인은 행위의 태양에 관계없이 제6계명에 위반된다.

마. 해석의 확장

첫째, 태아는 사람이 아니므로 낙태는 제6계명에 위반되지 않는 행위라고 해야 하는가? 그렇지 않다. 낙태는 제6계명이 금지하는 행위에 해당된다. 제6계명의 미쉬파팀인 출애굽기 21장 22-25절 등 성경 구절과 제6계명이 모든 폭력을 금지한다는 계명이라는 점을 감안하면 태아를 죽음에 이르게 한 자도 태아에 대한 폭력을 행사함으로써 제6계명을 위반하였다고 할 것이다. 세속법을 따른다면 태아는 사람이 아니므로 태아를 죽음에 이르게 한 경우 살인죄가 아니라 낙태죄로 처벌을 받게 되지만, 하나님의 법을 따른다면 낙태는 살인하지 말라는 제6계명을 위반하는 것으로 하나님의 심판을 받게 된다. 이와 관련하여 세속법상 낙태를 허용할지 여부에 관해, 다시 말해 낙태에 대하여 형사처벌을 하여야 할지, 한다면 모든 낙태에 대하여 형사처벌을 해야 할지에 관해 의견이 첨예하게 대립되고 있다. 이에 관해서는 지면 관계상 상론은 하지 않기로 한다.

둘째, 범죄에 대한 형벌로서의 '사형'(死刑)은 제6계명에 위배되지 않는다. 노아 언약에는 "다른 사람의 피를 흘리면 그 사람의 피도 흘릴 것이니"(창 9:6)라고 되어 있고, 성경의 다른 곳에서도 죄를 범한 경우 죄의 경중에 따라 사형을 할 수 있는 규정을 두고 있으므로 범죄에 대한 형벌로서의 사형은 원칙적으로 하나님이 금지하시는 바가 아니라고 할 수 있다. 다만, 모든 살인죄에 대하여 사형을 선고해야 하는 것은 아니다. 사형에 해당하는 죄가 무엇인지에 관해서는 각 국가 공동체의 사정에 따라 달리 규정될 수 있다.

셋째, 전쟁을 통한 살인은 경우에 따라 제6계명을 위반할 수도 있다. 성경에는 "이 전쟁은 너희에게 속한 것이 아니요 하나님께 속한 것이니라"(대하 20:15)고 되어 있다. 따라서 하나님이 명하신 전쟁에서는 비록 전투 중에 사람을 살해하였다고 하더라도 제6계명을 위반한 것이 되지 않는다. 만약 하나님의 전쟁이 아니라면 먼저 전쟁을 일으켜 사람을 죽인 자는 제6계명을 위반하였다고 할 수 있으나, 상대국이 먼저 전쟁을 일으킨 경우에는 적국의 병사를 죽이더라도 제6계명을 위반하였다고 할 수 없다. 왜냐하면 이는 정당방위라고 할 수 있기 때문이다. 그런데 전쟁에 있어 하나님의 뜻이 무엇인지를 어떻게 아는가? 이에 대한 대답은 '하나님께서 가르쳐 주시지 않는 한 알 길이 없다'는 것이다. 하나님이 국가 지도자 등을 통하여 전쟁을 명하실 수도 있으므로 그들의 말이 신뢰할 만하다면 그를 믿고 전쟁에 나아갈 수밖에 없다. 이러한 경우 사람들은 '정의로운 전쟁론'에서 제시한 요건을 가지고 이제 자신들이 벌이고자 하는 전쟁을 평가하여 만약 정의로운 전쟁에 해당되지 않는다고 판단하면 전쟁을 반대할 수도 있다. 하지만 인간의 생각으로 만들어진 정의로운 전쟁의 요건을 가지고 판단한 것이 개개 전쟁에 있어 하나님의 뜻인지 여부를 판단하는 완벽한 기준이 될 수는 없다. 그러므로 전쟁은 할 수 있는 한 자제하는 것이 좋다.

넷째, 불치병 등으로 고통을 받는 사람의 고통을 덜어주기 위해 의도적으로 환자를 죽음에 이르게 하는 '안락사', 타인의 죽음을 직접적으로 초래하는 것이 아니라 타인을 살해하는 것을 도와주는 '조력살인'(예컨대, 환자의 안락사를 원하는 환자의 가족들의 부탁을 받아 환자를 죽음에 이르도록 도와주는 행위), 자살을 원하는 사람이 자살에 이르도록 도와주는 '자살방조' 등도 원칙적으로 제6계명에 위배된다. 다만, 위와 같은 행위에 대하여 세속법에 따른 형사처벌을 부과할지 여부는 각 국가 공동체의 사정에 따라 달리 정해질 수 있다.

다섯째, 살인은 원칙적으로 타인을 죽음에 이르게 하는 것이므로 자신을 죽음에 이르게 하는 자살의 경우는 제6계명을 직접적인 근거로 하여 죄책을 물을 수는 없다. 그렇다고 해서 자살이 성경적으로 허용된다고 하기는 어렵다. 자살은 교회 전통에서 강력하게 금지되고 있는 바이다. 그런데 성폭행을 당하여 수치심에 자살하는 경우와 같이 개별 사례에 맞닥뜨리게 되면 자살이 하나님의 뜻과 성경에 위반되는지 가리기가 어려운 경우가 있다. 자살이 하나님의 뜻이나 성경에 위반된다고 판단되더라도 자살한 사람을 정죄해서는 안 된다. 재판권은 하나님께 있기 때문이다. 그러므로 자살에 대하여 함부로 비난하거나 비판해서는 안 된다. 그들이 그러한 극단적 선택에 이를 때까지 우리가 그들을 위해 무엇을 하였는지 되돌아보고 회개할 것이 있으면 즉시 회개해야 한다.

바. 마태5장수훈에서의 살인의 의미

예수는 살인 행위의 의미를 확대해서 가르치셨다. 관련 성경 구절을 보면 다음과 같은데, 이는 <u>산상수훈의 여섯 가지 대립명제 중 첫 번째 명제</u>다.

> 옛 사람에게 말한 바 살인하지 말라 누구든지 살인하면 심판을 받게 되리라 **하였다는 것을 너희가 들었으나 나는 너희에게 이르노니** 형제에게 노하는 자마다 심판을 받게 되고 형제를 대하여 라가라 하는 자는 공회에 잡혀가게 되고 미련한 놈이라 하는 자는 지옥 불에 들어가게 되리라(마 5:21-22)

예수가 "옛 사람에게 살인하지 말라 누구든지 살인하면 심판을 받게 되리라 하였다는 것을 너희가 들었으나"라고 하신 것은 단순히 제6계명을 읊은 것이 아니라 서기관들과 바리새인들이 제6계명을 잘못 해석하고 있음을 지적하신 것이다.[94] 즉, 예수는 율법 해석의 권위자들이 사람의 피를 흘린 경우에만 제6계명을 위반하는 것으로 축소 해석하고 있는 것을 지적하시며, 그러한 경우뿐 아니라 형제에게 노하고, 형제를 라가(바보)라고 하거나 미련한 놈이라 부르는 것도 제6계명에 위반하는 행위라고 가르치신 것이다. 사도 요한도 예수의 가르침에 따라 "그 형제를 미워하는 자마다 살인하는 자니"(요일 3:15)라고 하였다. 칼빈도 "만약 내가 내 이웃에게 최소한의 해라도 입힌다면, 하나님이 보시

---

94   존 스토트, 《존 스토트의 산상수훈》, 114쪽.

기에 나는 이미 살인한 자다"[95]라고 한다.

예수께서 형제에게 분노하고, 바보라고 조롱하고, 미련한 자라고 멸시하는 것이 살인죄가 된다고 하신 이유는 그러한 말투와 마음의 태도는 나와 형제 사이의 경계를 만들어 형제를 분리하여 배제하는 것인데, 배제는 폭력에 해당하고, 폭력의 끝에는 인간이 예상할 수 없는 악이 도사리고 있다는 것을 가르쳐 주시기 위함이다. 이에 관한 좋은 예로는 동생 아벨에 대한 분노와 미움으로 형제살인이라는 폭력으로 치달은 가인의 이야기를 들 수 있다. 위 말씀에 따른다면 우리들 중에 살인죄를 저지르지 않은 사람은 아무도 없다고 할 수 있다. 왜냐하면 사람들에 대하여 분노하지 않거나 사람들을 바보나 미련한 놈이라 부르지 않은 사람들은 아무도 없을 것이기 때문이다.

예수께서 제6계명을 위와 같이 해석해 주신 이유는 제6계명을 지키기 위한 출발점은 우리의 마음에 있다는 것을 가르치시기 위함이다. 다시 말해 예수의 말씀은 우리 마음의 변화가 없으면 제6계명을 지키는 것은 불가능하다는 것을 의미한다. 예수께서 산상수훈 첫머리에 팔복을 가르치신 이유도 바로 이 때문이다. 즉 제6계명을 온전히 지키기 위해서는 팔복에 나타난 성품, 즉 심령이 가난함, 온유함, 애통함, 의에 주리고 목마름, 타인을 긍휼히 여김, 마음이 청결함, 화평케 함, 의를 위해 핍박받음과 같은 성품이 먼저 갖추어져야 함을 잊지 말라는 것이다.

95   존 칼빈, 《칼빈의 십계명 강해》, 229쪽.

8-7. 제7계명의 해석

가. 내용

간음하지 말라.

나. 미쉬파팀

제7계명과 관련된 말씀은 "사람이 약혼하지 아니한 처녀를 꾀어 동침하였으면 납폐금을 주고 아내로 삼을 것이요 만일 처녀의 아버지가 딸을 그에게 주기를 거절하면 그는 처녀에게 납폐금으로 돈을 낼지니라"(출 22:16-17)가 있다.

다. 해석

성경의 첫 책인 창세기에 아담과 하와의 결혼 이야기가 등장한다. 하나님은 순서상 아담을 먼저 창조하시고 이어서 '돕는 배필'로 하와를 창조하신 다음 두 사람을 짝지어 주셨다. 여기서 우리는 혼인 관계의 의미를 발견할 수 있는데, 그것은 혼인 제도는 인간이 만든 것이 아니라 하나님께서 직접 제정해 주신 것이고, 하나님께서 이혼해도 된다는 계명을 내리신 바가 없으시므로 인간은 한 번 부부가 된 이상 원칙적으로는 혼인 관계를 해소해서는 안 된다는 것이다. 더 나아가 하나님께서 혼인 제도를 제정해 주셨다는 것은 그 누구도 다른 부부의 혼인 관계를 깨트려서는 안 된다는 것을 의미한다.

그런데, 부부의 혼인 관계를 깨트려 하나님께서 제정해 주신 혼인 질서를 파괴하는 방법 중 가장 치명적인 것은 간음이다. 이에 하나님은 제7계명을 통하여 간음하지 말라는 명령을 내리신 것이다. 칼빈은 "그러므로 만약, 우리가 창조주와 맞서 싸우려는 것이 아니라면, 우리 모두는 각자의 집에서 자신의 배우자와 함께 살아야 합니다. 그리고 아무도 그 질서를 해쳐서는 안 됩니다. 왜냐하면 하나님이 그 질서의 주인이시기 때문입니다"[96]라고 한다.

한글 성경의 '간음하다'는 말은 히브리어 '나아프'를 번역한 것이고, 이는 '한 남자가 남의 아내 혹은 그의 이웃의 아내와 성관계를 갖다'라는 의미이다.[97] 따라서 나아프의 경우 간음을 저지르는 남자는 기혼자인지 미혼자인지 여부를 가리지 않으나, 상대 여자는 반드시 기혼한 여자이어야만 한다.[98] 그리고 약혼한 상태에 있는 여성과 성관계를 가지는 것도 간음에 해당된다.[99] 그러므로 제7계명은 1차적으로는 이웃의 가정과 혼인 관계를 보호하기

---

96   앞의 책, 241쪽.

97   김지찬, 《데칼로그》, 342쪽.

98   김용규, 《데칼로그》, 362쪽.

99   강영안, 《십계명 강의》, 239쪽.

위한 계명이라고 할 수 있다.[100]

구약 시대에 제7계명을 위와 같이 한정하여 해석한 것은 신정국가인 이스라엘의 사회적 상황으로 인한 것이다. 하지만 신정국가 이스라엘이 소멸되고, 예수께서 초림하신 이후에는 사회적 상황이 신정국가 이스라엘의 상황과는 크게 변동되었다. 그리고 기혼 남자가 자신의 부인 아닌 기혼 여자 또는 미혼 여자와 성관계를 갖는 것은 제7계명을 위반하는 것이 된다는 것으로 해석되었다. 이렇게 해석할 수 있는 것은 제7계명이 하나님께서 제정하신 혼인 질서를 보호, 유지하기 위한 데 있으므로, 기혼 남자가 자신의 부인 아닌 다른 여자와 성관계를 하는 것은 자신의 부인과의 혼인 관계를 깨트리는 것이 되고, 이는 하나님이 제정하신 혼인 질서를 깨트리는 것이 분명하기 때문이다.

라. 해석의 확장

간음(adultery)과 음행(fornication)은 구분되어야 한다. 간음이 되려면 적어도 성관계(매춘을 통한 성관계를 포함함)를 가지는 당사자 중 한 사람은 기혼자이어야 한다. 우리 형법에서는 간음을 '간통'이라고 표현하였다. 한편, 음행은 미혼인 사람들 사이의 성관계를 의미한다. 음행도 제7계명에 위반된다는 견해도 있으나,[101] 혼인 관계를 전제로 하지 않는 음행은 원칙적으로는 제7계명을 위반하는 행위라고 할 수 없다고 생각한다.

---

100   김지찬, 《데칼로그》, 349쪽.

101   필립 그레이엄 라이큰, 《돌판에 새긴 말씀》, 309쪽.

그렇다고 음행이 성경이 금지하지 않는 행위라는 것은 잘못된 생각이다. 전통적으로 교회는 음행은 '혼전 순결'을 위반하는 것으로 성경에서 금하는 바라고 가르쳤다. 남녀 사이의 성관계는 '합하여 둘이 한 몸을 이루는 것'(창 2:24)이고, 그로 인한 결과는 자녀의 출생이다. 이로 미루어 본다면 성관계는 인간의 행위 중 가장 신비하고 의미 있는 행위라고 할 것이다. 이러한 행위를 성적 쾌락을 위하여 함부로 행한다는 것은 매우 무책임한 행위라고 생각한다. 혼전 성관계는 행해져서는 안 된다. 다만 혼전 성관계를 맺은 경우에는 신명기 22장 28-29절 말씀을 따라 혼인 관계로 나아감으로써 자신의 행위에 대하여 책임을 지는 성숙함을 보여주어야 한다. "우리의 음행은 곧 예수 그리스도의 몸에 대한 강간이나 다름없습니다"[102]는 칼빈의 말은 우리의 영혼 깊이 새겨두어야 한다.

마. 마태5장수훈에서의 간음의 의미

예수는 간음 행위의 의미를 확대해서 가르치셨다. 관련 성경 구절을 보면 다음과 같은데, 이는 산상수훈의 여섯 가지 대립명제 중 두 번째 명제다.

또 간음하지 말라 **하였다는 것을 너희가 들었으나 나는 너희에게 이르노니** 음욕을 품고 여자를 보는 자마다 마음에 이미 간음하였느니라 만일 네 오른 눈이 너로 실족하게 하거든 빼어 내버리라 네 백

---

102 존 칼빈, 《칼빈의 십계명 강해》, 243쪽.

체 중 하나가 없어지고 온 몸이 지옥에 던져지지 않는 것이 유익하며 또한 만일 네 오른손이 너로 실족하게 하거든 찍어 내버리라 네 백체 중 하나가 없어지고 온 몸이 지옥에 던져지지 않는 것이 유익하니라(마 5:27-30)

앞에서 보듯이 법적으로 간음의 의미는 남녀가 성관계를 하는 것을 의미한다. 따라서 법적으로는 배우자 있는 남녀가 성관계를 하지 않으면 간음죄를 저지른 것이 되지 않는다. 하지만 예수는 위에서 보듯이 남자가 여자와 성관계를 하지 않았어도 음욕을 품고 여자를 보는 즉시 마음으로 이미 간음한 것이라고 선언하셨다. 누구나 여자를 그냥 보는 것과 음욕을 품고 보는 것의 차이를 안다[103]는 스토트의 말에 따른다면 음욕을 품고 여자를 보는 것이 어떤 것인지 굳이 설명할 필요는 없다고 생각한다. 예수의 말씀은 혼인 관계의 외적 순결성을 넘어 내적 순결성까지도 지켜야만 하나님이 제정하신 혼인 질서를 무너뜨리지 않는 것이 된다는 의미다. 더 나아가 위 가르침은 음욕을 품고 여성을 바라보지 않으려면 마음의 변화를 통해 인격과 성품이 변화되어야 한다는 것을 의미한다. 나아가 제6계명을 해석할 때 이미 언급하였듯이 마음에서부터 변화가 시작되지 않으면 제7계명을 지키기가 거의 불가능하다는 것을 명심해야 한다.

이와 관련하여 예수는 다음과 같이 가르치셨다. 아래 말씀 중 마태복음 5장 31-32절의 말씀은 산상수훈의 여섯 가지 대립명

103　존 스토트, 《존 스토트의 산상수훈》, 121쪽.

제 중 세 번째 명제에 해당한다.

또 일렀으되 누구든지 아내를 버리려거든 이혼 증서를 줄 **것이라 하였으나 나는 너희에게 이르노니** 누구든지 음행한 이유 없이 아내를 버리면 이는 그로 간음하게 함이요 또 누구든지 버림받은 여자에게 장가드는 자도 간음함이니라(마 5:31-32)

내가 너희에게 말하노니 누구든지 음행한 이유 외에 아내를 버리고 다른 데 장가드는 자는 간음함이니라(마 19:9)

위 말씀은 음행 이외의 이유로 부인을 내쫓은 다음 재혼하는 남편은 스스로 간음죄를 저지른 것이 될 뿐 아니라 자신의 부인도 간음죄를 저지르게 하는 것이 되고, 더 나아가 자신의 부인과 재혼하는 자도 간음죄를 저지르게 만드는 것이라는 뜻이다. 위 말씀은 하나님께서 제정해 주신 혼인질서에 대한 예수의 태도를 극명하게 보여주는 것으로, 혼인질서가 무너지고 있는 이 시대에 다시 한번 새겨 두어야 하는 말씀이다.

8-8. 제8계명의 해석

가. 내용

도둑질하지 말라.

나. 출애굽기 미쉬파팀

제8계명과 직접적으로 관련된 출애굽기 말씀은 ① "사람이 소나 양을 도둑질하여 잡거나 팔면 그는 소 한 마리에 소 다섯 마리로 갚고 양 한 마리에 양 네 마리로 갚을지니라"(출 22:1), ② "도둑은 반드시 배상할 것이나 배상할 것이 없으면 그 몸을 팔아 그 도둑질한 것을 배상할 것이요, 도둑질한 것이 살아 그의 손에 있으면 소나 나귀나 양을 막론하고 갑절을 배상할지니라"(출 22:3-4), ③ "사람이 밭에서나 포도원에서 짐승을 먹이다가 자기의 짐승을 놓아 남의 밭에서 먹게 하면 자기 밭의 가장 좋은 것과 자기 포도원의 가장 좋은 것으로 배상할지니라"(출 22:5) 등이 있다.

제8계명과 간접적으로 관련된 출애굽기 말씀은 ① "사람이 구덩이를 열어두거나 구덩이를 파고 덮지 아니하므로 소나 나귀가 거기에 빠지면 그 구덩이 주인이 잘 보상하여 짐승의 임자에게 돈을 줄 것이요 죽은 것은 그가 차지할 것이니라"(출 21:33-34), ② "이 사람의 소가 저 사람의 소를 받아 죽이면 살아 있는 소를 팔아 그 값을 반으로 나누고 또한 죽은 것도 반으로 나누려니와 그 소가 본래 받는 버릇이 있는 줄을 알고도 그 임자가 단속하지 아니하였으면 그는 소로 소를 갚을 것이요 죽은 것은 그가 차지할지니라"(출 21:35-36), ③ "불이 나서 가시나무에 댕겨 낟가리나 거두지 못한 곡식이나 밭을 태우면 불 놓은 자가 반드시 배상할지니라"(출 22:6), ④ "사람이 돈이나 물품을 이웃에게 맡겨 지키게 하였다가 그 이웃집에서 도둑을 맞았는데 그 도둑이 잡히면 갑절을 배상할 것이요 도둑이 잡히지 아니하면 그 집 주인이 재판장 앞에 가서 자기가 그 이웃의 물품에 손 댄 여부의 조사를 받을 것이며 어떤 잃은 물건 즉 소나 나귀나 양이나 의복이나 또는 다른 잃은 물건에 대하여 어떤 사람이 이르기를 이것이 그것이라 하면 양편이 재판장 앞에 나아갈 것이요 재판장이 죄 있다고 하는 자가 그 상대편에게 갑절을 배상할지니라"(출 22:7-9), ⑤ "사람이 나귀나 소나 양이나 다른 짐승을 이웃에게 맡겨 지키게 하였다가 죽거나 상하거나 끌려가도 본 사람이 없으면 두 사람 사이에 맡은 자가 이웃의 것에 손을 대지 아니하였다고 여호와께 맹세할 것이요 그 임자는 그대로 믿을 것이며 그 사람은 배상하지 아니하려니와 만일 자기에게서 도둑맞았으면 그 임자에게 배상할 것이며 만일 찢겼으면 그것을 가져다가 증언할 것이요 그 찢긴 것에 대하여 배상하지 아니할지니라"(출 22:10-13), ⑥ "만일 이웃에게 빌려온 것이 그 임자가 함께 있지 아니할 때에 상하거나 죽으면 반드시 배상하려니와 그 임자가 그것과 함께 있었으면 배상하지 아니할지니라 만

 천종호 판사가 들려주는 십계명

일 세 낸 것이면 세로 족하니라"(출 22:14-15), ⑦ "네가 만일 네 원수의 길 잃은 소나 나귀를 보거든 반드시 그 사람에게로 돌릴지며 네가 만일 너를 미워하는 자의 나귀가 짐을 싣고 엎드러짐을 보거든 그것을 버려두지 말고 그것을 도와 그 짐을 부릴지니라"(출 23:4-5), ⑧ "네가 만일 너와 함께 한 내 백성 중에서 가난한 자에게 돈을 꾸어 주면 너는 그에게 채권자 같이 하지 말며 이자를 받지 말라"(출 22:25), ⑨ "네가 만일 이웃의 옷을 전당 잡거든 해가 지기 전에 그에게 돌려보내라 그것이 유일한 옷이라 그것이 그의 알몸을 가릴 옷인즉 그가 무엇을 입고 자겠느냐 그가 내게 부르짖으면 내가 들으리니 나는 자비로운 자임이니라"(출 22:26-27), ⑩ "너는 네 주머니에 두 종류의 저울추 곧 큰 것과 작은 것을 넣지 말 것이며 네 집에 두 종류의 되 곧 큰 것과 작은 것을 두지 말 것이요"(신 25:13-14) 등이 있다.

다. 신명기 미쉬파팀

제8계명과 직접적으로 관련되는 신명기 말씀은 ① "네 하나님 여호와께서 네게 주어 차지하게 하시는 땅 곧 네 소유가 된 기업의 땅에서 조상이 정한 네 이웃의 경계표를 옮기지 말지니라"(신 19:14), ② "네 이웃의 포도원에 들어갈 때에는 마음대로 그 포도를 배불리 먹어도 되느니라 그러나 그릇에 담지는 말 것이요 네 이웃의 곡식밭에 들어갈 때에는 네가 손으로 그 이삭을 따도 되느니라 그러나 네 이웃의 곡식밭에 낫을 대지는 말지니라"(신 23:24-25), ③ "그의 이웃의 경계표를 옮기는 자는 저주를 받을 것이라 할 것이요"(신 27:17) 등이 있다.

제8계명과 간접적으로 관련되는 신명기 말씀은 ① "네 형제의 소나 양이 길 잃은 것을 보거든 못 본 체하지 말고 너는 반드시 그것들을 끌어다가 네 형제에게 돌릴 것이요 … 네 형제의 나귀나 소가 길에 넘어진 것을 보거든 못 본 체하지 말고 너는 반드시 형제를 도와 그것들을 일으킬지니라"(신 22:1, 4), ② "네가 형제에게 꾸어주거든 이자를 받지 말지니 곧 돈의 이자, 식물의 이자, 이자를 낼 만한 모든 것의 이자를 받지 말 것이라"(신 23:19), ③ "사람이 맷돌이나 그 위짝을 전당 잡지 말지니 이는 그 생명을 전당 잡음이니라"(신 24:6), ④ "네 이웃에게 무엇을 꾸어 줄 때에 너는 그의 집에 들어가서 전당물을 취하지 말고 너는 밖에 서 있고 네게 꾸는 자가 전당물을 밖으로 가지고 나와서 네게 줄 것이며 그가 가난한 자이면 너는 그의 전당물을 가지고 자지 말고 해 질 때에 그 전당물을 반드시 그에게 돌려줄 것이라"(신 24:10-13) 등이 있다.

라. 해석

성경은 "땅과 거기에 충만한 것과 세계와 그 가운데에 사는 자들은 다 여호와의 것이로다"(시 24:1)라고 한다. 다시 말해 우주 만물은 하나님이 창조하신 것이고, 하나님의 소유이다. 사람은 우주 만물에 대한 소유권을 가지고 있지 않다. 다만 하나님이 맡겨 주신 것을 관리하며 사용수익할 권리를 가질 뿐이다. 역사적으로 사람이 하나님의 소유물을 독점적으로 사용할 수 있었던 것은 남들보다 먼저 물질을 발견하고 습득하였거나, 하나님이 창조하신 만물에 자신의 노동을 투입하여 자신의 것으로 삼은 것에 불과하다. 이렇게 시작된 '사적(私的) 소유물'은 상속이 가능하였고,

이는 빈부 격차를 초래하였다.

빈부 격차를 해소하는 방법은 합법적 방법으로는 '배분적 정의'를 실현하는 것이고, 불법적 방법으로는 '도둑질'을 하는 것이다.

도둑질은 불법적으로 타인의 재산을 자신의 것으로 만드는 것이다. 칼빈은 "여기에서 하나님은 우리가 모든 사기와 침해 그리고 다른 이의 재산에 대한 온갖 형태의 탈취를 혐오하게 하시기 위해 '도둑질'이라는 단어를 강조하시는 것입니다"[104]라고 한다. 대한민국 형법상으로는 절도(타인의 재물을 절취), 강도(폭행 또는 협박으로 타인의 재물을 강취하거나 기타 재산상의 이익을 취득하거나 제3자로 하여금 이익을 취득하게 함), 사기(사람을 기망하여 재물의 교부를 받거나 재산상의 이익을 취득), 공갈(사람을 공갈하여 재물의 교부를 받거나 재산상의 이익을 취득), 횡령(타인의 재물을 보관하는 자가 그 재물을 횡령하거나 그 반환을 거부), 배임(타인의 사무를 처리하는 자가 그 임무에 위배하는 행위로써 재산상의 이익을 취득하거나 제3자로 하여금 이를 취득하게 하여 본인에게 손해를 가함), 장물죄(장물의 취득, 양도, 운반 또는 보관), 손괴(타인의 재물, 문서 또는 전자기록 등 특수매체기록을 손괴 또는 은닉 기타 방법으로 그 효용을 해함), 경계침범죄 등이 모두 도둑질에 해당된다고 할 수 있다.

그 동기와 경위가 어떻든 도둑질은 제8계명에 위배된다. 어떤 학자는 '도둑질하지 말라'를 사람 도둑질을 하지 말라는 의미로 해석해야 한다고 하나,[105] 사람 도둑질은 납치나 유괴 등에 해

104　존 칼빈, 《칼빈의 십계명 강해》, 261쪽.

105　강영안, 《십계명 강의》, 273쪽.

당되어 제6계명에 위반되는 행위로 봄이 타당하다고 생각한다.

마. 해석의 확장

첫째, 직장이나 근무처에서의 태업(怠業)을 하면서도 정상적인 급여를 받는 것은 고용주의 재산을 도둑질하는 것과 마찬가지이다. 피용자로서는 과로하여 쓰러질 정도로 근로할 필요는 없으나 정상적인 근무 시간 내에서라면 최선을 다하여 자신의 임무를 수행해야 한다. 이에 관해 칼빈은 "그러므로, 만약 어느 종이 자기 주인의 물건을 낭비한다면, 그는 도둑인 셈입니다. 또한 만약 어떤 일꾼이 품삯이나 바라면서 하는 일 없이 빈둥거린다면, 누구라도 그렇게 말하겠지만, 분명히 그는 도둑인 셈입니다"[106]라고 한다.

둘째, 뇌물을 받고 자신이 처리하는 업무를 불법적으로 또는 비도덕적으로 처리하는 것도 도둑질에 해당한다.

셋째, 십일조를 내지 않는 것은 제8계명을 위반한 것은 아니나 하나님의 것을 도적질하는 것임을 잊어서는 안 된다. 말라기 선지자는 "사람이 어찌 하나님의 것을 도둑질하겠느냐 그러나 너희는 나의 것을 도둑질하고도 말하기를 우리가 어떻게 주의 것을 도둑질하였나이까 하는도다 이는 곧 십일조와 봉헌물이라 너희 곧 온 나라가 나의 것을 도둑질하였으므로 너희가 저주를 받았느니라"(말 3:8-9)고 말한다.

---

106 존 칼빈, 《칼빈의 십계명 강해》, 268쪽.

8-9. 제9계명의 해석

가. 내용

네 이웃에 대하여 거짓 증거하지 말라.

나. 출애굽기 미쉬파팀

제9계명과 관련된 출애굽기 말씀은 ① "너는 거짓된 풍설을 퍼뜨리지 말며 악인과 연합하여 위증하는 증인이 되지 말며 다수를 따라 악을 행하지 말며 송사에 다수를 따라 부당한 증언을 하지 말며 가난한 자의 송사라고 해서 편벽되이 두둔하지 말지니라"(출 23:1-3), ② "너는 가난한 자의 송사라고 정의를 굽게 하지 말며 거짓 일을 멀리 하며 무죄한 자와 의로운 자를 죽이지 말라"(출 23:6-7), ③ "너는 뇌물을 받지 말라 뇌물은 밝은 자의 눈을 어둡게 하고 의로운 자의 말을 굽게 하느니라"(출 23:8) 등이 있다.

제9계명과 관련된 신명기 말씀은 ① "사람의 모든 악에 관하여 또한 모든 죄에 관하여는 한 증인으로만 정할 것이 아니요 두 증인의 입으로나 또는 세 증인의 입으로 그 사건을 확정할 것이며 만일 위증하는 자가 있어 어떤 사람이 악을 행하였다고 말하면 그 논쟁하는 쌍방이 같이 하나님 앞에 나아가 그 당시의 제사장과 재판장 앞에 설 것이요 재판장은 자세히 조사하여 그 증인이 거짓 증거하여 그 형제를 거짓으로 모함한 것이 판명되면 그가 그의 형제에게 행하려고 꾀한 그대로 그에게 행하여 너희 중에서 악을 제하라"(신 19:15-19), ② "고아와 과부의 송사를 억울하게 하는 자는 저주를 받을 것이라 할 것이요"(신 27:19) 등이 있다.

다. 해석

공동체 생활을 하다 보면 어떤 문제에 관해 사실을 확정하거나, 옳고 그름을 판단해야 할 필요가 있다. 그런데 그 문제에 관해 이해 대립이 있는 당사자들은 사실이나 옳고 그름에 관해 자신만의 주장을 할 가능성이 매우 높고 이러한 경우 사실을 확정하거나 옳고 그름에 관한 판단을 함에 있어 제3자의 도움을 받아야 할 경우가 생긴다. 특히, 범죄자로 지목되어 처벌을 받아야 하거나 소송에서 지면 재산을 빼앗겨야 하는 사람, 이와는 반대로 범죄 피해자로서 형사법적 정의의 실현을 원하거나 사기 당한 재산을 되찾기를 원하는 사람, 이들은 자신이 원하는 목적을 달성하기 위해 제3자의 도움을 받기도 한다. 이러한 제3자를 우리는 '증인'이라 하고, 그의 진술을 '증언'이라고 한다. 증언은 법정에 제출하는 증거 방식 중 하나이다. 증거는 계약서, 범행 도구 등와 같은 '물증'(物證)과 범행 현장을 목격한 사람, 감정인 등과 같은 '인증'(人證)이 있다.

그렇다면 제9계명의 거짓 증거하지 말라는 것은 증인으로서 위증(僞證)을 하지 말라는 의미가 된다. 현대 법학에서 위증은 원칙적으로 다른 사람들 사이의 분쟁에 증인이나 감정인으로 나서 자신의 기억과는 다른 사실을 말하는 것을 의미한다. 하지만 제9계명은 자신의 사건에서의 거짓말을 하는 것도 거짓 증거하는 행위, 다시 말해 위증에 해당된다고 한다.

사람들은 일반적으로 타인의 분쟁에 끼지 않으려고 한다. 타인의 분쟁에 끼어들었다가 봉변을 당할 여지가 있기 때문이다. 특히, 증인으로 법정에 출석하여 증언하는 것을 좋아하지 않는다. 실수로 잘못 말하였다가 위증죄로 처벌받을 가능성이 있기 때문이고, 사실대로 증언하였다고 하더라도 자신의 증언은 한쪽 당사자에게는 유리하게 쓰일 수 있고, 다른 쪽 당사자에게는 불리하게 쓰일 수 있기 때문이다. 그럼에도 증언을 부탁받고 거절하지 못해 법정에 출석하거나, 법원에서 증인 소환을 받고 어쩔 수 없어 법정에 출석하기도 한다.

사람들이 스스로 위증하거나 다른 사람에게 위증해 달라고 부탁하는 이유는 거짓말을 통하여 자신에게 유리한 결과를 끌어내기 위함이다. 나봇의 포도원을 빼앗기 위해 이세벨이 위증을 교사한 것이 바로 이에 해당된다. 그렇다면, 제9계명은 자신의 욕망을 충족시키기 위해 법과 재판제도를 거짓되게 이용하려고 하지 말라는 계명이라고 할 수 있다. 또 거짓 증거하는 것은 법정질서를 어지럽히는 것이고, 이는 법정의 주재자이신 하나님을 모욕하는 것이다. 따라서 제9계명은 자신의 욕망을 충족시키기 위해 법정의 주재자이신 하나님을 모욕하지 말라는 계명이라고 할 수 있다.

제9계명은 '이웃에 대하여' 거짓 증거하지 말라는 계명이다.

이웃에 대하여 거짓 증거한다는 것은 이웃을 해할 목적으로 거짓 증거하거나 다른 사람에게 거짓 증거해 줄 것을 부탁하거나, 또는 자신의 이익을 취할 목적으로 거짓 증거하거나 다른 사람에게 거짓 증거해 줄 것을 부탁하는 것을 의미한다.

한편, 제9계명은 증인으로서 진실을 말하겠다고 맹세(선서)한 이상 거짓을 말하면 안 된다는 계명이다. 특히, 법정에서의 위증은 심각한 범죄로 이어질 수 있다. 그 거짓 증거로, 다시 말해 위증으로 인해 범죄자로 지목된 자가 사형을 당한다면 그에 대한 책임은 위증자도 져야 한다. 증언이 이토록 중요한 의미를 가지고 있으므로, 증언할 때에는 자신의 증언의 정당성을 보장하기 위하여 하나님의 이름을 걸고 하거나, 중요한 가치를 가진 장소나 물건을 가지고 하거나, 심지어 자신이나 가족의 목숨을 걸고도 하게 된다. 특히 하나님이나 권위자의 이름을 걸고 하는 맹세는 맹세하는 자가 자신의 도덕적 우위를 드러냄으로써 사람들의 동조를 이끌어 내거나 자신의 주장을 관철시키는 방책으로 악용될 여지가 있다. 또 진실을 왜곡하기 위한 수단이 될 수도 있다.

라. 해석의 확장

제9계명은 단지 거짓말의 문제를 다루는 계명이 아니다.[107] 제9계명은 '이웃에 대하여' 거짓 증거하지 말라는 계명이다. 다시 말해 제9계명은 이웃을 해하거나, 이웃으로부터 자신의 이익을 취득하기 위하여 거짓 증거하지 말라는 계명이다. 자기의 이

107　김지찬, 《데칼로그》, 424쪽.

권이나 욕망을 충족시키기 위해, 이와는 반대로 타인의 생명, 자유, 재산, 이름과 명예 등을 훼손시키기 위해 거짓말을 하는 것은 이웃에 대하여 거짓 증거하지 말라는 계명에 위반되는 행위이다. 그러므로 이웃의 생명을 구해주기 위해 거짓말을 하는 등 이웃을 위하여 거짓말을 하는 것은 원칙적으로 제9계명을 위반하는 것이 되지 않는다. 그렇다고 성경이 거짓말하는 것을 모두 허용하는 것은 아님을 명심해야 한다.

거짓말과 관련하여 칸트는 어떠한 일이 있어도 거짓말을 해서는 안 된다고 주장한다. 하지만 칸트의 이 주장은 자율권이라는 인간의 보편적 도덕규범을 최상위의 보편법칙으로 놓고서 한 주장이다. 하지만 기독교인은 인간이 만든 도덕규범을 넘는 최상위의 법이 있다는 것을 인정한다. 그것이 바로 하나님의 법이다. 그러므로 거짓말을 하지 말라는 도덕규범이 하나님의 법이나 뜻에 위반되는 결과를 초래한다면 하나님의 법을 우선시켜야 함을 잊어서는 안 된다. 김지찬은 "사실을 말하라는 계명보다 더 강하게 요구되는 하나님의 요구가 함께 나타나지 않는 한, 항상 사실대로만 이야기해야 한다"[108]고 한다. 그러므로 타인의 생명을 살리기 위해 거짓말을 하는 것은 이웃을 사랑하라는 하나님의 법을 실천하는 것이므로 하나님의 법에 위반되기는커녕 오히려 합치된다고 해야 한다. 성경에는 신생아를 살리기 위해 애굽 왕에게 거짓말을 한 히브리 산파 십브라와 부아의 이야기, 이스라엘 정탐군 2명을 살리기 위해 거짓말을 한 라합의 이야기가 나온다. 그

---

108 앞의 책, 435쪽.

녀들의 거짓말은 애굽 사람들이나 여리고 사람들의 입장에서는 비난받아 마땅한 행위가 되겠지만 이스라엘, 즉 하나님의 입장에서는 오히려 칭찬을 받는 행위가 되었다. 위 여성들의 거짓말을 인간의 도덕법칙이라는 관점에서 보면 상대주의로 흘러갈 수밖에 없고, 이를 극복하기 위해 그 어떤 경우에도 거짓말을 해서는 안 된다는 칸트의 주장을 따를 수밖에 없다. 하지만 하나님의 법의 존재를 인정하고, 하나님의 법이 인간의 도덕법칙보다 상위의 규범이라는 것을 인정한다면 하나님의 법에 위반되지 않는 거짓말에 대하여는 비난할 수 없음을 명심해야 한다.

한편, 제9계명은 단지 법정에서 거짓 증거하는 것만을 금하는 계명은 아니다. 제9계명은 일상생활 속에서 자신의 이권을 획득하거나 욕망을 충족시키기 위해 거짓말이나 거짓 맹세를 해서도 안 되고, 또 타인의 생명, 자유, 재산, 이름과 명예 등을 훼손시키기 위해 거짓말이나 거짓 맹세를 해서도 안 된다는 계명이다.[109] 더 나아가 칼빈에 의하면 제9계명은 "원래는 아무런 해도 없는 어떤 진술을 악의적으로 왜곡해 그것을 무언가 악한 것으로 만들 경우"[110]에도 적용이 되는 계명이다.

마. 마태5장수훈에서의 거짓 증거의 의미

예수는 거짓 증거의 의미를 확대해서 가르치셨다. 관련 성경 구절을 보면 다음과 같은데, 이는 산상수훈의 여섯 가지 대립명

---

109   강영안, 《십계명 강의》, 322쪽.

110   존 칼빈, 《칼빈의 십계명 강해》, 303쪽.

제 중 네 번째 명제다.

> 또 옛 사람에게 말한 바 헛맹세를 하지 말고 네 맹세한 것은 주께 지키라 **하였다는 것을 너희가 들었으나 나는 너희에게 이르노니** 도무지 맹세하지 말지니 하늘로도 하지 말라 이는 하나님의 보좌임이요 땅으로도 하지 말라 이는 하나님의 발등상임이요 예루살렘으로도 하지 말라 이는 큰 임금의 성임이요 네 머리로도 하지 말라 이는 네가 한 터럭도 희고 검게 할 수 없음이라 오직 너희 말은 옳다 옳다, 아니라 아니라 하라 이에서 지나는 것은 악으로부터 나느니라(마 5:33-37)

위 말씀 중 "또 옛 사람에게 말한 바 헛맹세를 하지 말고 네 맹세한 것은 주께 지키라 하였다는 것을 너희가 들었으나"는 율법 해석의 권위자들의 제9계명에 대한 해석일 터인데, 이는 모세 율법 가운데 하나를 인용한 문장이 아니다.[111] 제9계명의 핵심 의미는 거짓 맹세 혹은 위증을 금하는 것인데, 율법 해석의 권위자들은 위에서 언급된 부분과 같이 거짓 맹세나 위증을 금하는 데 관심이 있는 것이 아니라 맹세하고 서원한 것을 지키는지 여부에만 관심을 가짐으로써 제9계명을 왜곡하고 있었다. 이에 예수는 서원의 이행에 관해서는 별도로 말씀이 존재하므로(민 30:2, 신 23:21), 거짓 맹세와 서원의 이행을 관련시키지 말고 정직하게 증언하라고 가르치셨던 것이다. 다시 말해 부득불 증언을 해야 할

---

111   존 스토트, 《존 스토트의 산상수훈》, 140쪽.

상황이라면, 자신의 위증이 진실한 것으로 받아들여지도록 하기 위해 하나님, 하늘, 땅, 예루살렘 등 권위 있는 무엇을 걸고 맹세하고 증언해서는 안 되고, 오히려 진실을 왜곡할 생각이라면 아예 맹세도 하지 말아야 하며, 더 나아가 질문에 대해 맞으면 "맞다", 아니면 "아니다"라고 말하며 진실만을 말하여야 한다는 것이 예수께서 말씀하시고자 하신 바이다.

 천종호 판사가 들려주는 십계명

8-10. 제10계명의 해석

가. 내용

네 이웃의 집을 탐내지 말라 네 이웃의 아내나 그의 남종이
나 그의 여종이나 그의 소나 그의 나귀나 무릇 네 이웃의 소유를
탐내지 말라(출애굽기).

네 이웃의 아내를 탐내지 말지니라 네 이웃의 집이나 그의
밭이나 그의 남종이나 그의 여종이나 그의 소나 그의 나귀나 네
이웃의 모든 소유를 탐내지 말지니라(신명기).

나. 미쉬파팀

탐욕이나 탐심 자체에 관한 미쉬파팀은 존재하지 않는다.

다. 해석

아담과 하와의 범죄의 본질은 교만과 탐욕이다. 교만은 하
나님의 지위를 찬탈하고자 하는 욕망이다. 하나님에 대하여 교만
한 자가 인간에 대하여 교만하게 되는 것은 지극히 당연한 일이
다. 탐욕은 자신에게 부여된 것 이상의 것을 가지고자 하는 욕망

이다. 이러한 교만과 탐욕은 인간의 마음에서부터 시작되고, 그러한 마음에서부터 십계명의 위반은 시작된다. 예수께서 다음과 같이 말씀하신 것은 바로 그 때문이다.

> 입으로 들어가는 모든 것은 배로 들어가서 뒤로 내버려지는 줄 알지 못하느냐 입에서 나오는 것들은 마음에서 나오나니 이것이야말로 사람을 더럽게 하느니라 마음에서 나오는 것은 악한 생각과 살인과 간음과 음란과 도둑질과 거짓 증언과 비방이니 이런 것들이 사람을 더럽게 하는 것이요 씻지 않은 손으로 먹는 것은 사람을 더럽게 하지 못하느니라(마 15:17-20)

교만과 탐욕이라는 관점에서 십계명의 계명들을 풀이하면 다음과 같다. 선악과 명령 위반에서도 보듯이 인간은 교만과 탐욕으로 틈만 나면 하나님의 지위를 찬탈하려는 꿈을 꾼다. 이에 하나님은 제1계명 내지 제4계명으로써 이러한 인간의 교만과 탐욕을 경계하신다. "탐심은 우상숭배니라"(골 3:5)는 사도 바울의 말은 바로 이를 의미한다. 한편, 인간은 아담과 하와의 범죄 이후 탐욕으로 자신의 본분과 자신에게 주어진 몫을 넘어 탈취하려는 광기를 안고 살아간다. 이에 하나님은 제5계명과 제6계명으로써 신분과 권력에 대한 탐욕을 경계하시고, 제7계명으로써 자신 및 타인의 혼인 관계를 파괴하려는 성적 탐욕을 경계하시며, 제8계명으로써 인간 각자에게 주어진 물질적 몫을 넘어 소유하려는 탐욕을 경계하신다. 또 하나님은 제9계명으로써 이러한 교만과 탐욕을 실현시키기 위하여 불법적인 수단을 사용하는 것을 경계하시고, 마지막으로 제10계명으로써 행동의 바탕이 되는 악한 마음, 다시 말해 탐욕을 경계하신다.

하나님은 인간의 영과 마음과 육의 주인이시므로, 인간이 교만과 탐욕, 그로 말미암은 범죄로써 마음을 더럽히는 것은 하나님과의 교제를 중단시키게 됨을 잊어서는 안 된다. 아담과 하와의 범죄 이후 탐욕은 인간의 비참함의 근본 원인이다. "마음이 청결한 자는 하나님을 볼 것이요"(마 5:8)라는 말씀처럼 인간은 교만과 탐욕에 물들어가는 마음을 늘 씻어야 한다. 그러지 않으면 탐욕이 우리를 삼켜버릴 것이다.

그런데 제10계명은 우리를 절망에 이르게 한다. 왜냐하면 아담과 하와의 범죄 이후 탐욕을 부리지 않는 인간은 아무도 없기 때문이고, 이는 모든 인간이 하나님의 법인 십계명을 위반하고 있다는 것을 뜻한다. 이에 관해 칼빈은 "그러므로, 우리 안에 어떤 욕망이 존재할 때마다, 그리고 우리의 입에서 '저것을 갖고 싶어'라는 말이 튀어나올 때마다, 설령 우리가 즉시 그런 욕망을 거부하고 그것에 굴복하지 않을지라도, 우리는 여기에서 언급된 탐욕으로 인해 하나님 앞에서 이미 유죄입니다"[112]라고 한다. 제1계명에서 제9계명까지는 주로 외적 행위를 규율 대상으로 하므로 위 계명들은 어느 정도는 지키는 것이 가능하다. 하지만 제10계명의 의미를 이해하는 순간 우리는 제10계명을 절대 지킬 수 없음을 깨닫고 절망하지 않을 수 없다. 이에 관한 사도 바울의 절규를 들어보자.

---

112   존 칼빈, 《칼빈의 십계명 강해》, 329쪽.

율법으로 말미암지 않고는 내가 죄를 알지 못하였으니 곧 율법이 탐
내지 말라 하지 아니하였더라면 내가 탐심을 알지 못하였으리라 그
러나 죄가 기회를 타서 계명으로 말미암아 내 속에서 온갖 탐심을
이루었나니 이는 율법이 없으면 죄가 죽은 것임이라 전에 율법을 깨
닫지 못했을 때에는 내가 살았더니 계명이 이르매 죄는 살아나고 나
는 죽었도다 생명에 이르게 할 그 계명이 내게 대하여 도리어 사망
에 이르게 하는 것이 되었도다(롬 7:7-10)

탐내지 않으려면 우리를 지옥의 문으로 이끄는 권력, 성, 재
물에 대한 우리의 마음을 돌려 우리를 날마다 새롭게 해주시며 천
국으로 이끄시는 하나님께로 향하게 하는 길밖에 없다. 그것은
바로 "여호와를 경외하며 영원토록 그를 즐거워하는 것"이다. 마
음과 힘과 뜻을 다하여 여호와를 사랑하며 여호와께 절대 의존하
지 않으면 우리의 마음은 언제든지 권력, 성, 재물을 향하여 되돌
아서게 될 수밖에 없음을 잊어서는 안 된다.

4

새 계명:
내가 너희를 사랑한 것같이
너희도 서로 사랑하라

1. 예수께서 산에 올라가 앉으시니

산상수훈은 마태복음 5장에서 7장까지의 말씀인데, "예수께서 무리를 보시고 산에 올라가 앉으시니"(마 5:1)로 시작하여 "예수께서 이 말씀을 마치시매 무리들이 그의 가르치심에 놀라니 이는 그 가르치시는 것이 권위 있는 자와 같고 그들의 서기관들과 같지 아니함일러라"(마 7:28-29)로 마친다. 이것이 산상수훈의 도입 부분과 결론 부분이다.

산상수훈은 크게 다섯 부분으로 나눌 수 있다. 첫 번째는 도입 부분(마 5:1-2), 두 번째는 십계명과 모세의 율법에 관하여 가르침을 주신 부분(마 5:3-48), 세 번째는 자선과 기도와 금식 등에 관한 가르침 부분(마 6:1-7:12), 네 번째는 마지막 권고들과 마지막 비유들에 관한 부분(마 7:13-27), 다섯 번째는 결론 부분(마 7:28-29)이다.[1]

한편, 산상수훈 중 마태5장수훈은 크게 여섯 부분으로 나눌 수 있다. 첫 번째는 도입 부분(마 5:1-2), 두 번째는 팔복에 관한 부분(마 5:3-12), 세 번째는 예수의 제자(기독교인)의 정체성(세상의 빛과

---

[1] 홍순원·황현숙, 〈산상설교의 윤리〉, 176쪽.

소금)에 관한 부분(마 5:13-16), 네 번째는 십계명을 재해석한 부분(마 5:17-37), 다섯 번째는 동해보복 원칙을 극복해야 한다는 부분(마 5:38-42), 여섯 번째는 원수를 사랑하라는 부분(마 5:43-48)이다.

예수가 산상수훈을 말씀하시는 과정 및 그 내용은 하나님이 십계명을 주시는 과정 및 그 내용과 매우 유사하다. 먼저, 예수가 산 위에 올라가 입을 열어 가르치셨다는 것은 하나님이 시내 산(호렙산) 위에서 백성에게 십계명을 말씀하여 이르신 것에 대비된다. 둘째, 산상수훈이 대상으로 삼고 있는 자는 이미 그리스도인으로서 은혜의 상태에 있는 사람들 및 그들로 구성된 공동체(제자 공동체)이다.[2] 앞에서 본 불의죄 문제가 해결된 성도들이 산상수훈의 수명자이다. 마찬가지로 십계명이 대상으로 삼고 있는 자도 노예 상태에서 해방된 하나님의 백성들 및 그들로 구성된 공동체이다. 팔복에 관한 부분은 요약하면 팔복의 성품을 가진 예수의 제자들은 복을 누리게 된다는 것이다. 즉, 심령이 가난함, 온유함, 애통함, 의에 주리고 목말라 함, 타인을 긍휼히 여김, 마음이 청결함, 화평케 함, 의를 위해 핍박받음과 같은 성품을 가진 예수의 제자들은 하나님을 보게 되고, 하나님의 아들이라 불리게 되며, 천국과 땅을 기업으로 받고, 주림과 목마름이 해결되어 배부르게 되며, 위로를 받게 된다는 것이다. 이는 출애굽한 이스라엘 백성들이 광야와 가나안 땅에서 누리게 될 축복에 대비된다. 셋째, 예수의 제자들의 정체성, 즉, 세상의 빛과 소금이라는 말씀은 애굽의 종살이에서 해방되어 자유인이 된 이스라엘 백성의 정체성에 대

---

2   존 스토트, 《존 스토트의 산상수훈》, 40쪽.

비된다. 넷째, 예수가 십계명을 재해석해 주신 부분은 하나님이
이스라엘 백성에게 십계명을 주신 것에 대비된다. 다섯 번째, 동
해보복 원칙을 극복하라는 말씀과 원수를 사랑하라는 말씀은 새
계명(의 강령)인 '내가 너희를 사랑한 것같이 너희도 서로 사랑하
라'와 관련되는 말씀인데, 이는 율법과 선지자의 강령인 '하나님
을 사랑하고(신 6:5), 이웃을 사랑하라(레 19:18)'는 계명과 '황금률'
에 대비된다.

이와 같은 마태5장수훈을 포함한 산상수훈의 구조와 내용
은 결론적으로 말하면 예수가 삼위일체 하나님이시고 하나님의
아들이시라는 점을 가장 상징적으로 드러내어 준다. 학자들은 산
상수훈을 선포하시는 예수를 모세와 비교하지만, 모세는 하나님
으로부터 말씀을 받은 자이지 직접 말씀을 선포한 자는 아니므로
예수를 모세와 비교하는 것은 산상수훈의 진정한 의미를 파악하
기 어렵게 만든다고 생각한다. 로핑크도 "모세가 출애굽 24장에
서 백성의 장로들과 더불어 시나이 산을 올랐듯이, 예수도 자기
제자들과 함께 갈릴래아 산으로 올라간다. 이 말을 반드시 마태
오가 예수를 '제2의 모세'로 본다는 뜻으로 알아들어야 하는 것은
아니다"[3]라고 한다. 하지만 산상수훈은 '시내 산 토라'를 폐기하
고 대체한 '새로운 토라'라고 할 수 없다. 예수는 옛 계명, 즉 구약
성경의 말씀을 완전하게 성취하셨고, 사랑으로 율법을 완성하였
다. 다시 말해 예수는 '교리'와 '사역'으로 율법의 계명들을 성취
하시고 완성하신 것이다.[4] 산상수훈은 삼위일체 하나님이신 예수

3   게르하르트 로핑크, 《산상 설교는 누구에게?》, 122쪽.

가 율법과 십계명을 새롭고 완전하게 해석해 주신 말씀이다.[5] 산상수훈은 율법과 모순되지 않지만 율법을 능가한다.[6] 산상수훈은 십계명의 최종적 해석에 해당한다. 따라서 율법의 꽃인 십계명은 산상수훈, 특히 마태5장수훈과 대조하면서 읽어야만 그 의미가 보다 명확하고 온전하게 됨을 명심해야 한다.

산상수훈 중 십계명과 직접적으로 관련되는 것은 마태5장수훈 중 네 번째 부분이다. 이 부분에 관해서는 제2부에서 십계명을 해석할 때 이미 살펴보았으므로 여기에서는 더 이상 언급하지 않는다. 한편, 마태5장수훈 중 두 번째 및 세 번째 부분은 이 글의 연구 범위를 넘어가므로 언급하지 않기로 한다. 그렇다면, 이 장에서 우리가 살펴보아야 할 부분은 마태5장수훈 중 다섯 번째 및 여섯 번째 부분이다. 마태5장수훈 중 다섯 번째 부분은 모세의 율법의 기본 원칙인 동해보복법칙과 황금률의 토대인 호혜적(또는 상호적) 정의를 넘어 연대적 및 은혜적 정의까지 실천하라는 가르침으로 이해할 수 있다. 나머지 여섯 번째 부분은 원수를 사랑하라는 말씀인데 이는 산상수훈에서 가장 핵심적이고 중대한 가르침이고,[7] '하나님을 사랑하고 네 이웃을 사랑하라'는 옛 계명(의 강령) 및 '내가 너희를 사랑한 것같이 너희도 서로 사랑하라'는 새 계명

---

4   하비 K. 맥아더, 《산상설교의 이해》, 총신대학출판부, 1992, 49쪽. 예수가 '율법을 완성하셨다' 는 말씀은 여섯 가지 의미가 있는데, ① 예수가 율법에 순종하신 것, ② 예언들을 성취하신 것, ③ 예수의 백성들을 통해 예언들을 성취하신 것, ④ 율법의 진실되고 충만한 의미를 드러내신 것, ⑤ 율법의 의식적인 측면들을 변형시키신 것, ⑥ 율법의 원래의 의도를 더 확실히 이루기 위해 어떤 추가적 명령들을 주신 것이다. (하비 K. 맥아더, 《산상설교의 이해》, 47쪽.)

5   홍순원·황현숙, 〈산상설교의 윤리〉, 180쪽.

6   웨렌 카터, 《최근 마태의 산상수훈 연구 동향》, CLC, 2016, 122쪽.

7   홍순원·황현숙, 〈산상설교의 윤리〉, 188쪽.

(의 강령)과도 깊은 관련성을 맺고 있는 말씀이다.

마태5장수훈 중 다섯 번째 및 여섯 번째 계명은 십계명에는 없는 내용이다. 하지만 위 두 부분은 십계명과 밀접한 관련을 가지고 있다. 왜냐하면 위 두 계명은 정의와 사랑에 관한 계명인데, 정의와 사랑은 십계명의 토대를 이루고 있기 때문이다. 한편, 위 두 계명의 가장 중요한 특성은 위 계명들이 직접적으로 피해자를 겨냥해서 하는 명령이라는 점이다. 십계명은 공동체 생활에 있어 '가해 행위'를 하지 말라, 다시 말해 '가해자'가 되지 말라는 계명일 뿐, 피해를 당해 피해자가 되었을 때 어떻게 처신해야 할지에 관한 계명은 아니다. 하지만 위 두 계명은 피해를 입었을 때 피해자로서 어떻게 처신해야 할지에 관하여 가르치고 있다. 위와 같은 점들로 인해 위 두 계명은 십계명을 연구함에 있어 반드시 언급되어야 하는 것이다.

예수는 '남에게 대접을 받고자 하는 대로 남을 대접하라'는 황금률이 율법이요 선지자라고 하셨고, '하나님과 이웃을 사랑하라'는 계명이 율법과 선지자의 강령이라고 하셨다. 그런데 예수는 이른바 '피해자'에게 황금률과 같은 상호주의를 표방하는 동해보복법칙을 따르지 말고 보복을 멈추라고 명령하시는 한편, 더 나아가 원수를 사랑하라고 명하셨다. 마태5장수훈 중 다섯 번째 및 여섯 번째 부분을 산상수훈에 포함시킨 데에는 예수의 특별한 의도가 있다고 본다. 앞에서 언급하였듯이 십계명은 금지명령의 형식을 취하고 있다. 금지명령은 소극적으로 금지되는 행위의 한계를 설정할 뿐이므로, 하나님 사랑 및 이웃 사랑을 토대로 십계명 및 모세의 율법을 온전히 실천하기에는 부족함이 있다. 율법

　천종호 판사가 들려주는 십계명

과 선지자의 강령인 '사랑하라'와 '황금률'을 온전히 실천하기 위해서는 행위명령 형식의 계명이 필요하다. 하지만 행위명령은 무한대로 확장될 수 있는 특성을 지니고 있으므로 그 내용을 모두 나열해서 계명화하기는 사실상 불가능하고, 설령 그것이 가능하다고 해도 명령을 지켜야 하는 사람들로서는 모든 내용을 기억하고 행동에 옮기는 것이 결코 쉬운 일이 아니다. 이러한 문제점을 해결하는 방법은 행위내용을 내용별로 범주화하는 것이고, 이러한 범주화에 사용되는 두 가지 계명이 바로 '정의 및 공의를 이루라'는 계명과 '하나님 및 이웃을 사랑하라'는 계명이다. 특히 사랑의 계명은 여러 계명 가운데 하나가 아니고, 단지 하나의 으뜸 계명만도 아니며, 오히려 그와 동시에 표준이 되는 해석원칙으로서 이 계명에 비추어 시나이 토라의 모든 계명이 판단되고 삶에 실현되어야 한다.[8] 그런데 율법 해석의 권위자들은 정의와 공의 및 사랑의 실천 범위를 매우 좁게 해석하였고, 이는 결과적으로 하나님의 법이 온전히 실천되지 못하게 만들었다. 이에 예수는 하나님의 법이 온전히 실천되도록 하기 위해 마태5장수훈으로 율법 해석의 권위자들의 잘못된 가르침을 바로잡으시는 한편 정의와 공의 및 사랑의 계명을 올바르고 새롭게 해석해 주셨다. 그런데 예수의 가르침은 그 내용이 결코 범상치 않다. 왜냐하면 예수의 가르침은 피해자의 입장에서는 도무지 받아들일 수가 없는 것이기 때문이다. 이는 위 두 부분이 "산상수훈의 최고점으로 가장 흠

---

8   게르하르트 로핑크, 《산상 설교는 누구에게?》, 179쪽.

모의 대상이자 동시에 분개의 대상"[9]이 되는 가장 큰 이유로 작동
한다. 하지만 위 두 계명으로 인해 기독교의 진면목이 비로소 드
러나게 되었음을 알아야 한다.

이제 마태5장수훈 중 다섯 번째 및 여섯 번째 부분에 관한 예
수의 가르침을 살펴보기로 하자.

---

9   존 스토트, 《존 스토트의 산상수훈》, 149쪽.

    천종호 판사가 들려주는 십계명

2-1. 정의란 무엇인가

가. 정의의 개념

'의'(義, 옳음)라는 단어는 실생활에서 세 가지 맥락 가운데 사용되는데, 첫 번째는, '누구에 대해서 옳은가?'라는 것으로 '관계적 측면에서의 옳음'이고, 두 번째는 '무엇에 대해서 옳은가?'라는 것으로 '행동방식(대접)에서의 옳음'이며, 세 번째는 옳음을 지향하는 '인간 성품에서의 올바름(옳음)'으로, 옳음을 실천하는 사람들이 습관적으로 타자에게 정당하게 대접하는 것을 통하여 형성한 성품 내지 기질로서의 올바름(옳음)을 의미한다.[10] 이를 토대로 하면 '정의란 관계상의 올바른 대우'라고 정의할 수 있다.

관계상의 대우에는 환대나 배제와 같은 타자에 대한 태도뿐 아니라, 분배의 몫이라고 할 수 있는 '사회적 가치'(생명, 자유, 소득과 부, 권리와 의무, 권력과 기회, 공직과 영광 등)를 둘러싸고 타자를 어떻게 대우할 것인가라는 것도 포함된다. 예를 들어 세 사람이 만나 한 사람은 농기구를 제공하고, 또 한 사람은 노동력을 제공하고, 나

---

10 천종호, 《천종호 판사의 선, 정의, 법》, 두란노, 2020, 108쪽.

머지 한 사람은 종자나 제초제를 살 돈을 제공하여 공동으로 농사를 지어 곡물을 수확했는데, 분배 몫에 관해 사전에 정해 놓지 않은 경우 그 곡물을 어떻게 분배할 것인가 하는 것도 관계상의 대우에 해당한다.

정치학 내지 법학 영역에서의 정의론은 주로 사회적 가치의 정당한 배분을 둘러싸고 전개된다. 사회적 가치에 관한 배분은 '분배하고, 이후 발생한 분배의 격차를 조정하기 위하여 재분배한다'는 동태적 과정을 통하여 이상적 배분 상태를 향해 나아간다. 이러한 과정을 다시 세분하면 네 개의 단계로 나누어 볼 수 있는데, 첫 번째는 사회적 가치를 올바르게 분배하는 단계이고(분배), 두 번째는 분배된 사회적 가치를 아무런 제약 없이 배타적으로 향유하게 하는 단계이며(향유), 세 번째는 분배된 사회적 가치를 향유함에 문제가 있는 경우 이를 바로잡는 단계이고(시정), 네 번째는 사회적 가치의 분배 격차가 공동체적으로 받아들이기 어려운 경우에 그 격차를 조정하는 단계이다(재분배). 결국 동태적 과정의 측면에서의 정의, 즉 '과정으로서의 정의'는 '사회적 가치의 올바른 분배-향유-시정-재분배'라 할 수 있고, 그 각 과정은 분배적 정의, 향유적 정의, 시정적 정의, 재분배적 정의라 부를 수 있다.

아리스토텔레스는 정의의 개념을 다양한 범주로 나누어 정의(定義)하고 있으나, 그가 만든 개념 중 널리 받아들여지고 있는 것은 정의를 '배분적 정의'와 '시정적 정의'로 구분한 것이다. 이러한 아리스토텔레스의 구분과 위의 네 단계 정의의 구분을 서로 비교해 보면, 분배적 정의와 재분배적 정의는 종국적으로 사회적

 천종호 판사가 들려주는 십계명

가치의 배분 문제로 귀착하므로 아리스토텔레스가 말하는 '배분적 정의'에 대응시킬 수 있고, 사회적 가치의 향유에 문제가 발생하는 경우 시정적 정의의 문제가 발생하게 되므로 향유적 정의와 시정적 정의는 아리스토텔레스가 말하는 '시정적 정의'에 대응시킬 수 있다.[11] 이를 도표화하면 아래와 같다.

	아리스토텔레스	필자
과정으로서의 정의	배분적 정의	분배적 정의
		재분배적 정의
	시정적 정의	향유적 정의
		시정적 정의

나. 미쉬파트(정의)와 체데카(공의)

현대 법학 및 정치학 등에서는 '정의'라는 용어를 사용하여 관계상의 올바른 대우와 관련한 논의를 전개한다. 하지만 한글 성경(Bible)에는 관계상의 올바른 대우와 관련하여 '정의'라는 용어 외에 '공의'(公義)라는 용어도 등장한다. 한글 성경의 '정의와 공의'는 히브리어 성경의 '미쉬파트(mishpat)와 체데카(tsedaqah)'를 번역하기 위해 사용된 용어이다. 특히 한글 성경에서 정의와 공의는 쌍둥이처럼 같이 등장할 때가 많고,[12] 이 두 용어가 등장하

---

11   시정적 정의는 향유적 정의를 전제로 할 뿐만 아니라 시정적 정의를 통해 개인이 자신에게 분배된
      사회적 가치를 맘껏 누릴 수 있는 향유적 정의가 이루어지게 되므로, 향유적 정의와 시정적 정의
      는 불가분의 관계에 있다. (천종호,《천종호 판사의 선, 정의, 법》, 185쪽.)

12   약 48회 정도 같이 등장한다.

는 문맥만으로는 각각의 의미를 명확하게 구별하기 어렵다. 그리고 각 용어가 단독으로 사용될 때도 한글 성경의 문맥만으로는 그 의미가 즉각적으로 드러나지 않고, 두 용어를 서로 교환해서 읽어보아도 문맥의 의미가 크게 달라졌다는 느낌이 들지 않는 경우가 매우 많다. 게다가 한글사전을 보아도 위 두 용어의 뜻을 구별해 내기가 쉽지 않다. 그렇다면 성경에서 말하는 '정의와 공의'라는 용어는 어떻게 이해해야 하는가? 이 두 용어는 현대 학계에서 사용하는 정의라는 개념과는 의미상으로 어떤 차이가 있을까?

먼저, 미쉬파트의 성경적 의미에 관해서 본다. 히브리어 성경에서 미쉬파트는 주로 공적(公的)으로, 특히 법정에서 옳음과 그름의 판단을 내릴 때 원용(援用)되는 지침이다. 이러한 특성을 바탕으로 실천적인 측면에서 보면 미쉬파트는 공정성 원리에 따라 법을 공평무사하게 적용하는 것과 호혜성(互惠性) 또는 상호성(相互性)의 원리에 따라 권리와 의무 및 책임을 엄정하게 부과하는 것을 의미한다. 결국 미쉬파트 개념적 토대는 '호혜적 대우 원칙'이라고 할 수 있다.[13] 이러한 호혜성은 배분적 정의뿐 아니라 시정적 정의에도 적용된다. '각자에게 그의 몫을'(suum cuique, to each his own)이라는 명제로 표현되는 호혜성의 가장 좋은 예는 '눈에는 눈, 이에는 이'로 표현되는 '동해보복법칙'과 "남에게 대접을 받고자 하는 대로 너희도 남을 대접하라"(마 7:12)는 '황금률'이다. 특히, 예수는 황금률이 '율법이요 선지자니라'고 하시면서 구약 성경의 핵심 법칙 중의 하나라고 하셨다. 몰트만도 "탈리온 법칙(jus

13   천종호, 《천종호 판사의 선, 정의, 법》, 110쪽.

talionis 동해보복법)은 그 이면에 놀랍게도 황금률(Golden Regal)을 가지고 있다"고 한다.[14] 한편, 성경을 보면 미쉬파트는 피해나 범죄 등에 대한 조치가 이루어지지 않아 부정의가 계속되고 있을 때 이를 바로잡아 피해나 범죄에 상응한 조치를 취하라는 의미로 사용된 경우도 있다. 예를 들어 에스겔 33장 14-15절의 "…그가 돌이켜 자기의 죄에서 떠나서 정의와 공의로 행하여 저당물을 도로 주며 강탈한 물건을 돌려보내고 생명의 율례를 지켜 행하여 죄악을 범하지 아니하면 그가 반드시 살고 죽지 아니할지라"는 말씀 중 '저당물을 도로 주며 강탈한 물건을 돌려보내고'는 부정의한 사태를 바로잡는 시정적 정의(미쉬파트)의 실천에 해당한다고 볼 수 있다. 이상의 점을 모두 종합하면 성경에서 미쉬파트의 주된 의미는 '호혜성을 기준으로 행해지는 시정적 정의'라고 할 수 있다. 알기 쉽게 말하자면, 마태복음 5장 38절의 "또 눈은 눈으로, 이는 이로 갚으라 하였다는 것을 너희가 들었으나"라는 말씀처럼 가해자의 행위로 인해 피해자의 오른쪽 눈이 실명된 경우 이에 대한 응보로 피해자로 하여금 가해자의 오른쪽 눈을 실명시킬 수 있도록 하는 것이 미쉬파트가 이루고자 하는 정의의 본래적인 모습이라고 할 수 있다.

다음으로, 체데카의 의미에 관하여 본다. 체데카는 공과 사를 구별하지 않고, 즉 공적인 법정에서뿐만 아니라 사적인 일상생활 속에서 옳음과 그름을 선택할 때 원용되는 지침이다. 이러한 특성을 바탕으로 실천적인 측면에서 보면 체데카는, 법이나

---

14   위르겐 몰트만, 《사랑과 정의의 하나님》, 서울신학대학교, 2014, 49쪽.

계명의 위반이 있는 경우 이를 바로잡기 위해 호혜-시정적 정의를 실현한다는 미쉬파트와는 달리, 법이나 계명을 위반하지 않고 준수함으로써 관계상의 올바른 대우를 행하는 것을 의미한다. 재판장의 입장에서 보면 하나님의 법을 엄숙히 지켜 올바르게 심판하는 것이 체데카를 실천하는 것이 된다. 앞서 본 에스겔 말씀 중 "생명의 율례를 지켜 죄악을 범하지 아니"하는 것은 체데카의 실천 행위에 해당한다고 할 수 있다. 하지만 성경을 보면 체데카는 단순히 법적 의무를 지키는 것을 넘어 법적 의무가 없어 강제당하지 않는데도 자발적으로 양보하거나 자선을 베푸는 등으로 선(개인선 또는 공동선)을 행함으로써 관계상의 올바른 대우를 행하는 것도 그 실천 행위에 포함시키고 있다.[15] "가난한 자와 고아를 위하여 판단하며 곤란한 자와 빈궁한 자에게 공의를 베풀지며"(시 82:3)라는 계명과 "분깃이나 기업이 없는 레위인과 네 성 중에 거류하는 객과 및 고아와 과부들이 와서 먹고 배부르게 하라"(신 14:29)는 계명처럼 체데카는 자신의 부담 부분을 초과하여 부담함으로써 상대방의 부담을 경감 또는 면제해 주는 행위를 의미하며, 이는 '상대방의 부담을 경감시켜 주는 연대적 대우 및 상대방의 부담을 면제해 주는 은혜적 대우'라고 할 수 있다. 이러한 의미를 지닌 체데카는 율법과 선지자의 강령인 '하나님을 사랑하고, 이웃을 사랑하라'는 계명과 '내가 너희를 사랑한 것같이 너희도 서로 사랑하라'는 계명에서 정당성의 근거를 발견할 수 있다. 체데카가 추구하는 연대성 및 은혜성은 이스라엘 공동체 외의 다른 공

<hr>

15   천종호, 《천종호 판사의 선, 정의, 법》, 110쪽.

동체에서는 그 예를 발견하기 어려운 독창적인 정의의 모습이고, 그 의미는 신약시대로 넘어와 예수 그리스도의 십자가-사랑에서 명확히 드러나게 된다.

그런데 한글 성경을 보면 체데카는 공의로, 미쉬파트는 정의로 번역한 성경이 있는가 하면, 반대로 전자는 정의로, 후자는 공의로 번역한 성경도 있다. 게다가 한글 성경을 살펴보면 미쉬파트와 체데카를 맥락에 따라 '공의, 정의, 의, 공법' 등으로 번역해 두고도 있다. 예컨대 구약성경 아모스 5장 24절을 개역한글판 성경은 "오직 공법(公法, 미쉬파트)을 물같이 정의(체데카)를 하수같이 흘릴찌로다"라고 번역했으나, 개역개정판 성경은 "오직 정의(미쉬파트)를 물같이 공의(체데카)를 마르지 않는 강같이 흐르게 할지어다"라고 번역하였다. 따라서 한글 성경에서 번역되어 있는 공의와 정의 개념으로 접근하면 히브리어 성경의 원뜻을 찾아내기가 쉽지 않다. 영어 성경에서 체데카는 'righteousness'로, 미쉬파트는 'justice'로 번역되어 있다. 하지만 현재 국내 다수의 사람들은 체데카는 공의로, 미쉬파트는 정의로 번역하는 것 같다. 필자도 이러한 다수의 의견과 개역개정판 성경의 번역을 따라 체데카는 공의로, 미쉬파트는 정의로 번역하여 사용하기로 한다.

다. 호혜적 정의, 연대적 정의, 은혜적 정의

성경에서 사용되는 미쉬파트(정의)와 체데카(공의)는 현대인들이 인식하고 있는 '정의'라는 개념, 다시 말해 호혜적 대우를 원칙으로 하는 정의의 개념에 새로운 시각을 제공해 줄 수 있다. 특히 근대 자유방임주의국가의 정의관을 극복하고 현대 복지국가의 정의 실현을 위한 이론적 토대가 될 수 있다.

근대 자유방임주의국가는 분배적 및 시정적 정의를 실현함에 있어 호혜주의, 즉 호혜적 정의를 정의의 원칙으로 내세우고 있었다. 즉, 배분적 정의를 위하여 부과되는 세금은 소득의 다과에 관계없이 동일한 세율을 적용하여 납부하도록 하고, 시정적 정의를 위하여 부과되는 형벌은 고대국가 시대의 동해보복 정도는 아니지만 상당히 엄정한 태도, 이른바 엄벌주의에 입각하여 내리도록 하고 있었다. 하지만 실상을 들여다보면 표방된 원칙과는 다르게 '가진 자'(有産者)와 '가지지 못한 자'(無産者)가 동일한 대우를 받지 못하고 있다는 것을 알게 된다.

현대에 이르자 호혜적 정의에 입각한 정의의 실현은 그 한계에 봉착한다. 호혜적 정의는 '같은 것은 같게 다른 것은 다르게'라는 원칙을 표방하므로 정의가 실현된 결과 같은 취급을 받는 자들과 그렇지 못한 자들 사이에 분리와 배제가 발생하였고, 그로 인한 다양한 계층 간의 대립과 갈등은 공동체의 통합을 방해하는 중요한 요인이 되었다. 또 자본주의가 심화될수록 빈부격차는 커져갔고, 엄벌주의 이념에 따르자면 범죄율이 하락해야 하나 오히려 범죄율은 같은 비율로 유지되거나 상승되었다. 게다가 인간의 존엄성에 관한 인식의 심화는 형벌에 있어 응보적 방법 외의 방법을 강구하도록 만들었다. 이러한 상황에 처하여 호혜적 정의를 원칙으로 하는 자유방임주의는 수정되어야 했고, 이에 수정자본주의 또는 복지국가원리가 대두하게 되었다.

수정자본주의 또는 복지국가원리는 세금 부과에 있어 누진세율을 적용하고, 형벌의 부과에 있어서는 교정주의를 도입하는 등으로 자유방임주의의 정책을 수정하였다. 하지만 이러한 수정은 기본적으로 호혜성을 바탕으로 하는 것이기에 정의를 둘러싸고 발생하는 현대 국가에서의 수많은 문제에 대한 근원적인 해결책이 되지 못하였다. 정의의 차원에서 볼 때 자유방임주의의 문제점을 해결하기 위한 최선의 방법은 호혜주의를 극복하는 데 있다. 그런데 호혜주의를 극복하기는 쉬운 일이 아니다. 왜냐하면 호혜성이 사람들의 정의감의 토대를 이루고 있기에 호혜주의를 극복하기 위해서는 인간의 본성에 역행해야 하는데, 이것이 생각만큼 쉬운 일이 아니기 때문이다.

이에 필자는 호혜주의 한계를 극복하는 이념으로 정의의 실현에 있어 연대주의와 은혜주의의 도입을 제창하는 바이다. 하지만 이는 정의의 원칙에서 호혜성을 제거해야 한다는 뜻은 아니다. 호혜성은 공동체 유지의 기본원칙으로 남겨져야 한다. 그렇지 않으면 '무임승차' 등으로 인해 공동체는 금방 붕괴되고 만다. 결론적으로 인간의 본성을 거스르는 연대성과 은혜성은 인간의 본성에 부합하는 호혜성과 함께 정의의 원칙이 되어야 한다. 성경이 호혜성을 표방하는 미쉬파트와 연대성 및 은혜성을 표방하는 체데카로 구분하는 것도 바로 이 때문이라고 생각한다.

정의의 개념에 체데카(공의)의 정신인 연대성과 은혜성을 받아들인다면 정의는 호혜적 정의, 연대적 정의, 은혜적 정의로 나눌 수 있게 된다. 이 세 유형의 정의는 정당한 대우의 과정이 아니라 그 결과적 측면에서의 정의, 즉 '결과로서의 정의'라고 할 수 있다. 결과로서의 정의의 세 유형은 다음과 같은 내용을 가진다.

먼저, 호혜적 정의를 보자. 호혜적 정의를 지탱하는 원칙은 공정성이다. 공정성은 두 가지 측면을 가진다. 먼저, 대립적 입장에 있는 자들 사이의 공정성이 있다. 이는 분배, 재분배의 경우 받은 만큼 돌려주고 준만큼 돌려받으며, 향유의 경우 자신이 누리는 만큼 타인이 누리게 하고 타인이 누리는 만큼 자신도 누리며, 시정의 경우 자신이 받은 생명, 신체, 재산에 입은 손상(損傷)뿐 아니라 마음에 입은 손상만큼 타인에게 손상을 입히고 타인에게 손상을 입힌 만큼 자신도 손상을 받는 것이 관계상의 올바른 대우가 된다. 다음으로 비대립적 입장에 있는 자들 사이의 공정성이 있다. 이는 예를 들어 같은 소득 수준의 사람들에게 같은 비율의 세율을 적용하여 세금을 부과하고, 같은 죄를 범한 자들에게 같은 수준의 처벌을 하는 것을 의미한다. 공정성은 편파성을 배제한다. 나의 아들이라고, 또 나와 가까운 사람이라고 해서 세금을 적게 부과하거나 형벌을 적게 부과하거나 피해를 당한 것보다 많이 배상을 받게 하는 것은 공정성 원칙, 다시 말해 정의를 위반하는 것이다.

다음으로, <u>연대적 정의</u>는 분배, 재분배의 경우 자신보다 타인이 조금이라도 더 많이 배분받게 하거나 타인보다 자신이 조금이라도 더 적게 배분받고, 향유의 경우 자신이 누리는 것보다 조금이라도 더 많이 타인이 누리게 하거나 타인이 누리는 것보다 조금이라도 더 적게 자신이 누리며, 시정의 경우 자신이 받은 손상보다 조금이라도 더 적게 타인에게 손상을 가하거나 자신이 가한 손상보다 타인이 조금이라도 더 많이 자신에게 손상하게 하는 것이 관계상의 올바른 대우가 된다.

끝으로, <u>은혜적 정의</u>는 분배, 재분배의 경우 자신은 분배받지 않고 타인으로 하여금 모두 분배받게 하거나 자신이 분배받은 것을 타인에게 모두 내어 주고, 향유의 경우 자신이 누릴 수 있는 것을 타인으로 하여금 누리게 하며, 시정의 경우 자신이 받은 손상에 대해 손상을 입힌 자에게 아무런 조치를 취하지 않는 것이 관계상의 올바른 대우가 된다.

이제 우리는 결과로서의 정의를 호혜적, 연대적 및 은혜적 정의로 구분할 수 있게 되었다. 위 세 정의는 배분적 정의 및 시정적 정의에 각각 적용된다. 다시 말해 배분적 정의를 실현함에 있어서도 호혜성, 연대성, 은혜성이 각 적용될 수 있고, 시정적 정의를 실현함에 있어서도 호혜성, 연대성, 은혜성이 각 적용될 수 있다는 뜻이다. 이상의 논의를 바탕으로 결과로서의 정의와 과정으로서의 정의의 대응관계를 도표화하면 아래와 같다.

과정으로서의 정의 \ 결과로서의 정의	호혜적 정의	연대적 정의	은혜적 정의
	미쉬파트	체다카	
배분적 정의	고대, 중세, 근대 국가 : 능력주의(①)	현대 국가 : 복지주의(③)	⑤ 하나님 나라
시정적 정의	고대, 중세, 근대 국가 : 동해보복(②)	현대 국가 : 인간 존엄(④)	⑥ 하나님 나라

먼저, 호혜적 정의에 관해서 살펴보자. 호혜적 정의에도 배분적 정의와 시정적 정의가 결합될 수 있는데, 배분적 정의와의 결합(호혜-배분적 정의, 위 도표 ①)은 배분적 정의의 실현에 있어 능력에 따라 배분하는 능력주의가 지배적 원칙이 되는 사회이고, 시정적 정의와의 결합(호혜-시정적 정의, 위 도표 ②)은 시정적 정의의 실

현에 있어 범죄의 경중에 따라 응보가 엄정하게 행해지는 이른바 엄벌주의가 지배적 원칙이 되는 사회인데, 위 두 경우는 고대에서 근대에 이르기까지의 국가에서 채택되고 있던 원칙이다.

다음으로, 연대적 정의에 관해서 알아보자. 연대적 정의에도 배분적 정의와 시정적 정의가 결합될 수 있는데, 배분적 정의와의 결합(연대-배분적 정의, 위 도표 ③)은 배분적 정의의 실현에 있어 엄격하게 능력에 따라 배분하는 능력주의가 아니라 각자의 사정에 따라 차등 배분이 가능한 복지주의가 시행되는 사회이고, 시정적 정의와의 결합(연대-시정적 정의, 위 도표 ④)은 시정적 정의의 실현에 있어 엄벌주의가 아니라 인간의 존엄성 보장을 기반으로 하는 교정주의가 시행되는 사회이다. 이러한 연대-배분적 정의 및 연대-시정적 정의는 근대 자본주의 및 자유방임주의의 문제점을 극복하고자 하는 현대 복지국가에서 채택되고 있는 정책이라고 할 수 있다.

끝으로, 은혜적 정의에 관해서 본다. 은혜적 정의를 틸리히는 '변혁적인 혹은 창조적인 정의'라 명명하고,[16] 몰트만은 '선제적 호의성의 정의'라고 명명한다.[17] 은혜적 정의는 능력주의와 복지주의, 엄벌주의와 교정주의를 모두 극복하고 은혜에 따른 일방적인 배분(은혜-배분적 정의, 위 도표 ⑤)이 행해지고, 문제의 시정에 있어 처벌 대신 용서와 화해(은혜-시정적 정의, 위 도표 ⑥)가 행해지는 '하나님 나라'의 정의의 원칙이다. 은혜적 정의에 관하여 틸리히

---

16   폴 틸리히, 《사랑 힘 그리고 정의》, 한들출판사, 2017, 99쪽.
17   위르겐 몰트만, 《사랑과 정의의 하나님》, 52쪽.

는 다음과 같이 설명한다.

이 세 번째 형태의 정의에 대한 고전적인 표현은 신, 구약성서 문헌들에서 잘 드러난다. 성서가 정당한 몫의 배분과 관련된 정의를 무시했다고 말하는 것은 올바르지 않다. 오히려 신, 구약성서의 상당히 많은 곳에서 심판의 상징이 그리스도와 하나님께 있음을 말하고 있다. 그리고 성서는 인간의 올바르지 못한 판단에 대해서 다른 어떤 죄보다도 더욱 심각하게 비판하고 있다. 그럼에도 불구하고 주요한 강조점은 다른 곳을 향해 있다. 정의로운(자디킴, zadikim) 사람들은 자연과 역사 속에 모든 것을 창조하고 운행하시는 신의 명령에 자신을 굴복시키는 사람들이다. 하지만 이것은 규율과 명령들에 대한 무조건적인 복종이 아니라, 법의 근원이 되시는 그분에 대한 자발적인 사랑의 표현으로서의 순종이다. 그러므로 자딕(zadik)은 법에 대한 복종이 법의 제정자에 대한 신앙심과 합쳐진 개념이다. … 정의를 인간에게 적용시키는 것처럼 이것을 신에게도 적용시킨다면, 정의는 정당한 몫에 대한 분배보다도 더 큰 것을 의미한다. 이것은 창조적인 정의를 말하는 것으로 재결합을 위해서 용서하시는 신적인 은혜에서 가장 잘 드러난다.[18]

18   폴 틸리히, 《사랑 힘 그리고 정의》, 100쪽.

2-2. 은혜적 정의의 실천

앞에서 보았듯이 성경은 정의와 공의의 실천에 있어 호혜적 정의뿐 아니라 연대적 및 은혜적 정의도 실천하라고 가르치고 있다. 하지만 율법 해석의 권위자들은 정의와 공의를 동해보복법칙을 원칙으로 하는 호혜적 정의로 축소하여 가르쳤다. 이에 예수는 그들의 잘못을 지적하며 다음과 같이 말씀하셨다. <u>산상수훈의 여섯 가지 대립명제 중 다섯 번째 명제다.</u>

> 또 눈은 눈으로, 이는 이로 갚으라 **하였다는 것을 너희가 들었으나 나는 너희에게 이르노니** 악한 자를 대적하지 말라 누구든지 네 오른편 뺨을 치거든 왼편도 돌려대며 또 너를 고발하여 속옷을 가지고자 하는 자에게 겉옷까지도 가지게 하며 또 누구든지 너로 억지로 오 리를 가게 하거든 그 사람과 십 리를 동행하고 네게 구하는 자에게 주며 네게 꾸고자 하는 자에게 거절하지 말라(마 5:38-42)

위 말씀을 사회학적 차원에서 풀이하면 완전한 폭력을 단념하라는 요청으로 해석할 수 있다.[19] 하지만 위 말씀을 규범적 차원, 즉 정의의 차원에서 풀이하면 다음과 같다. 위 구절에서 "또 눈은 눈으로, 이는 이로 갚으라 하였다는 것을 너희가 들었으나 나는 너희에게 이르노니"라는 말씀은 '너희가 권위자들로부터 동해보복법칙에 따른 호혜적 정의만 실천하면 정의와 공의를 이루게 된다는 말을 들었으나 이는 잘못된 가르침이므로 내가 다시 가르친다'라는 뜻이다. 위 말씀에서 "눈은 눈으로, 이는 이로 갚으라"는 것은 앞서도 지적했듯이 동해보복법칙을 의미하는 것으로서 호혜적 정의의 실천에 해당된다. 다음으로 "네 오른편 뺨을 치거든 왼편도 돌려대며 또 너를 고발하여 속옷을 가지고자 하는 자에게 겉옷까지도 가지게 하며 또 누구든지 너로 억지로 오리를 가게 하거든 그 사람과 십 리를 동행하고 네게 구하는 자에게 주며 네게 꾸고자 하는 자에게 거절하지 말라"는 부분은 이행해야 할 의무의 범위를 초과하여 의무를 이행하거나, 상대방에게 아무런 의무가 없음에도 상대방의 요구에 응하여 주는 것으로 연대적 및 은혜적 정의의 실천에 해당된다. 홍순원·황현숙은 이 말씀의 의미를 다음과 같이 설명한다.

> 그것은 단지 수동적, 소극적 윤리가 아니라 적극적, 능동적 윤리를 제시한다. 천 걸음을 요구하는 자와 함께 이천 걸음을 가고, 속옷을 요구하는 자에게 겉옷을 내어주고, 오른쪽 뺨을 때리는 자에게 다른 쪽 뺨을 돌려대는 것은 힘없는 약자의 행위가 아니라 강자

19   게르하르트 로핑크, 《산상 설교는 누구에게?》, 186쪽.

의 모습이다. 그것은 적대자까지도 형제로 삼으려는 강한 자의 자유이다.[20]

또 다른 말씀을 보자.

천국은 마치 품꾼을 얻어 포도원에 들여보내려고 이른 아침에 나간 집주인과 같으니 그가 하루 한 데나리온씩 품꾼들과 약속하여 포도원에 들여보내고 또 제삼시에 나가보니 장터에 놀고 서 있는 사람들이 또 있는지라 그들에게 이르되 너희도 포도원에 들어가라 내가 너희에게 상당하게 주리라 하니 그들이 가고 제육시와 제구시에 또 나가 그와 같이 하고 제십일시에도 나가 보니 서 있는 사람들이 또 있는지라 이르되 너희는 어찌하여 종일토록 놀고 여기 서 있느냐 이르되 우리를 품꾼으로 쓰는 이가 없음이니이다 이르되 너희도 포도원에 들어가라 하니라 저물매 포도원 주인이 청지기에게 이르되 품꾼들을 불러 나중 온 자로부터 시작하여 먼저 온 자까지 삯을 주라 하니 제십일시에 온 자들이 와서 한 데나리온씩을 받거늘 먼저 온 자들이 와서 더 받을 줄 알았더니 그들도 한 데나리온씩 받은지라(마 20:1-10)

위 말씀에 나오는 품꾼들은 채용된 시간 순으로 가장 이른 시간인 제삼시에 채용된 사람들, 가장 나중인 제십일시에 채용된 사람들 및 제삼시와 제십일시 사이에 채용된 사람들 세 부류

---

20   홍순원·황현숙, 〈산상설교의 윤리〉, 187쪽.

로 나뉠 수 있다. 일이 끝나자 주인은 품꾼들이 일한 시간에 관계 없이 모든 품꾼들에게 한 데나리온씩의 임금을 지급하였다. 당연히 제삼시부터 일한 사람들의 불만이 터져 나올 수밖에 없는 상황이다. 하지만 그들의 불만은 정당하지 못하다. 왜냐하면 그들은 채용될 때 약속한 한 데나리온을 지급받았기 때문이다. 다시 말해 그들에게는 호혜적 정의가 베풀어졌기에 그들로서는 집주인의 대우가 부정의하다고 항변할 수 없다. 하지만 나머지 품꾼들은 제삼시에 온 품꾼들과 동일한 노임을 받았고, 이로 인해 그들에게는 연대적 및 은혜적 정의가 베풀어졌다. 그들의 마음에는 포도원 주인에 대한 감사가 흘렀을 것이다. 한편, 위 말씀에서 포도원 주인이 일부 품꾼들에게 베푼 호혜적 정의가 부당하다며 폐지되어야 한다는 언급은 보이지 않는다. 이상의 점들을 모두 종합해 볼 때 예수가 위 말씀에서 의도한 바는 정의를 온전히 이루기 위해서는 호혜적 정의만으로는 되지 않고 연대적 정의 또는 은혜적 정의도 필요하다는 것이지, 은혜의 시대가 도래하였기에 호혜적 정의는 이제 필요 없으므로 버리고 연대적 정의나 은혜적 정의로 대체하라고 명령한 것은 아니라고 할 것이다.

이와 같이 예수는 정의와 공의에 관한 권위자들의 잘못을 바로잡아 호혜적 정의뿐만 아니라 연대적 및 은혜적 정의를 실천하라고 요구하셨다. 고아와 과부와 나그네와 옥에 갇힌 자를 보살피고, 원수까지 사랑하라는 은혜적 정의가 참된 정의임을 힘써서 가르치면서 동해보복법칙을 기반으로 하는 호혜적 정의는 극복되어야 한다고 말씀하신 것이다.

3-1. 사랑이란 무엇인가

가. 하나님은 사랑이시다

"하나님은 사랑이심이라"(요일 4:8). 이 말씀에는 우리가 사랑의 의미를 알기 위해서는 사랑이신 하나님을 알아야 한다는 뜻이 담겨 있다. 하지만 인간은 절대자이신 하나님을 온전히 알 수 없다. 따라서 하나님의 사랑도 온전히 알 수가 없다. 하나님의 사랑은 선(善) 자체이신 하나님이 피조물을 창조하시고 그들에게 나누어 주시는 선을 통해 계시되고, 인간은 하나님이 나누어 주신 선을 통해 하나님의 사랑이 무엇인지를 깨달을 수 있을 뿐이다.

하나님은 우주만물과 인간을 선하게 창조하신 다음 우주만물에 대한 관리권을 인간에게 맡기심으로써 인간을 향한 하나님의 사랑을 계시하셨다. 인간은 하나님의 청지기로서 자신의 본분을 망각하지만 않으면 영구히 우주만물의 관리권을 행사하면서 하나님의 사랑을 받아 선을 누릴 수 있었다. 하지만 인간은 하나님의 사랑을 배반하고 하나님께 반역하여 하나님과 원수관계에 이르렀다. 그 결과 영생이라는 선을 상실하고 영원한 죽음이라는 악을 맛보게 되었다. 영원한 죽음에서 벗어나는 유일한 길은 회개인데 인간은 회개할 의지가 없었고, 회개할 능력도 없었다.

자신을 배반한 인간에게 보복을 해도 시원찮을 판에 하나님은 인간에게 용서를 베푸시고 화해의 길을 열어주셨다. 즉, 하나님은 인간이 회개하지도 않은 상태에서 선제적으로 인간에 대한 보복을 단념하시고, 인간의 잘못을 용서함으로써 원수관계를 해소시키시며, 아무런 조건 없이 화해의 손길을 내밀어 하나님의 자녀의 지위를 회복시켜 주시는 사랑을 보여주신 것이다. 이러한 하나님의 사랑은 예수 그리스도의 십자가 희생으로 계시되었다. 십자가-사랑은 '우리가 아직 죄인 되었을 때에 그리스도께서 우리를 위하여 죽으심으로 우리에 대하여 확증하신 하나님의 사랑이다'(롬 5:8).

하나님의 사랑은 절대자의 영원하고 신비한 사랑이므로 피조물인 인간으로서는 그 높이와 너비와 깊이를 알 길이 없다. 하나님의 사랑은 사랑의 의미를 지닌 그리스어 중 에로스, 필리아, 스토르게가 아닌 아가페로 표현되고 있으나, 이 표현도 하나님의 사랑을 온전히 드러내지 못한다. 하나님의 영원한 사랑은 십자가-사랑으로 시간세계에 계시되고 있다. 십자가-사랑은 보복의 단념, 용서 및 무조건적 화해를 실천 요소를 삼는 사랑이다. 하지만 이러한 십자가-사랑도 하나님의 사랑을 전부 드러낸 것이 아니다. 하나님의 사랑은 기하학적으로 말하자면 무한수직의 사랑이고, 시간적으로 말하자면 영원히 선제적인 사랑이다. 헤아릴 수 없는 큰 사랑이므로 피조물에 불과한 인간으로서는 도무지 갚을 수 없고, 영원히 앞서 있는 사랑이므로 유한한 인간으로서는 좇아가려고 해도 좇아갈 수가 없다. 하나님으로부터 받은 사랑

을 갚겠다고 말하는 것은 그야말로 말에 불과하고, 무지한 인간
의 교만을 보여주는 것에 불과하다. 다음과 같은 메이의 말은 참
고할 만하다.

> 무조건성과 불멸성 같은, 신의 사랑에 속한 것으로 놔두는 편이 제
> 격인 특색들을 인간의 사랑에 부여함으로써, 우리는 더없이 조건과
> 시간에 구속받는 본성과 세속적인 감정을 거짓으로 꾸미고, 감당
> 하기 힘든 짐을 억지로 지려 한다. 인간 사랑의 신격화는 신들의 힘
> 을 훔쳐오려는 인류의 강박적 여정의 종장이자, 인간의 한계 너머
> 로 발돋움하려는 시도 중 가장 오래된 것이기도 하다. 그 시도는 다
> 른 시도들과 마찬가지로 실패할 수밖에 없다. 이런 이야기들의 교훈
> 에 따르면, 인간의 한계를 무시하다가는 끔찍한 대가를 치르게 마
> 련이기 때문이다.[21]

나. 인간의 사랑

하나님은 충만 그 자체이시므로 자신을 채우려고 하지 않으
시고 채우실 필요도 없으시며, 오히려 하나님의 사랑은 하나님의
선을 통해 피조물에게 전해지므로 옹달샘에 물이 차면 흘러넘치
듯이 끊임없이 자신을 나누어 주려고 하시고, 나누어 주시고 난
뒤에도 그만큼의 결핍을 겪지 않으신다.[22] 인간이 선하게 되려면
하나님과의 연합을 이루어 하나님으로부터 공급되는 선을 받아

---

21   사이먼 메이, 《사랑의 탄생》, 문학동네, 2016, 23쪽.
22   천종호, 《천종호 판사의 하나님 나라와 공동선》, 두란노, 2022, 28쪽.

야만 한다. 그런데 아담과 하와가 선악과 명령을 어김으로 인해 인간에게는 하나님과 단절되는 선의 부재가 초래되었을 뿐만 아니라, 하나님과 교제할 능력인 인격과 성품이 부패하고 타락함으로써 선의 부족에 이르게 되었다. 하지만 하나님은 인간에게 상실한 선의 회복, 다시 말해 하나님과의 연합에 대한 갈망과 결핍된 선을 보충하고자 하는 갈망을 남겨주셨다.

이러한 선을 채우려는 갈망으로 인해 인간은 선한 것으로 생각되는 모든 것을 자신에게 끌어당기려고 한다. 이는 획득적이고도 자기중심적인 인간의 본성이다. 한편, 인간은 하나님의 형상대로 창조되었기에 비록 전적으로 타락하였다고는 하지만 타자를 향해 선한 것을 나눠주려는 모습도 보여준다. 이는 시여적(施與的)이고 타자중심적인 인간의 본성으로 획득적이고 자기중심적인 본성만큼 강하지는 않다. 인간의 사랑은 인간의 이러한 대립적 본성 속에서 그 존재를 드러낸다.

통상적으로 사람들은 어떤 대상에 대하여 마음이 끌리고 기분 좋은 감정을 느끼는 경우 반사적으로 사랑이라는 단어를 끌어다 쓴다. 하지만 깊이 들어가 보면 사랑이라는 말처럼 개념을 정의하기가 어려운 말은 없다는 것을 알게 된다. 이는 "사랑을 어찌 정의할 수 있을까. 생각이 아니라 느낌의 문제인 것을. 어디 그뿐인가. 이 더없이 자연발생적이고 수수께끼 같은 감정을 파헤친다는 것은 자칫 그 마법을 깨뜨릴지 모를 위험천만한 짓이 아니겠는가. 급기야 우리가 이해하고자 하는 바로 그 감정을 죽이는 짓이 아닌가"[23]라는 메이의 말에서도 실감할 수 있다.

사랑한다는 말은 그것이 독자적으로 사용될 때의 의미와 그

것 앞에 어떤 대상이 한정되어 있을 때의 의미는 동일하다고 할 수 없다. 만약 위 두 경우에 사랑한다는 말이 동일한 의미를 가지고 있다고 한다면, 다시 말해 위 두 경우에 사랑한다는 말에서 도출되는 실천적 행위 내용이 동일하다고 한다면 배우자를 사랑한다는 말은 원수를 사랑한다는 말과 그 의미가 같게 된다. 이는 배우자에 대한 사랑의 행위와 원수에 대한 사랑의 행위를 동일한 것으로 만들고, 극단적으로 말하면 배우자 사이에 허용되는 성적인 행위가 원수에게도 허용되어도 좋다는 것이 된다. 이러한 결론은 그 누구도 받아들일 수 없을 것이다. 사랑하라는 말이 사랑의 대상과 관계없이 동일한 내용의 행위를 실천하라는 의미라고 주장하는 것은 인류의 역사가 시작된 이래로 형성되어 온 사랑이라는 말의 의미를 파괴하는 것일 뿐 아니라 사랑이라는 언어에 대하여 일종의 폭력을 행사하는 것이다.[24] 그러므로 사랑이라는 말은 사랑의 대상에 따라 사랑함에 있어 베풀어야 할 내용에 있어 구별이 있다고 할 수밖에 없다. 이창호도 사랑의 개념을 정립하는 데 있어 보편적 사랑의 대상과 개별적 사랑의 대상을 신중하게 구별할 것을 제안한다.[25]

하지만, 그렇다고 사랑하라는 말의 외연(外延)을 그 대상에 따라 무한히 넓혀갈 수도 없다. 마약에 중독되어 있는 사람이 마

---

23   사이먼 메이, 《사랑의 탄생》, 9쪽.

24   무엇보다 먼저, 필요의 사랑을 '사랑'이라고 부르지 않는다면, 이는 영어를 포함한 대부분의 언어에 폭력을 가하는 일이 됩니다. 물론 언어라는 것이 오류가 절대로 없는 안내자는 아니지만, 그 모든 결함에도 불구하고 언어에는 다량의 축적된 통찰과 경험이 담겨 있습니다. 처음부터 언어를 무시하고 들어가는 사람은, 나중에 어떤 식으로든 반드시 언어의 보복을 받게 됩니다. 우리는 험프티 덤프티(Humpty Dumpty)처럼 낱말의 의미를 제멋대로 정의하려 해서는 안 됩니다. (C. S. 루이스, 《네 가지 사랑》, 홍성사, 2019, 15쪽.)

약을 사랑하고 있다는 말을 한다면, 그 말에 대해 긍정적으로 장단을 맞추어 줄 사람은 아무도 없다. 이러한 용법은 사랑하라는 말의 오·남용에 해당되는 것이라고 해야 하지 그 본래적 의미로 사용된 것이라고 할 수는 없다. 그러므로 사랑이라는 말에는 그 말의 의미의 외연을 정할 수 있는 구조적 특징이 담겨 있고, 이는 사랑의 대상과는 관계없이 존재한다고 보아야 한다.

그럼, 사랑의 대상에 관계없이 단순히 '사랑하다'는 말이 이루고 있는 특징적인 구조는 어떤 모습인가? 이 질문에 대한 답을 도출하기 위해서는 사랑이라는 말에 포함되는 요소부터 살펴볼 필요가 있다.

먼저, 사랑이라는 말에는 <u>감정적인 요소</u>가 담겨 있다. 이에 관해 틸리히는 "사랑이라는 말이 우리의 일상생활과 문학작품 속에서 지극히 감정적인 것으로 이해되면서 잘못 사용되고 있음에도 불구하고 여전히 사랑이라는 단어는 인간의 감정에 호소하는 힘이 매우 크다. 사랑은 '따뜻함이나 열정, 행복, 충족감' 등을 느낄 때 사용되곤 한다. 과거, 현재 그리고 앞으로의 삶 가운데, 사랑하고 있다거나 혹은 사랑 받고 있다고 느낄 때 이 단어는 사람들의 마음을 사로잡는다. 이 단어의 기본적인 의미는 사람의 감정적인 상태로 이해되기 때문에 사랑에 대한 다른 정의들을 내리

---

25   "기독교 사랑의 계명은 모든 사람을 차별 없이 사랑하라는 도덕적 명령을 그 본질로 하기에 그 대상 범위에 있어 보편적이지만, 이러한 보편성을 지나치게 강조하다 보면 자칫 사랑의 대상의 개별적 특수성을 소홀히 하거나 또 사랑의 관계가 구체성을 띤 깊은 관계성으로 발전하지 못할 수도 있다는 점을 신중하게 고려해야 할 것이다." (이창호, 《사랑의 윤리》, 장로회신학대학교출판부, 2020, 54쪽.)

는 것이 불가능하기도 하다"[26]라고 한다. 또 이경재는 "남을 사랑하는 것에 고통과 희생이 수반될 수는 있다. 그러나 고통과 희생이 자신에게 주어지는 전부라면, 그것은 통상적으로 회자되는 이타적 사랑이 아니며 사랑조차 아니다. 그것은 의무일 수 있지만, 의무에도 역시 그에 복종한다는 일말의 기쁨과 만족이 뒤따르기 마련이라는 점을 고려하면, 그것은 차라리 자기학대라고 할 것이다. 마찬가지로 남을 사랑하는 것이 자신에게도 기쁨이 된다고 해서 그것을 이기적 사랑이라고 할 수는 없다"[27]라고 한다. 성경에도 "그가 너로 말미암아 기쁨을 이기지 못하시며 너를 잠잠히 사랑하시며 너로 말미암아 즐거이 부르며 기뻐하시리라"(습 3:17)고 하며 사랑의 요소에 기쁨이 포함됨을 드러내고 있다. 이와 같이 사랑을 통하여 느끼는 따뜻함이나 열정, 행복, 충족감이나 기쁨, 만족감 등과 같은 긍정적인 감정들은 사랑의 필수 요소라고 할 것이다. 사랑과 정의, 특히 아가페-사랑과 은혜적 정의의 근본 차이는 이 감정적 요소에 있다고 할 수 있다.

두 번째로, 사랑이라는 말에는 사랑의 <u>대상과의 관계적 요소</u>가 있다. 그러한 관계에는 대상을 자신에게로 끌어당기거나 대상을 통하여 무언가를 얻어내려는 관계(획득적, 자기중심적, 이기적)가 있는가 하면 대상을 향하거나 대상을 위한 무언가를 주려는 관계(시여적, 타자중심적, 이타적)도 있다. 한편, 사랑의 대상에는 신, 타인과 같은 인격적인 것과 자연이나 사물 같은 비인격적인 것이 있

---

26   폴 틸리히, 《사랑 힘 그리고 정의》, 21쪽.

27   진교훈·박찬구 외, 《사랑》, 서울대학교출판문화원, 2020, 195쪽.

다. 메이는 "사랑은 한 사람의 자아와 다른 사람의 자아와의 관계이고, 그 관계에는 몰두와 긍정(affirmation)의 모든 힘이 작용한다"[28]고 한다. 자기 자신이 사랑의 대상에 해당되느냐, 다시 말해 자기 사랑도 사랑이라고 할 수 있는가에 관해서는 견해가 나뉜다.

세 번째로, 사랑이라는 말에는 <u>존재론적 요소</u>가 있다. 사랑의 존재론적 요소는 관계적 존재인 인간이 타자와 분리되어 있다는 전제에서 비롯되는 것이다. 타자와 분리되어 있지 않음을 전제로 하는 타자에 대한 사랑은 자기애의 또 다른 모습에 불과할 것이다.[29] 틸리히는 "삶은 현실 속에 존재하는 것이며, 사랑은 삶을 움직이는 힘이다",[30] "사랑은 모든 존재를 실재하도록 이끄는 힘이 있다"[31]라고 한 다음, 이러한 사랑은 헤어졌던 것들을 재결합시키고,[32] 하나라는 기본적인 확신으로 우리를 이끌어 가며,[33] 자연과 문화의 형식으로, 혹은 두 가지 모두의 신적인 원천들과 더불어 연합하기를 갈망한다[34]고 한다.[35] 이러한 갈망은 하나님

---

28 사이먼 메이, 《사랑의 탄생》, 60쪽.

29 메이는 아리스토텔레스가 강조하는 사랑인 '필리아'(우정)는 "분리할 수 없는 결합으로의 '하나 됨'을 기대하지 않는다"(사이먼 메이, 《사랑의 탄생》, 123쪽)고 전제한 다음, 이러한 필리아는 "근본적으로 다른 사람 안에 있는 자신을 사랑하는 것"(사이먼 메이, 《사랑의 탄생》, 125쪽)이라고 결론짓는다.

30 폴 틸리히, 《사랑 힘 그리고 정의》, 49쪽.

31 앞의 책, 49쪽.

32 앞의 책, 50쪽.

33 앞의 책, 52쪽.

34 앞의 책, 55쪽.

35 "인간이 분리된 채 사랑에 의해 다시 결합되지 못하고 있다는 사실의 인식, 이것이 수치심의 원천이다. 동시에 이것은 죄책감과 불안의 원천이다. 그러므로 인간의 가장 절실한 욕구는 이러한 분리 상태를 극복해서 고독이라는 감옥을 떠나려는 욕구이다." (에리히 프롬, 《사랑의 기술》, 문예출판사, 2006, 25쪽.)

의 사랑에서 비롯된 것이다. 하나님은 이러한 갈망을 통해 선의 부재와 결핍으로 인해 고통받고 있는 인간이 하나님과의 연합을 다시 이루어 하나님과 교제하면서 하나님으로부터 흘러나오는 선으로 충만에 이르고, 또 타자와의 분리를 극복하고 재결합을 이루어 충만에 이르라고 끊임없이 추동하고 계신다. 그러므로 "사랑이란 선으로 이해된 것에 대한 모든 실질적 추구행위를 일으키는 제1추동력이다"[36]라고 할 수 있다. 어쨌든 이러한 갈망이 충족되는 것을 '존재론적 정착'(ontological rootedness)이라고 한다. 메이는 "사랑은 우리 안에 존재론적 정착의 경험이나 희망을 일깨우는 사람들(혹은 사물들)에게 우리가 느끼는 황홀이다"[37]라고 하며, 여기서 '존재론적 정착'이란 "우리 존재의 터전(이라고 우리가 여기는 것)과 결합하겠다는 요구, 우리 존재의 무너뜨릴 수 없이 안정적이고 생기 있으며 닻을 내리고 있다고 느끼고자 하는 요구, 고향을 찾고자 하는 요구"[38]를 의미한다고 한다.

끝으로, 사랑의 개념에는 '사랑해야만 한다'로 표현될 수 있는 의무적 요소가 내포되어 있다. 사랑은 존재론적 측면에서 보면 인간으로 하여금 하나님 및 타인과의 연합을 통하여 충만함에 이를 수 있게 하는 추동력이 되지만, 아담과 하와의 범죄(원죄)로 말미암아 전적타락 상태에 놓인 인간은 타자는 고려하지 않고 오로지 자신의 충만만을 도모하는 경향성이 있어, 이러한 경향성이 표출되는 경우 사랑의 추동력은 그것이 목적하는 바인 타인과의

---

36   진교훈·박찬구 외, 《사랑》, 192쪽.

37   사이먼 메이, 《사랑의 탄생》, 435쪽.

38   앞의 책, 435쪽.

재결합을 오히려 방해하는 힘으로 작용한다. 이에 그러한 경향성을 누르고 타인도 충만함에 이를 수 있도록 배려하여 타인과의 재결합을 온전히 이루라는 뜻에서 인간에게 사랑의 의무가 명령되어 있는 것이다. 원죄로 인하여 인간관계는 창조 본연의 모습을 잃었다. 이로 인해 인간 공동체에는 인간 상호간의 '분리'와 '대립', '불안'과 '갈등'이라는 왜곡된 관계가 주류를 이루게 되었다. 이러한 현실에 처한 인간에게 있어 의무로서의 사랑은 인간으로 하여금 하나님과의 연합을 통하여 그 본연의 모습을 회복하게 하고 이를 토대로 타인과의 재결합이 이루어지게 함으로써 인간 상호간의 대립과 갈등을 해소시키고, 왜곡된 인간관계를 바로잡으며, 공동체의 평화가 이루어지게 한다. 이는 인간 상호간의 대립과 갈등을 심화시킬 여지가 있는 호혜적 정의를 통해서는 이루기 어려운 것이다. 이것이 바로 사랑의 윤리적 요소다.[39]

한편 사랑의 윤리성은 사랑의 의무에 보편성을 부여한다. 왜나하면 윤리의 속성 중 하나가 보편성이기 때문이다. 그리고 사랑의 의무에 보편성이 있다는 것은 인간에게 부과된 사랑의 의무가 특정한 관계에 있는 사람들에게만이 아니라 인류 전체에게 부과되어 있음을 의미한다. 만약 모든 인류가 자신에게 부과된 사랑의 의무를 온전히 이행할 수만 있다면 인류의 평화를 이루는 것은 시간문제에 불과할지도 모른다. 그런데 헤겔과 같이 사랑은 가족 내에서만 통용될 수 있는 원리에 불과하다고 한다면,[40] 사랑

---

39   폴 틸리히, 《사랑 힘 그리고 정의》, 22쪽.

40   진교훈·박찬구 외, 《사랑》, 237쪽.

에 윤리성을 인정해도 사랑의 의무를 인류 전체로 확대시키기는 어렵다. 다시 말해 헤겔은 모든 인류의 공동체에 적용될 수 있는 합일의 원리 내지 통일의 원리로 사랑 대신에 '인정'을 제시하며, 사랑을 윤리성이라는 상호인정의 관계로 나아갈 수 있는 계기로 축소시키고 있으므로,[41] 이러한 헤겔의 입장을 따른다면 사랑의 의무를 인류 전체에게는 부과할 수 없다는 것이 된다.

　　하지만 사랑을 배제한 채 상호인정의 윤리만으로 인간 상호 간의 평화와 자유를 이룰 수 있을지는 의문이다. 왜냐하면 상호인정의 과정에 "생사를 건 투쟁"[42]인 '인정투쟁'이 발생하는데, 상호인정이 목적으로 하는 해방과 자유는 "주인과 노예의 종합이 현실이 되는 곳에서, 바꿔 말해 모든 자기의식이 보편적이고 동질적으로 자립적 존재자가 되는 곳에서, 곧 완전한 국가 내에서 시민이 되는 때에 비로소 성취될 수 있다"[43]고 하므로 '완전한 국가'가 도래하기 전까지는 인정투쟁은 계속될 것이고, 인정투쟁이 계속되는 한 자유와 평화는 그 온전한 성취를 기약하기가 어렵게 되기 때문이다. 그러므로 사랑에 있어 윤리적 요소를 인정하는 한 윤리성의 범위는 모든 인류에게로 확대해야 한다. 한편, 사랑이 단순히 감정에 불과하다는 입장에서는 사랑의 의무는 없다고 하게 되고, 결국 '감정인 사랑'과 '의무인 정의'는 논리적으로 상충할 여지가 없게 된다. 하지만 사랑에 의무적 요소가 있다고 하면 정의의 의무와 상충 문제를 논하지 않을 수 없다. 손상을

41　　앞의 책, 242쪽.

42　　백종현, 《칸트와 헤겔의 철학》, 아카넷, 2017, 471쪽.

43　　앞의 책, 476쪽.

입힌 자에 대하여 응보를 요구하는 정의의 의무는 손상을 입힌 자에 대하여 용서를 요청하는 사랑의 의무와 표면상 상충될 소지가 있어 보이기 때문이다. 이 점에 관해서는 뒤에서 언급하기로 한다.

이상의 서술들을 종합하면 '사랑은 어떤 것과의 관계 맺음을 통해 긍정적인 감정을 일으키고, 누리고, 흘려보내는 욕망, 힘 또는 실천이다'라고 정의할 수 있다. 위 개념 중 욕망은 사랑으로 이끄는 동인(動因)이고, 실천은 사랑이 표현하는 실천적 행위이며, 힘은 사랑의 동인과 실천을 연결하는 동력(動力)이다. 사랑의 의무적 요소는 실천적 행위와 관련된다. 그러므로 타인을 위해 희생하였더라도 그것이 사랑의 동인이 없이 행해진 것이라면 그것은 단순한 희생이나 은혜적 정의의 실천에 불과하지 자기희생을 요소로 하는 아가페-사랑이라고는 할 수 없다. 사랑의 동인 없이 용서하거나 보복을 단념한 경우도 마찬가지이다. 이에 사도 바울은 "내가 내게 있는 모든 것으로 구제하고 또 내 몸을 불사르게 내줄지라도 사랑이 없으면 내게 아무 유익이 없느니라"(고전 13:3)고 선포하였던 것이다. 자신에게 있는 모든 것으로 어떤 사람을 구제하고, 그 사람을 위해 자신의 몸을 불사르게 내주는 희생을 치른 경우 이를 통하여 자신에게 기쁨이나 행복감이나 충족감을 일으키거나 누리지 못하고, 흘려보낼 수 없는 경우에는 사랑하였다고 할 수가 없을 것이다. 그리고 그러한 긍정적인 감정을 일으키고, 누리고, 흘려보낼 경우에도 그것이 자기만족의 차원에서 비롯된 것이 아니라 하나님의 자녀로서 사랑의 의무를 이행한 것에 대하여 삼위일체 하나님께서 "잘하였도다 착하고 충성된 종아"

(마 25:21)라며 인정해 주시는 바에서 비롯된 것이 아니라면 사랑하였다고 할 수가 없다. 틸리히는 "가장 고귀한 형태의 사랑은 사랑의 주체인 동시에 사랑의 대상인 개인의 가치를 인정하고 존중해 주는 것이다"라고 한다.[44] 하나님으로부터 인정받는 기쁨은 하나님이 주시는 것이다. 하나님은 사랑이시므로 하나님이 주시는 기쁨은 사랑이 주는 기쁨이라고 할 수 있다. 결국 '사랑이 기쁨을 준다'라고 할 수 있고, 사랑 자체가 주는 기쁨은 누려본 사람만이 알 수 있는 것이다.

다. 자기사랑에 관하여

자기 자신을 사랑하는 것, 이른바 자기애 또는 자기사랑은 위에서 정의한 사랑의 개념에 포섭될 수 있는가? 특히 자기부인의 가르침을 따르고 있는 기독교에 있어 자기사랑은 스토르게, 에로스, 필리아, 아가페와 같은 사랑의 한 유형으로 받아들일 수 있는가?

이와 관련해 프롬은 서양에서는 전통적으로 자기사랑은 덕이 아니라 죄라는 신념이 널리 퍼져 있다고 하며 다음과 같이 말한다.

사랑의 개념을 여러 가지 대상에 적용하는 데 반대하지 않으면서도, 다른 사람을 사랑하는 것은 덕이지만 자기 자신을 사랑하는 것은 죄라는 신념이 널리 퍼져 있다. 나 자신을 사랑할수록 남을 사랑

44　폴 틸리히, 《사랑 힘 그리고 정의》, 52쪽.

　천종호 판사가 들려주는 십계명

하지 못하며, 자기애는 이기심과 같다고 생각되고 있다. 이러한 견해는 서양 사상에서는 멀리까지 거슬러 올라간다. 칼뱅은 자기애를 '페스트'라고 말한다. 프로이트는 정신의학적 용어로 자기애를 말하고 있으나 그럼에도 그의 가치 판단은 칼뱅의 가치 판단과 다르지 않다. 프로이트는 자기애를 자아도취, 곧 리비도를 자기 자신에게 돌리는 것으로 생각했다.[45]

그런 다음 프롬은 '나 자신의 자아에 대한 사랑은 다른 존재에 대한 사랑과 불가분의 관계에 있다'[46]고 전제한 후 서양의 전통적 신념을 거부하면서 자기사랑이 사랑으로서 인정되어야 한다고 피력한다.

곧 나 자신의 자아도 다른 사람과 마찬가지로 나의 사랑의 대상이 되지 않으면 안 된다. '우리 자신의 생명, 행복, 성장, 자유에 대한 긍정'은 '우리 자신의 사랑의 능력', 곧 보호, 존경, 책임, 지식에 근원이 있다. 만일 어떤 개인이 생산적으로 사랑할 수 있다면, 그는 자기 자신도 사랑할 수 있다. 만일 그가 오직 다른 사람만을 사랑할 수 있다면, 그는 전혀 사랑할 줄 모르는 사람이다.[47]

앞에서 정립한 사랑의 개념으로 자기사랑의 구조를 분석해 보자.

---

45   에리히 프롬, 《사랑의 기술》, 82쪽.
46   앞의 책, 83쪽.
47   앞의 책, 85쪽.

먼저, 자기사랑에는 기쁨이나 자기충족감 등 감정적 요소가 담겨 있음이 분명하다. 또 반대의 의견도 있으나 프롬의 견해에 따른다면 자기사랑에는 자신 대 자신이라는 관계적 요소가 있다고 볼 수도 있다.

하지만 자기사랑에는 존재론적 요소가 있다고 보기 어렵다. 사랑의 존재론적 요소는 사랑하는 자와 타자와의 분리를 전제로 하고 있는데 인간은 다중인격과 같은 병적인 상황이 아니라면 자아의 분리가 있다고 보기 어려우므로 자기사랑에는 자아의 분리를 전제할 수 없기 때문이다. 이에 관해 틸리히도 사랑이 분리되었던 존재가 결합하는 것이라면 자아의식 속에서의 결합 혹은 일치의 측면을 생각해 보면 사실 엄밀한 의미의 분리는 존재할 수 없기 때문에 자기사랑의 의미를 생각하는 것은 어려운 일이 될 것이고, 또 완전히 자기중심적인 사람이라면 자신의 자아를 주체와 객체로 분리하여 생각할 수가 있는데, 이런 경우 자신과의 재결합만 욕망할 뿐 타인과 재결합하려는 욕망을 가질 수 없으므로 사랑이 존재할 수가 없다고 한다.[48]

더 나아가, 자기사랑에는 윤리적 요소가 있다고 보기 어렵다. 자기사랑이 '동물성의 소질로서 기계적인 기질의 발현'[49]에 불과하다고 하면 자기사랑에 의무성을 전제로 하는 윤리적 요소

---

[48] 폴 틸리히, 《사랑 힘 그리고 정의》, 59쪽.

[49] "칸트는 인간에게 동물성의 소질은 '물리적'인, 따라서 이성을 필요로 하지 않는 '순전히 기계적인 자기사랑'의 기질로서 '삼중적'이라고 본다. 자기 일신을 보존하려는 자기사랑, 성적 충동을 통해서 자기 종족을 번식시키고 성적 결합에 의해 생겨난 자신을 보존하려는 자기사랑, 그리고 다른 인간들과 함께하려는 자기사랑, 즉 '사회로의 충동'이 그것이다." (백종현, 《칸트와 헤겔의 철학》, 252쪽.)

가 있음을 인정하기 어렵기 때문이다. 이에 대해 인간은 자살이
나 자해를 하지 않는 등으로 자신을 보존할 의무가 있고,[50] 거짓
말을 하지 않는 등으로 도덕적 존재자인 자신을 존중할 의무가
있으므로[51] 자기사랑에도 윤리적 요소가 있다고 할 수 있지 않겠
느냐고 반문할 수는 있겠으나, 사랑의 윤리적 요소는 인간의 분
리·고립하려는 경향성을 극복함으로써 인간의 재결합을 통한 평
화를 이루기 위해 의무로서 요청되는 것인데 자기 보전 의무와 자
기 존중 의무는 위와 같은 재결합이나 이를 통한 평화의 실현을
위한 의무의 이행이라고 볼 수 없으므로 사랑의 개념에서 요구하
는 윤리적 요소라고 하기가 어렵다.

이상의 점을 모두 고려하면 자기사랑은 필자가 정립했던 사
랑의 개념에는 부합되지 않는다고 생각한다. 하지만 그럼에도 자
기사랑의 개념은 인간의 사랑을 이해하는 데 있어 도움이 된다.
특히 자기학대나 자기비하의 대립적 개념으로서의 자기사랑은
그 효용을 인정할 수밖에 없다. 자기사랑을 통하여 자기학대나
자기비하에서 벗어날 힘과 의미를 얻을 수 있기 때문이다. 이에
관련하여 틸리히의 견해가 참고가 될 것으로 보여 소개해 둔다.

만일 사랑이 분리되었던 존재가 결합하는 것이라면, 자아-사랑의
의미를 생각하는 일은 어려운 것이 될 것이다. 왜냐하면 자아-의
식 속에서의 결합 혹은 일치의 측면을 생각해 보면, 사실 엄밀한 의

---

50   백종현, 《칸트와 헤겔의 철학》, 287쪽.

51   앞의 책, 288쪽.

미의 분리는 존재할 수 없기 때문이다. 아니 그보다는 자아-중심적 존재인 인간은 모든 다른 존재로부터 분리되어 있는 것이라고 말하는 것이 정확하다. 완전히 자아-중심적 존재인 사람은 자신의 자아를 주체와 객체로 분리하여 생각하기 때문에 자아-중심적일 수밖에 없다. 이런 측면에서 생각해 보면, 완전한 분리도 그리고 재결합의 욕구도 찾을 수 없다. 여기에서 우리는 중요한 사실을 생각해야 한다. 이것은 바로 자아-사랑이라는 개념은 은유적인 표현일 뿐, 하나의 실제적인 개념으로 파악해서는 안 된다는 점이다. 자아-사랑이라는 개념이 명확하지 않은 이유는 세 가지 측면에서 드러난다. 자연적인 자기-확인(self-affirmation, 예를 들어, 네 이웃을 네 몸과 같이 사랑하라는 말씀), 이기심(selfishness, 모든 것을 자기 중심으로 끌어들이려는 마음), 그리고 자아-수용(self-acceptance, 신에 의해 인정받고 있다는 확신)에 대한 의식 등이 이러한 측면들이다. 만약에 자아-사랑이라는 용어를 완전히 지워버리고 자기-확인, 이기심, 혹은 자아-수용이라는 말로 바꾸게 된다면, 우리는 조금 더 중요한 단계, 즉 의미론적 명확성을 찾을 수 있는 단계로 넘어갈 수 있게 될 것이다.[52]

라. 원수 사랑에 관하여

앞서 정립된 사랑의 개념을 토대로 하여 원수를 사랑하라는 계명의 의미를 살펴보기로 하자.

먼저, 관계의 측면에서 본다. 원수를 사랑하라는 계명은 일단 어떤 사람이나 공동체와의 원수관계를 전제로 한다. 이러한

---

52 폴 틸리히, 《사랑 힘 그리고 정의》, 59쪽.

원수관계는 살인과 같이 한쪽은 가해자이고 다른 쪽은 피해자인 경우가 있는가 하면 쌍방 폭행과 같이 쌍방 모두 가해자와 피해자인 경우도 있다. 원수를 사랑하는 것은 원수를 원수관계를 유지한 채 사랑하는 경우와 원수관계를 해소하고 원(原)-관계를 회복(화해)한 후에 사랑하는 경우로 나눌 수 있다. 피해 또는 범죄가 발생하게 되면 원-관계를 그대로 둔 채 가해·피해-관계 또는 원수관계라는 새로운 사회적 지위가 발생된다. 예를 들어 형제 사이에 피해나 범죄가 발생한 경우 형제관계라는 원-관계가 손상되는 것과는 별도로 가해자-피해자라는 사회적 관계가 성립되고, 심할 경우에는 원수관계가 되기도 한다. 따라서 원수 사랑은 일반화시켜서 말하면 관계적 측면에서는 원수관계를 해소하고, 손상된 원-관계를 정상화시키라는 뜻이 된다. 원수관계를 해소하기 위해서는 분노, 증오, 원한 등과 같은 부정적 감정의 극복과 용서가 필요하고, 원수관계를 해소하고 손상된 원-관계를 회복하기 위해서는 화해가 필요하다. 쌍방이 원수관계에 있으면 한 사람이 용서하더라도 상대방이 용서하지 않으면 화해에 이르지 못한다.

두 번째로, 사랑의 행위적 측면에서 본다. 원수인 상태에서 원수를 사랑하는 방법은 먼저, 원수에 대하여 부정적 감정과 보복적 대응을 포기하는 것이다. 원수에 대하여 부정적 감정을 가지거나 보복적 대응을 하고 싶어지는 것은 자연스러운 것으로 받아들여진다. 이러한 자연스러운 경향을 극복하고 부정적 감정과 보복적 대응을 중단하는 것이 원수 사랑을 실천하는 첫걸음이다. 그런 뒤에야 원수를 용서하고, 원수와 화해하고, 원수가 주리거든 먹이고 목말라 하거든 마시게 하는(롬 12:20) 등 원수를 위한 선한 행위를 향해 나아갈 수 있다.

세 번째로, 감정적인 측면에서 본다. 원수 사랑을 실천하기 위해서 부정적인 감정부터 해소하는 것은 당연한 일이다. 부정적인 감정조차 극복하지 못하면 원수 사랑의 출발점에 설 수도 없다. 하지만 원수 사랑을 통해서 긍정적인 감정을 일으키고, 누리고, 흘려보낼 수 있는지에 관해서는 많은 사람들이 의문을 가진다. 왜냐하면 원수 사랑을 실천했다는 이야기는 기사 등을 통해 간접적으로 들을 수 있지만, 직접 원수 사랑을 실천하는 것은 매우 어렵고 드문 일이기 때문에 그로 인한 긍정적인 감정이 무엇인지 체험하는 것은 결코 쉽지 않기 때문이다. 이에 관해 이경재는 원수 사랑에서도 다음과 같은 경로로 기쁨 같은 긍정적인 감정을 누릴 수 있다고 한다.

의지의 본성에 따르는 자연적 사랑의 관점에서 볼 때 사랑의 대상이기는커녕 가장 극단적 미움의 대상인 원수마저도 사랑하라는 이 명령은 충족과 기쁨을 수반하기보다는 고통과 희생을 예견케 한다. 게다가 단지 명령에 대한 복종으로 그 행위를 수행하는 것은 앞에서도 언급했듯이 사랑이라기보다는 의무에 불과하다. 그럼에도 불구하고 카리타스가 단순히 권위에 대한 복종이 아니라 진정한 사랑일 수 있는 이유는 바로 신에 대한 사랑에 따르는 기쁨과 즐거움 때문이다. 그런데 이 기쁨은 단순히 추구할 수 있는 대상들 가운데 최고의 것을 추구하는 데 따르는 인간적인 기원의 것이 아니다. 오히려 인간을 참된 행복인 신에게로 인도하기 위해 신을 사랑하도록 하는

것인 카리타스에 의해 더해 주는 신의 선물이다.[53]

끝으로, 윤리적인 측면에서 본다. 앞에서 우리는 사랑이 관계맺음을 통하여 긍정적인 감정을 일으키고, 누리고, 흘려보내는 욕망, 힘 또는 실천이라고 하였다. 윤리적 측면에서의 사랑은 사랑을 의무적으로 실천하는 것을 의미한다. 팔은 안으로 굽는다는 말처럼 인간의 사랑은 사랑의 대상에 따라 편파적이 될 수도 있다. 예를 들어 자녀에 대한 사랑과 낯선 외국인에 대한 사랑은 그 우선순위와 실천되는 행위의 내용에서 차이를 띨 수밖에 없다. 자녀와 외국인을 공정하게 대우하라는 요청은 정의의 국면에서는 정당한 것이라고 할 수 있겠지만 사랑의 국면에서는 정당성을 인정받기 어렵다. 사랑에는 편파성이 있고, 이것이 인간의 자연적 경향성에서 비롯된 것이라고 하면 가족뿐만 아니라 원수까지도 사랑하라는 것은 사람에 따라서는 오히려 부도덕한 일이라며 거부반응을 보일지도 모른다. 하지만 기독교인에게는 원수 사랑이 의무로서 명령되었고, 이것이 바로 원수 사랑의 윤리성의 근거이다. 이는 인간이 자신만을 충만하게 하려는 자기중심성을 극복하고 자기뿐 아니라 원수도 충만함에 이를 수 있도록 배려하여 이를 토대로 온전한 연합을 이루고, 또 원수와의 대립과 갈등이 근본적으로는 원죄로 인해 초래된 것으로서 인간관계 본연의 모습이 아니므로 하나님과의 연합을 통하여 인간관계 본연의 모습을 회복한 다음 이를 토대로 원수와의 재결합을 이루어, 원수와

---

53   진교훈·박찬구 외, 《사랑》, 200쪽.

의 대립과 갈등을 해소함으로써 인간관계의 왜곡을 바로잡을 수 있게 하는 원수 사랑은 개인 간의 평화뿐 아니라 공동체의 평화를 이루는 데 있어 중요한 의미를 가지고 있으므로 원수 사랑이 의무로서 명령되고 있는 것이다.

이상을 종합하면, 원수를 사랑하라는 계명은 연인관계나 부부관계에서의 사랑과는 다른 의미를 가진다고 할 수밖에 없다. 연인관계나 부부관계에서의 사랑은 긍정적인 감정을 일으키고, 누리고, 흘려보내고자 하는 욕망이나 힘이나 실천을 의미한다. 부부간의 사랑의 행위에는 성적 행위도 포함된다. 연인관계나 부부관계에서는 사랑의 의무적 요소도 필요하다. 하지만 위와 같은 사랑에 있어 그 의무적 요소는 관계의 존속에 있어 중요한 역할을 하지 관계의 시작 시점에는 크게 부각되지 않는다. 혼인식 때 "평생 내 몸처럼 사랑하고 … 영원히 함께 할 것은 서약하십니까?"라고 묻는 것도 바로 그 때문이다. 이에 비하여 원수 사랑에는 부정적인 감정의 극복이 우선적으로 이루어져야 한다. 긍정적인 감정을 향유하는 것은 부정적인 감정이 해소되고 난 이후라야 가능하다. 경우에 따라서는 원수 사랑으로 인해 긍정적인 감정을 누릴 수 없는 경우도 있다. 또 원수 사랑에는 보복의 단념과 용서와 같은 희생이 요청되기도 한다. 게다가 쌍방이 원수관계에 있는 경우의 원수 사랑은 용서가 일방적일 수도 있고, 용서하더라도 화해에 이르지 못할 가능성도 배제할 수 없다. 이러한 점으로 인해 원수 사랑에는 감정적 요소나 존재론적 요소보다는 의무적 요소가 중심이 된다고 하는 것이다. 헬라어 성경에서 원수 사랑의 '사랑'이라는 단어는 남녀 간의 성적 활동을 사랑의 한 구성요소로 하는 '에로스'[54]나, 오래되어 친숙한 것이라면 대상을 불문하는 사랑인 '스토르게'[55]나, 동급의 사람들이나 마음이 통하는 사람들로부터 판단받기를 원하는 사랑인 '필리아'[56]가 아니라 신적인 일방적 희생을 의미하는 비본성적 사랑인 '아가페'라는 단어를 사용하는 것도 바로 이 때문이다.[57] 원수 사랑에서의 의무적 요소를 제외하면 원수 사랑은 그 실천가능성이 매우 낮다. 원수 사랑의 의무는 하나님 나라를 사는 자들의 의무이다. 참된 기독교인이라면 삼위일체이신 하나님으로부터 힘을 얻어 원수에 대한 보복하려는 자연적 욕망을 누르고 원수를 용서하고, 이를 토대로 화해까지 이룸으로써 원수를 사랑하라는 계명을 실천할 수 있어야 한다.

---

54   C. S. 루이스, 《네 가지 사랑》, 159쪽.

55   앞의 책, 66쪽.

56   앞의 책, 138쪽.

57   "아가페 사랑을 제외한 모든 형태의 사랑은 본성적이다. 평범한 자기애, 낭만적 사랑, 가족 사랑, 나라 사랑, 친구들 간의 사랑, 이 모두가 인간 본성에 속한 역학관계의 표현이다. 아가페 사랑은 그렇지 않다." (니콜라스 월터스토프, 《사랑과 정의》, lvp, 2017, 55쪽.)

3-2. 원수 사랑의 실천

가. 원수를 사랑하라

율법과 선지자의 강령은 "네 마음을 다하고 목숨을 다하고 뜻을 다하여 주 너의 하나님을 사랑하라, 네 이웃을 네 자신 같이 사랑하라"(마 22:37, 39)이다. 그런데 위 말씀은 구약 성경에 있는 두 개의 말씀을 합친 것이다. 먼저 하나님 사랑에 관한 말씀은 신명기 6장 5절의 "너는 마음을 다하고 뜻을 다하고 힘을 다하여 네 하나님 여호와를 사랑하라"는 말씀에서 가져온 것이고, 이웃 사랑에 관한 말씀은 레위기 19장 18절의 "원수를 갚지 말며 동포를 원망하지 말며 네 이웃 사랑하기를 네 자신과 같이 사랑하라 나는 여호와이니라"는 말씀에서 가져온 것이다. 이와 달리 구약 성경에는 명시적으로 '원수를 미워하라'거나 '원수를 사랑하라'고 명령하는 말씀은 존재하지 않는다.[58] 원수 사랑과 관련되는 말씀은 다음과 같은데, 그 어느 것도 '이웃만 사랑하라'고 하거나 '원수를 미워하라'는 명령은 하지 않는다.

---

[58] 송정훈, 《산상수훈 강해》, 쿰란출판사, 2024, 250쪽.

원수를 갚지 말며 동포를 원망하지 말며 네 이웃 사랑하기를 네 자신과 같이 사랑하라 나는 여호와이니라(레 19:18)

네가 만일 네 원수의 길 잃은 소나 나귀를 보거든 반드시 그 사람에게로 돌릴지며 네가 만일 너를 미워하는 자의 나귀가 짐을 싣고 엎드러짐을 보거든 그것을 버려두지 말고 그것을 도와 그 짐을 부릴지니라(출 23:4-5)

네 원수가 넘어질 때에 즐거워하지 말며 그가 엎드러질 때에 마음에 기뻐하지 말라 여호와께서 이것을 보시고 기뻐하지 아니하사 그의 진노를 그에게서 옮기실까 두려우니라(잠 24:17-18)

네 원수가 배고파하거든 음식을 먹이고 목말라하거든 물을 마시게 하라 그리 하는 것은 핀 숯을 그의 머리에 놓는 것과 일반이요 여호와께서 네게 갚아 주시리라(잠 25:21-22)

그런데 율법 해석의 권위자들은 구약 성경 말씀을 무시하고 '네 이웃을 사랑하고 네 원수를 미워하라'고 가르쳤다. 이에 관해 스토트는 "그것은 사랑의 기준(그 기준을 매우 높이는 '네 몸과 같이'라는 중대한 말을 빼 버림으로)과 그 대상('이웃'의 범주에서 원수를 명확하게 배제하고 그 대신에 그들을 미워하라는 명령을 추가함으로)을 의도적으로 좁힌다. 그러한 곡해는 정당성을 증명할 만한 것이 전혀 없기 때문에 '뻔뻔하다'고 말할 수 있다"[59]라고 한다. 이에 예수는 권위자들의 해석이 잘못되었다고 지적하며 구약 성경 말씀의 진정한 가르침은 이웃만이 아니라 원수까지 사랑하라는 것임을 아래와 같이 명백히 밝히셨다. 이는 산상수훈의 여섯 가지 대립명제 중 마지막 여섯 번째 명제에 해당한다.

> 또 네 이웃을 사랑하고 네 원수를 미워하라 **하였다는 것을 너희가 들었으나 나는 너희에게** 이르노니 너희 원수를 사랑하며 너희를 박해하는 자를 위하여 기도하라 이같이 한즉 하늘에 계신 너희 아버지의 아들이 되리니 이는 하나님이 그 해를 악인과 선인에게 비추시며 비를 의로운 자와 불의한 자에게 내려주심이라 너희가 너희를 사랑하는 자를 사랑하면 무슨 상이 있으리요 세리도 이같이 아니하느냐 또 너희가 너희 형제에게만 문안하면 남보다 더하는 것이 무엇이냐 이방인들도 이같이 아니하느냐 그러므로 하늘에 계신 너희 아버지의 온전하심과 같이 너희도 온전하라(마 5:43-48)

원수 사랑의 계명은 "내가 너희를 사랑한 것같이 너희도 서로 사랑하라"는 새 계명(의 강령)과 매우 긴밀한 관계를 가진다. 인간은 아담과 하와의 범죄 이후 하나님과 원수관계에 서게 되었다. 하지만 하나님은 인간이 회개하기도 전에 선제적으로 자신의 독생자이신 예수 그리스도를 인간을 대신하여 인간의 죄에 대한 벌을 받게 하심으로써 인간의 죄를 용서하시고, 인간과 화해할 수 있는 길을 열어놓으셨다. 사도 바울도 "우리가 원수 되었을 때에 그의 아들의 죽으심으로 말미암아 하나님과 화목하게 되었은

---

59   존 스토트, 《존 스토트의 산상수훈》, 167쪽.

    천종호 판사가 들려주는 십계명

즉"(롬 5:10)이라 하였다. 바로 이것이 새 계명에서 "내가 너희를 사랑한 것같이"라는 말씀의 의미다. 새 계명에서의 사랑의 의미를 희생적 사랑인 아가페-사랑에 초점을 맞추는 경향이 있으나 예수의 말씀은 그것을 넘어 '내가 원수였던 너희를 사랑한 것같이 너희도 비록 서로 원수관계에 있을지라도 사랑하라'는 말씀이라고 생각한다. 원수 사랑의 계명이 새 계명의 핵심이자, 기독교의 가장 중요한 계명이 되는 이유도 바로 여기에 있다. 스토트는 원수 사랑의 계명의 의의에 관하여 다음과 같이 말한다.

> 산상수훈의 도전이 여기보다 더 큰 곳은 없다. 기독교 대항문화의 독특함이 여기보다 더 분명하게 나타나는 곳은 없다. 우리에게 성령(그분의 첫 번째 열매는 사랑이다)의 능력이 여기보다 더 절실히 필요한 곳은 없다.[60]

그럼 구체적으로 어떻게 해야 원수 사랑을 실천하는 것이 되는가? 이에 대한 답은 앞에서 본 원수 사랑의 개념에 이미 언급되어 있다고 본다. 그에 따라 원수 사랑에 있어 실천해야 할 사항을 정리하면 다음과 같다. 첫 번째로, 원수관계를 해소하기 위한 부정적 감정을 극복하고 용서한다. 쌍방이 원수관계에 있으면 한 사람이 용서하더라도 상대방이 용서하지 않으면 화해에 이르지 못한다. 두 번째로, 원수에 대한 보복적 대응을 포기한다. 세 번째로, 원수관계를 해소하고 손상된 원-관계를 회복하기 위해 화해

---

60   앞의 책, 149쪽.

를 한다. 네 번째로, 원수가 주리거든 먹이고 목말라 하거든 마시게 하는(롬 12:20) 등 원수를 위한 선한 행위를 한다. 마지막으로, 원수 사랑을 실천함에 따른 기쁨을 누린다.

나. 원수 사랑과 정의

사람들은 일반적으로 정의와 사랑이 상충관계에 있는 것으로 생각한다. 하지만 부분적으로 보면 정의와 사랑은 상충된다고 할 수 있으나, 전체적으로 보면 정의는 사랑을 보완하고, 사랑도 정의를 보완한다고 할 수 있다.

먼저, 정의가 사랑을 보완한다는 점에 관해서 본다. 앞서 보았듯이 사랑은 자신이 맺고 있는 관계에 따라 편파성을 드러낸다. 인간사를 보면 자녀에 대한 사랑은 동포에 대한 사랑에 우선하고, 동포에 대한 사랑은 외국인에 대한 사랑에 우선한다. 이것이 사랑의 편파성이다. 하지만 사랑의 편파성이 오·남용되면 공동선의 실현에 장해가 된다. 예를 들어, 채용시험의 면접관이 응시자들을 공정하게 채점하지 않고 채점기준을 위배하여 자신의 자녀에게 높은 점수를 주었다고 하자. 이 경우 그 면접관으로서는 자녀에 대한 사랑이라며 자부할 수 있을지 모른다. 하지만 사람들은 그러한 행위가 정의를 위반하는 심각한 범죄행위에 해당한다고 판단할 것이다. 그러므로 자신의 자녀가 포함된 채용시험의 면접관이 되어 달라는 부탁을 받은 경우 최선의 길은 면접관이 되는 것을 포기함으로써 자녀에 대한 사랑보다는 정의를 선택하는 것이라고 생각한다. 면접관이 되어 아무리 공정하게 채점하였다고 하더라도 편파적으로 채점하지 않았겠냐는 사람들의 의혹

 천종호 판사가 들려주는 십계명

을 불식시키기는 어려울 것이기 때문이다. 위와 같은 사례에 있어 표면적인 양상을 보면 정의와 편파성을 띤 사랑은 상호 충돌된다고 할 수 있지만, 정의의 원칙이 있음으로 인해 한 사람의 사랑이 올바른 길을 찾을 수 있게 된다. 따라서 전체적으로 보면 공정성을 원칙으로 삼는 호혜적 정의는 공동선의 실현에 있어 사랑의 편파성으로 인한 문제점을 보완할 수 있는 원칙이 된다고 할 수 있다.

다음으로, 사랑이 정의를 보완하여 정의를 완성한다는 점에 관해서 본다. 은혜적 정의는 자신은 분배받지 않고 타인이 모두 분배받게 하거나 자신이 분배받은 것을 타인에게 모두 내어주고, 자신이 누릴 수 있는 것을 타인으로 하여금 누리게 하며, 자신이 받은 손상과 관련하여 그 손상을 가한 자에게 갚아주지 않는 것이 관계상의 올바른 대우가 된다고 한다. 이러한 은혜적 정의는 자기희생, 보복의 단념 및 용서를 그 실천적 요소로 삼는다. 한편, 원수 사랑을 통해서 드러나는 아가페-사랑도 자기희생, 용서 및 보복의 단념, 관계 회복, 피해의 망각 등이 핵심 요소로 되어 있다. 그렇다면 은혜적 정의는 성경의 아가페-사랑에 포함된 감정적인 요소와 관계 회복적 요소를 제외한다면 아가페-사랑과 실천적 요소가 공통되고, 성경의 체데카 사상이 뿌리를 이루고 있으므로 결국 은혜적 정의의 근거는 아가페-사랑이라고 할 수 있다. 게다가 아가페-사랑은 호혜적 정의를 배제하는 것이 아니다. 이는 앞에서 본 예수의 가르침에서도 분명히 드러나고, 최종적으로는 하나님의 최후심판에서 그 존재의미가 드러난다.[61] 오히려 아가페-사랑에 근거를 두고 있는 은혜적 정의는 공동체 구성원 상호간의 분리와 배제를 조장할 가능성이 있는 호혜적 정의의 약점을 보완함으로써 공동체의 통합을 이루는 데 크게 기여할 수 있다. 이러한 측면에서 보면 사랑은 부정의를 조장함으로써 정의를 배제하는 것이 아니라 오히려 정의의 약점을 보완하여 정의가 본래 목적하는 바를 완성시킨다고 하겠다. 이에 관해 틸리히는 다음과 같이 설명한다.

> 하나님은 공적이나 찬사에 따라서 적절한 몫을 할당하는 일에는 크게 관심이 없다. 다만 정당한 몫을 받지 못하는 소외된 사람들에게 채워주시기 위해 창조적으로 그 몫을 변경하신다. 그러므로 신의 정의는 때로는 부정의처럼 보이기도 한다. 바울이 말한 '믿음으로 의롭게 되는 은혜'라는 역설은 올바르지 못한 사람을 올바르다고 해주시는 신적인 행동, 즉 신적인 정의를 가장 잘 드러내는 것이다. 용서도 이와 같은 것인데 이것을 정의의 측면에서 이해하려면, 창조적 정의라는 개념밖에는 없다. 그리고 창조적인 정의는 사랑이라는 형식으로 드러나는데, 이것이 바로 다시 결합하게 만드는 사랑이다.[62]

---

61   "성서가 정당한 몫의 배분과 관련된 정의를 무시했다고 말하는 것은 올바르지 않다. 오히려 신, 구약성서의 상당히 많은 곳에서 심판의 상징이 그리스도와 하나님께 있음을 말하고 있다. 그리고 성서는 인간의 올바르지 못한 판단에 대해서 다른 어떤 죄보다도 더욱 심각하게 비판하고 있다." (폴 틸리히, 《사랑 힘 그리고 정의》, 100쪽.)

62   폴 틸리히, 《사랑 힘 그리고 정의》, 101쪽.

3-3. 용서: 원수 사랑의 출발[63]

가. 용서란 무엇인가

아가페-사랑의 한 측면인 원수 사랑은 자기희생, 보복의 단념, 용서, 관계 회복, 피해의 망각 등을 그 실천적 요소로 삼고 있다. 위 실천적 요소들 중 용서를 제외한 것들은 그 개념의 정의를 둘러싸고 견해의 대립이 거의 없기에, 우리가 그것들을 실천하는 데 있어서의 어려움은 클지 몰라도 그 개념의 의미를 이해하는 데 있어서의 어려움은 그리 크지 않다. 이에 비해 용서에 관해서는 개념 정의를 둘러싸고 의견이 대립되고 있는데, 가장 큰 쟁점은 용서의 개념에 가해자의 회개를 포함시킬지 여부이다. 이 쟁점은 용서의 실천에 있어 매우 중요한 의미를 가진다. 왜냐하면 용서를 함에 있어 가해자의 회개가 반드시 있어야 한다는 입장에 서게 되면 가해자의 회개가 없으면 용서는 할 수 없다는 결론에 이르게 되기 때문이다. 그러므로 가해자의 회개가 용서의 개념요소에 해

---

63 이하에서 서술하는 부분은 출판사와의 사전 양해 아래 천종호 〈형사법적 정의와 용서〉(고재백 외 12인, 《용서와 화해 그리고 치유 2》, 새물결플러스, 2024) 321~378쪽에서 발췌하고 보완한 것임을 알려둔다.

당하는지부터 살펴보기로 한다.

뷔솔드는 "죄 지은 자가 죄를 인정하지도 않고, 후회하지도 않으면 어떻게 용서할 수 있는가?"[64]라고 피력하며 용서에 있어 회개가 필수 조건이라고 주장한다. 그러나 데리다는 "용서라는 이름에 합당한 용서가, 만일 그런 것이 존재한다면 그것은 용서할 수 없는 것을 조건 없이 용서하는 것이라 주장해야만 하지 않나요?"[65]라고 반문한다. 그런데 회개와 같은 전제조건이 있어야만 용서가 성립된다고 한다면, 가해자가 회개하지 않았는데도 가해자에 대한 보복적 대응행위를 포기하는 것에 대해서는 무엇이라고 부를 것인가? 이에 대하여 "그것은 상황을 가볍게 여기는 것이지 용서는 아니다"[66]라는 견해도 있으나 이는 무조건적 용서의 가치와 위대함을 무시하는 것으로서 받아들이기 어렵다. 그리고 회개가 용서의 전제조건이라고 하게 되면 용서는 조건적인 것이 되는데, 이는 기독교 신학에 부합되지도 않는다. 기독교 신학의 전통에 따르면 하나님의 사랑이 무조건적이듯이 하나님의 용서도 무조건적인 것이라고 한다.[67] 만약 하나님의 용서에 있어 인간의 회개가 조건이 된다고 한다면 회개는 하나님의 선물이 아니라 인간의 공로가 되게 되고, 이는 회개와 관련하여서는 인간의 공로를 중시하는 율법주의를 따르는 것이 되므로 성경적으로 받아들이기 어렵다. 회개는 택함 받은 자녀들이 자신의 믿음을 증

---

64   자끄 뷔솔드, 《완전한 자유, 용서》, 국제제자훈련원, 2010, 163쪽.

65   자끄 데리다, 《신앙과 지식, 세기와 용서》, 아카넷, 2016, 233쪽.

66   니콜라스 월터스토프, 《사랑과 정의》, 293쪽

67   강남순, 《용서에 대하여》, 동녘, 2017, 207쪽.

명하는 행위이지 용서의 조건이라고 하기는 어렵다. 게다가 하나님께서 주신 선물은 그 효과가 100% 발휘되므로 하나님의 택함을 받은 인간들은 반드시 회개에 이르게 되지만, 이것을 두고 회개가 용서의 조건이라고는 할 수 없다고 생각한다. 예수가 탕자의 이야기(눅 15:11-32)를 통해 우리에게 각인시키고자 하시는 바도 바로 이것이다. 탕자의 이야기에서 탕자의 아버지는 아들을 조건 없이 용서하고 아들이 돌아오기만을 학수고대하고 있다. 그러한 아버지의 마음을 비로소 깨닫게 된 탕자는 아버지의 사랑에 대한 반응으로 회개에 이르게 되고 귀향하여 아버지와의 화목(화해)에 이르게 된다.

그러므로 가해자의 회개가 있으면 더할 나위 없이 좋겠지만, 회개는 용서의 개념 요소에 필수적으로 포함시킬 필요는 없다고 생각한다. 다만 실천적으로는 가해자의 회개를 기준으로 회개가 있는 경우의 용서는 '조건적 용서'라고 하면 되고, 회개가 없는 경우의 용서는 '무조건적 용서'라고 하면 될 것이다.

회개에 관한 것을 제외하면 용서의 개념에 포함될 수 있는 나머지 요소는 다음과 같다.

첫째, 용서는 '사람의 잘못으로 인해 초래된 손상'과 관련된 행위이다. 사람의 잘못으로 초래된 손상은 이를 입은 자의 입장에서 표현하면 '피해'라 하고, 손상을 가한 자의 입장에서는 '가해'라 한다. 따라서 피해가 없는 행위에 대한 반응에 대해서는 용서보다는 관용이라는 용어를 사용함이 보다 적절하다고 생각한다. 사람의 잘못에는 사람이 직접 저지른 잘못이 대부분이지만, 애완견의 목줄을 채우지 않아 다른 사람이나 그의 재산 등에 손상을 입히는 잘못도 있다. 한편, 피해를 초래하는 행위는 에티켓 위반 행위, 도덕규범 위반 행위, 범죄 행위로 나눌 수 있고, 피해는 그 내용에 따라 정신적(명예훼손, 모욕, 정신적 고통 등), 신체적(사망, 상해, 폭행 등), 재산적인 것으로 나눌 수 있다.

둘째, 용서는 '피해자가 가해자에 대하여' 하는 행위이다. 피해를 기준으로 피해를 가한 '가해자'와 피해를 당한 '피해자'로 나뉜다. 가벼운 에티켓 위반 행위와 관련하여서도 가해자와 피해자로 지위를 구분할 수 있다. 용서할 수 있는 사람은 피해자이다. 따라서 원칙적으로 피해자만이 용서권자가 된다. 피해자의 가족이나 유족은 피해자가 입은 손상과 관련해서는 용서의 권리를 행사할 수 없다.

셋째, 용서는 피해자가 가해자에 대한 '분노, 증오, 원한과 같은 부정적 감정과 보복적 대응을 포기'하는 행위이다. 용서는 가해자의 잘못에 대해 그냥 눈감아 주는 행위도 아니고, 잘못을 망각하거나 지난 일을 묻어두는 것도 아니며, 관용하는 것, 즉 가해자를 너그러이 봐준다는 것도 아니고, 피해자의 정당한 권리를 포기한다는 것도 아니다.

넷째, 용서는 '가해자-피해자라는 특수한 관계를 소멸시키는 행위'이다. 그래서 용서는 "슬픔을 벗어던지는 것인 동시에, 더 중요하게는 희생자로서의 역할을 벗어던지는 것"[68]이다. 피해가 발생하게 되면 원-관계를 그대로 둔 채 가해자와 피해자라는 새로운 사회적 지위가 발생된다. 부모자식 사이에 피해가 발생한

---

68   시몬 비젠탈, 《모든 용서는 아름다운가》, 뜨인돌, 2019, 311쪽.

경우 부모와 자식이라는 원-관계와는 별도로 가해·피해-관계가 성립되고, 그 관계는 용서로 소멸된다. "원수 된 것을 십자가로 소멸하시고"(엡 2:16)라는 말씀은 용서의 의미를 잘 드러내어 주고 있다. 이 말씀은 인간과 하나님과의 원수관계가 소멸되어야만 손상된 하나님과의 관계가 온전히 회복될 수 있다는 뜻이다. 원-관계의 온전한 회복을 위해서는 가해-피해에 관한 망각이 필수다. 하지만 가해·피해에 대한 망각은 용서의 필수요소가 될 수 없다. 용서가 있기 전의 망각은 진정한 용서라고 할 수 없기 때문이다.

다섯째, 용서에는 원-관계의 회복이 필수적으로 요청되는 것은 아니다. 피해가 발생하면 가해·피해-관계를 발생시킬 뿐 아니라 원-관계가 손상을 입는다. 용서는 가해·피해-관계를 소멸시키는 것이고, 손상된 원-관계 회복의 출발점일 뿐이다. 원-관계의 회복을 용서의 개념 요소에 포함시키게 되면 용서의 실천이 매우 어렵게 된다. 게다가 용서가 있다고 해서 곧장 원-관계가 회복된다고 할 수는 없다. 예를 들어 직장동료들 사이에 명예훼손 사건이 발생한 경우 용서를 통해 가해·피해-관계는 소멸되겠지만 직장동료관계는 종전처럼 원만해지지 않을 수도 있다. 원-관계가 회복되기 위해서는 용서 과정과는 별도로 화해 과정이 필요하다. 가해-피해에 대한 망각은 이 화해 과정에서 비로소 이루어진다. 왜냐하면 피해에 대한 망각이 이루어지지 않으면 완전한 관계의 회복은 어렵기 때문이다. 예를 들어 피해가 발생하기 전에는 서로 모르는 사이였다면 사실상 회복되어야 할 원-관계가 없다고 할 수 있을 것인데 피해자에게 가해자-피해자의 지위를 소멸시키는 외에 원-관계의 회복까지 하라고 요청한다면 피해자로서는 용서할 엄두가 나지 않을지도 모른다.

이상의 논의를 모두 종합하면 "용서는 사람으로부터 초래된 손상을 입은 자가 그 손상과 관련하여 가해자에 대한 부정적 감정과 보복적 대응을 포기하고, 가해·피해-관계를 소멸시키는 행위"[69]라고 정의할 수 있다.

나. 용서권자는 누구인가

용서할 수 있는 자는 오직 '사람의 잘못으로 인해 초래된 손상을 입은 자', 다시 말해 '피해자'뿐이다.[70] 하나님의 명령을 위반하는 것은 하나님에 대한 손상이 되므로 하나님도 손상을 입으실 수 있다. 십계명 중 제1계명 내지 제4계명 위반행위는 하나님에 대한 직접적인 손상이 된다. 한편, 사람을 살해했을 경우 직접적인 손상을 입는 자는 살해당한 사람이지만 이 경우에도 하나님은 손상을 입게 되시는데 그 이유는 인간이 십계명 중 제6계명인 '살인하지 말라'는 명령을 위반하였기 때문이다.[71] 물론 하나님은 완전하시므로 인간의 행위로 인해 손상을 입는다는 것이 부적절한 표현이라고 생각할지 모르나 하나님은 인격적 존재이시므로 우리가 반항하거나 반역하는 등으로 하나님의 명령을 위반하면 슬퍼하시고(시 78:40), 근심하시며(사 63:10), 진노하신다(사 30:27). 이러한 슬픔, 근심, 진노, 미움 등은 하나님께 손상이 된다고 할 수 있

---

69   천종호, 〈형사법적 정의와 용서〉, 330쪽.

70   자크 데리다, 《신앙과 지식, 세기와 용서》, 239쪽; 자끄 뷔솔드, 《완전한 자유, 용서》, 32쪽; 루이스 스미디스, 《용서의 미학》, 64쪽. 이에 대한 반대 견해로 니콜라스 월터스토프, 《사랑과 정의》, 294쪽.

71   자끄 뷔솔드, 《완전한 자유, 용서》, 22쪽.

다. 하지만 최고선이신 하나님이 받아들이는 손상은 인간이 입는 손상과는 동일하다고는 할 수 없다. "우리와 달리 하나님의 분노는 상처 입은 자존심이 아니다."[72] 어쨌든 인간이 하나님의 명령을 위반하여 하나님께 손상을 입힌 경우 그 손상에 대해서는 하나님만이 용서하실 수 있다.[73]

용서의 권리를 행사할 수 있는 자는 피해자 자신뿐이므로 피해자로부터 용서의 권한을 위임받지 않은 이상 피해자를 대신하여 용서할 수는 없다.[74] 피해자가 사망이라는 손상을 입은 경우 피해자는 더 이상 용서 행위를 할 수 없다.[75] 피해자가 가해자를 용서하라는 유언을 남기지 않은 이상 피해자의 유족이 가해자를 용서하는 경우 이는 엄밀히 말해 피해자와의 관계에서는 용서가 될 수 없다. 다만, 피해자의 유족이 피해자의 사망으로 인해 입게 된 정신적 손상에 대해서는 피해자의 유족은 사망 피해자와는 별개의 독자적 지위에서 용서할 권리를 가진다. 이와는 반대로 피해자는 가해자가 사망한 경우나 행방이 묘연한 경우에도 용서할 수 있다. 용서를 통해 분노, 증오, 원한 같은 부정적 감정을 내려놓고 피해의식에서 해방될 수 있기 때문이다.

72   팀 켈러, 《팀 켈러의 용서를 배우다》, 두란노, 2022, 129쪽.

73   자끄 뷔숄드, 《완전한 자유, 용서》, 35쪽.

74   루이스 스미디스, 《용서의 미학》, 66쪽.

75   마태복음 12장 31-32절에는 '성령'에 대한 모독죄와 거역죄는 결코 용서받지 못한다고 한다. 한편, 유대민족은 결코 용서받을 수 없는 죄가 두 가지 있는데 하나는 살인이고, 또 하나는 명예훼손이라고 한다. 그 이유는 살인의 경우에는 피해자가 가해자를 용서할 수 없기 때문이고, 명예훼손의 경우에는 명예란 한번 훼손되면 결코 이전과 똑같이 복구될 수 없기 때문이다. 따라서 두 가지 죄는 참회는 가능하지만 용서는 불가능하다고 한다. (시몬 비젠탈, 《모든 용서는 아름다운가》, 286쪽.) 반면에 아렌트는 극단적인 범죄(근본악이라 부르는 범죄)나 의도적인 악에는 용서가 적용되지 않는다고 한다. (한나 아렌트, 《인간의 조건》, 한길사, 2019, 346쪽.)

다. 용서는 의무인가

하나님을 주권자로 섬기는 아벨 공동체와 인간을 주권자로 인정하는 가인 공동체가 공존하는 시민적 공동체에서 용서는 피해자의 권리이지 의무가 아니다. 다시 말해 시민적 공동체에서는 용서할 의무는 없다. 용서의 의무를 부과하는 것은 아미쉬 공동체와 같은 특정한 신앙공동체에서만 가능하지 시민공동체에서는 보편적인 용서의 의무를 부과하지 않는다. 가해자의 회개가 있을 경우 하는 조건적 용서의 경우에도 시민적 공동체에서는 가해자가 진심으로 회개하였다고 해서 피해자에게 반드시 용서해야 할 법적, 도덕적 의무는 없다.[76] 그런데 용서의 의무가 없다고 주장하는 사람들이 전혀 용서를 하지 않는 것은 아니다. 의무 이외의 용서의 동기는 매우 다양한데, 마음에 평안을 얻기 위하여 용서하는 사람도 있고, 긍휼이나 자비나 사랑의 마음으로 용서하는 사람도 있으며, 가해자가 진심으로 반성하였다고 생각하여 용서하는 사람도 있다.

하지만, 성경에는 용서의 의무를 부과하는 경우가 있다. 따라서 아벨 공동체의 구성원들은 용서를 의무적으로 해야 할 경우가 있음을 명심해야 한다.

그 첫 번째는, 가해자가 회개하는 경우이다. 예수는 "만일 네 형제가 죄를 범하거든 경고하고 회개하거든 용서하라"(눅 17:3)고 말씀하시며 공동체 내에서 잘못을 저지른 형제가 회개하면 반드시 용서하라고 말씀하신다. 이러한 회개를 전제로 하는 용서를

---

76   자끄 뷔숄드, 《완전한 자유, 용서》, 191쪽.

학자들은 '조건적 용서'[77] 또는 '교환적 용서'[78]라고 한다. 이와 관련하여 사람들 중에는 회개가 진정한 것인지 어떻게 아느냐고 반문하면서 회개한다는 말만 믿고 용서했다가 낭패를 볼 수도 있지 않느냐며 용서를 꺼리는 사람들이 있다. 하지만 회개의 진정성 여부는 용서의 실천에서 논의해야 할 사항이지 용서의 의무를 규정하는 장에서 논의할 것은 아니라고 생각한다.

두 번째는, 아벨 공동체의 공동선(共同善)의 성취를 위하여 용서의 의무가 부과된다. 용서에 관한 계명을 포함한 산상수훈이 직접적으로 상대하는 것은 아벨 공동체, 로핑크의 표현에 따르면 "세말의 참 하느님 백성이 되어야 할 이스라엘"[79]이다. 아벨 공동체가 지향하는 공동선이란 "최고선이신 삼위일체 하나님과의 연합을 토대로 공동체의 구성원 상호간의 연합 및 연대를 통하여 이루어진 선"[80]이다. 인간과 개인이 중심이 된 개인주의적 사회인 가인 공동체는 '차별'이 정체성의 뿌리이다. 하지만 아벨 공동체는 '연약함이라는 동질성을 가진 인간'[81]을 정체성의 뿌리로 삼아 공동선을 지향하기에 용서가 제대로 작동되지 않으면 삼위일체이신 하나님과의 연합을 온전히 이룰 수 없고, 이는 인간 상호간의 연합도 이루지 못한다. 그래서 성경은 공동선의 성취를 위해 서로 용서하라고 명령하는 것이다(엡 4:32, 골 3:13). 용서를 통하

---

77   자끄 데리다, 《신앙과 지식, 세기와 용서》, 227쪽.

78   마사 C. 누스바움, 《분노와 용서, 적개심, 아량, 정의》, 39쪽.

79   게르하르트 로핑크, 《산상 설교는 누구에게?》, 168쪽.

80   천종호, 《천종호 판사의 하나님 나라와 공동선》, 337쪽.

81   헨리 나우웬, 《헨리 나우웬의 공동체》, 두란노, 2022, 215쪽.

여 짐을 서로 질 때 산상수훈을 포함한 그리스도의 법이 성취된다(갈 6:2).

세 번째는, 믿음의 증명으로써 용서의 의무를 이행하는 경우이다. 예수 그리스도를 구세주로 믿고 자신의 죄를 회개하게 된 자는 구원을 얻는다. 기독교인은 구원을 얻기 위해 하나님의 명령을 지키는 것이 아니라, 구원을 얻어 영생과 하나님의 아들 자격을 얻게 되었음에 대한 감사로 하나님의 명령을 지킨다. 우리의 믿음이 '죽은 것'(약 2:17)이 아니라면 하나님의 명령을 지켜내는 '행함'(약 2:17)이 있어야 한다. 그 행함은 구원을 받는 조건이 아니라 구원을 받았음에 대하여 감사하고 있다는 것을 증명하는 것이다. 믿음의 행위인 용서의 경우도 마찬가지이다.[82] 의무로서의 용서는 가해자를 사랑하지 않고서도 행해질 수 있다. 용서의 개념에 화해가 포함되지 않는다면 사랑 없이 용서하는 것도 가능하다. 또 용서는 원수를 사랑하라는 계명의 실천으로서도 행해질 수 있다. 사랑의 의무 이행으로 하는 용서는 화해에 이를 가능성이 높다. 하지만 사랑 없이 용서하든 사랑을 따라 용서하든 모든 용서는 하나님의 구원에 대한 감사를 증명하는 것이므로 믿음의 행위가 된다. 그러므로 기독교인은 하나님의 원수였던 우리를 아무런 조건 없이 용서해 주신 하나님에 대한 우리의 믿음을 증명하기 위해 우리에게 피해를 가한 자에 대하여 부정적 감정과 보복적 대응을 포기함으로써 용서의 의무를 이행해야 한다.

82   필립 얀시, 《놀라운 하나님의 은혜》, Ivp, 1998, 105쪽.

라. 가해자는 용서받을 권리를 가지는가

법적으로 아주 예외적인 경우를 제외하고는 의무가 존재하면 그에 상응한 권리도 존재한다. 예컨대, 불법행위로 인한 손해배상의무에 대하여는 손해배상청구권이라는 권리가 대응한다. 하지만 용서가 의무적으로 행해져야 할 경우라도 용서의 의무에 대하여는 그에 상응하는 권리가 존재하지 않는다. 가해자는 그가 저지른 잘못을 뉘우쳤다고 해서 용서받을 권리를 획득하는 것은 아니다.[83] 용서는 피해자가 가해자에게 주는 선물이다. 선물을 달라고 요구할 수 없듯이 용서의 의무가 있다고 하여 그에 대하여 그 누구라도 용서해 달라고 요구할 권리는 없다. 하나님은 가해자가 피해자에게 부당한 피해를 끼쳐 하나님의 명령을 위반한 것에 대하여는 용서하실 수는 있으나, 가해자가 피해자에게 가한 피해에 대하여는 용서하실 수 없고 피해자에게 용서를 강요하실 수도 없다. 피해자가 용서의 의무를 이행하지 않는다고 벌을 내리시지도 않는다. 다만, 용서의 의무를 이행하여 고통에서 벗어나 자유를 되찾으라고 피해자를 어루만지실 뿐이다.

가해자는 자신이 저지른 행위에 대하여 피해자로부터 용서를 받아야 할 뿐 아니라 하나님으로부터도 용서를 받아야 한다. 피해자에게 가해자를 용서해 줄 의무가 있어 피해자가 가해자를 용서한다고 하더라도, 하나님은 피해자에게 용서를 구하지 않은 가해자에 대하여 적정한 응보를 내리신다. 그래서 성경은 "내 사랑하는 자들아 너희가 친히 원수를 갚지 말고 하나님의 진노하심

---

83   루이스 스미디스, 《용서의 미학》, 132쪽.

에 맡기라 기록되었으되 원수 갚는 것이 내게 있으니 내가 갚으리라"(롬 12:19)고 말씀하시는 것이다. 영화 〈밀양〉에서 살인죄를 저지른 가해자는 '하나님으로부터 용서를 받았고 구원과 사랑으로 마음의 평화를 얻었다'는 말을 한다. 하지만 하나님으로부터 죄를 용서받았다고 하더라도 그가 용서받은 죄는 십계명 중 제6계명을 위반함에 따른 죄일 뿐이고, 피해자에 대한 죄는 여전히 용서받지 못한 상태였으므로, 이 점을 고려한다면 마음의 평화를 얻었다는 것은 잘못 배운 신학에 따른 자기기만에 불과하다. 피해자에 대하여 진정으로 참회하는 마음이 있었더라면 비록 하나님으로부터 용서를 받았다고 하더라도 피해자의 아픔과 고통을 잊지 않았을 것이고, 그랬더라면 자신의 말이 피해자와 그 유족에게 심각한 2차가해가 된다는 것을 깨닫고 그러한 말을 가래침을 뱉듯이 함부로 내뱉지는 않았을 것이다. 그리고 하나님으로부터 진정으로 용서받았다면 피해자로부터 용서받지 못한 죄책감에 피해자에게 용서를 구하는 외에는 그 어떤 말도 할 수 없었을 것이다.

영화 〈밀양〉은 살인범만 겨냥한 것이 아니라 용서를 베푸시는 하나님의 은혜를 '값싼 은혜'로 전락시키고 있는 한국 기독교계 전체를 겨냥하고 있다. 사람들이 하나님의 은혜를 싸구려로 오해하지 않도록 우리의 신학과 언행에 신중을 기할 필요가 있다. 하지만 그럼에도 불구하고 인간에게는 용서가 필요하다. 그 가장 큰 이유는 피해자가 용서를 통해 가해자와 피해자의 지위를 소멸시키고 가해자의 잘못으로 인하여 발생한 손상에 따르는 부정적 감정에서 벗어나 자유를 회복할 수 있기 때문이다.

마. 용서의 실천

용서를 실천하기 위해서는 먼저 용서에 대한 세 가지 사회적 비판을 극복해야 하는데, 그 비판은 다음과 같다.

먼저, 용서가 불공평하다는 비판이다. 즉, 용서는 가해자에 게는 면죄부를 주는 반면 피해자에게는 피해와 고통 속에서 살게 하므로 불공평하다는 것이다. 이렇게 주장할 수 있는 근거는 '(범죄) 피해의 영구성'에 있다. 첫 번째로, 정신적 피해의 영구성인데, 범죄로 인한 정신적 피해는 피해자의 기억 속에 영구히 남아 피해자에게 불쾌감과 고통을 주기 때문에 영구성을 가진다. 그러므로 정신적 피해는 원상회복할 수 있는 피해가 될 수 없다. 두 번째로, 원상회복이 불가능한 재산적 또는 신체적 피해가 발생한 경우에 그러한 피해가 영구성을 가진다는 것은 자명하다. 한편 재산적 또는 신체적 피해가 원상회복이 가능한 경우에는 정신적 피해의 영구성으로 인해 당해 범죄로 인한 피해가 영구성을 가지게 된다. 재산적 또는 신체적 피해가 발생하면 정신적 피해가 동반하여 발생하는데, 앞에서 말했듯이 정신적 피해는 영구성이 있기에 재산적 또는 신체적 피해가 원상회복된다고 해도 그러한 피해에 동반된 정신적 피해가 원상회복될 리는 없으므로 결국 당해 범죄로 인한 피해는 원상회복될 수 없는 피해라고 해야 하기 때문이다. 결론적으로 잘못, 특히 범죄로 인한 피해는 원상회복이 불가능하다. 이를 '(범죄) 피해의 환원불가능성' 또는 '(범죄) 피해의 불가역성'이라고 한다. 예컨대, 가족이 살해당하는 피해를 당한 경우 죽은 사람이 되살아날 리 없으므로 유족의 피해는 신체적 및 정신적으로 원상회복이 불가능하다. 그러므로 피해가 발생하게 되면 완전한 회복은 어렵고, 그로 인한 고통은 평생 지속될 수도 있다. 가해자에 대한 법적 처벌조차도 그러한 고통을 없애주지 못하므로, 처벌로 인하여 가해자가 당하는 고통은 가해자의 잘못, 특히 범죄로 인하여 피해자가 당하는 고통과 결코 비교할 수 없다. 이는 고통이 피해자측에 편파적으로 작용한다는 뜻이다. 이를 '(범죄) 피해의 편파성'이라고 한다. 이러한 현실을 감안한다면 피해로 인한 고통에서 벗어나는 길은 용서밖에 없다고 해도 과언이 아니고, 용서는 오히려 불공평함을 되돌리는 최선의 길이 될 수도 있다.

다음으로, 용서가 부정직하다는 비판이다. 스미디스는 용서의 부정직성의 의미를 다음과 같이 말한다. "그들의 말에 따르면 용서는 현실을 왜곡한다. 용서할 때 우리는 고약한 일이 실제로는 일어나지 않은 것처럼 행동한다는 것이다. 혹은 이미 일어난 나쁜 일에 대해 그다지 나쁘지 않은 것처럼 행동한다는 것이다. 그들은 용서가 종교적인 형태의 자기 기만이라고 말한다."[84] 하지만 모든 용서가 부정직한 것은 아니다. 용서가 정직하지 못한 것이라고 주장하는 것은 정직하고 진실되게 용서하는 피해자를 모욕하는 것이 됨을 잊어서는 안 된다.

끝으로, 용서가 자연의 질서에 위배된다는 비판이다. 그 이유로 드는 것은 용서는 인간의 선천적 욕구인 보복의 본성을 거스르는 것이라는 점이다. 하지만 보복하고자 하는 욕구는 선천적이라고 할 수 없다. 신학적인 측면에서 보자면 창조본연의 성품에

---

84   루이스 스미디스, 《용서의 미학》, 94쪽.

    천종호 판사가 들려주는 십계명

는 보복의 의지와 감정은 포함되어 있지 않았다. 보복의 욕구는 아담과 하와의 범죄로 말미암아 타락하게 된 인간 본성의 표출에 불과하다. 한편, 인간과 동물이 다른 존재라는 측면에서 보자면 용서는 인간을 인간되게 하는 자연스러운 행위라고 해야 한다. 그러나 용서라는 자연적 성품은 인간 공동체의 보복의 역사로 인해 그 모습을 찾기 어렵게 되어 버렸다. 그러므로 아담과 하와의 범죄 이후에는 인간에게 있어 용서가 비본성적인 것이라고 할 수 있을 것이나, 태초로 거슬러 올라가면 용서가 비본성적이라거나 자연의 질서에 위반된다고는 할 수 없다.

용서를 실천하기 위해서는 우선 위 세 가지 비판을 극복해야만 한다. 그중에서 피해의 불가역성과 편파성과 관련된 비판을 극복하는 일은 쉽지 않다. 이를 '(범죄) 피해의 불가역성 및 편파성의 곤경'이라고 한다. 특히, 범죄에 대하여 사적 보복이나 공적 응보를 제대로 시행하지 않는 것은 결과적으로 피해자인 개인에게 범죄를 무한정 수용하게 만드는 것이 될 뿐 아니라 경우에 따라서는 가해자에게 사실상 범죄할 권리를 사후적으로 용인하는 꼴이 된다. 가해자에게 범죄를 저지를 권리를 용인하는 것은 가해자와 피해자의 지위를 갑과 을의 지위로 고착시키게 된다. 이는 피해자로 하여금 영원한 피해자로 남게 만들 수 있다. 이러한 고착상태에 대한 피해자의 두려움은 매우 크고 복합적이다. 상대방에게 나약하게 보이지 않을지, 잘못한 것을 너무 쉽게 놓아주는 것은 아닐지,[85] 더 나아가 가해자가 그러한 용인과 지위를 바탕으로 새

---

85 아론 라자르, 《사과에 대하여》, 바다출판사, 2020, 308쪽.

로운 피해를 입히지나 않을지 하는 두려움 말이다. 이는 관계성, 지속성, 공연성을 특성으로 하는 학교폭력, 가족 간의 범죄, 직장이나 군대 내에서의 범죄에서 흔히 볼 수 있는 모습이다.[86]

하지만, 역설적으로 용서와 화해는 범죄 피해의 불가역성 및 편파성의 곤경을 극복할 수 있는 최선의 길이 된다. 아렌트는 "자신이 무엇을 행했는지 알지 못하고, 알 수 있다 할지라도 행한 것을 되돌릴 수 없는, 무능력한 환원불가능성의 곤경에서 벗어나게 하는 것은 용서하는 능력이다"[87]라고 하고, 볼프는 "'단순한 반작용이 아닌' 진정으로 자유로운 행위로서의 용서는, 기억에 남은 과거가 지닌 힘을 깨뜨리고 정의에 대한 확신에 찬 주장들을 초월한다. 그렇게 함으로써 복수의 회오리가 멈추게 만든다. 이것이 용서의 사회적 의미다"[88]라고 한다. 그런 의미에서 용서는 창조적인 정의, 즉 은혜적 정의의 완성이다.[89]

이러한 피해의 불가역성 및 편파성의 곤경을 극복하고 용서를 실천하기 위해서는 하나님이 인간에게 베푸신 용서의 은혜가 필요하다. 하나님의 용서는 값싼 은혜가 아니라 믿음으로 증명해야 할 귀중한 은혜일 뿐 아니라 용서를 완성하게 하는 능력이 된다. 하나님의 용서를 받아 하나님의 자녀가 된 자라면 자신의 아버지가 어떤 분이신가를 증명할 의무와 책임이 있다. 또 우리가 구원을 얻어 하나님의 용서를 받았고, 우리가 용서받은 죄가 얼

86 　천종호, 《호통판사 천종호의 변명》, 우리학교, 2018, 123쪽 이하 참조.

87 　한나 아렌트, 《인간의 조건》, 342쪽.

88 　미로슬라프 볼프, 《배제와 포용》, 191쪽.

89 　폴 틸리히, 《사랑 힘 그리고 정의》, 167쪽.

다나 크고 무거운 것인지를 알게 된다면 우리가 당한 손상은 우리가 하나님께 가한 손상에 비해 지극히 작다는 것을 알게 될 것이고, 이것을 깨닫게 되는 순간 용서하라는 예수의 명령은 지키기가 쉬워질 것이다. 그래서 예수는 산상수훈의 말씀으로 "너희가 사람의 잘못을 용서하면 너희 하늘 아버지께서도 너희 잘못을 용서하시려니와 너희가 사람의 잘못을 용서하지 아니하면 너희 아버지께서도 너희 잘못을 용서하지 아니하시리라"(마 6:14-15)고 하시면서 우리에게 용서의 의무를 부과한 것이다. 율법주의의 입장에서는 위 말씀을 반드시 용서해야만 하나님으로부터 용서받을 수 있다고 해석할 것이다. 하지만 지금은 은혜의 시대이다. 온전히 율법을 지킬 수 있는 사람은 존재하지 않으므로 율법의 준수를 통하여 구원을 얻을 사람은 예수 외에는 단 한 사람도 없다. 마찬가지로 네 이웃을 네 몸과 같이 사랑하라는 계명에 포함된 것으로 볼 수 있는 이웃을 용서하라는 계명과 원수를 사랑하라는 계명에 포함되어 있는 원수를 용서하라는 계명도 이를 온전히 지켜낼 수 있는 사람은 아무도 없다. 하나님은 이러한 인간의 비참함과 곤궁함을 아시고 예수 그리스도를 인류가 고안한 형벌 중 가장 고통스러운 십자가의 처형을 당하게 하심으로써 인간의 죄를 용서하는 길을 제시해 두셨고, 이제 누구든지 예수 그리스도를 믿으면 죄사함을 받게 되고 더 나아가 하나님의 아들의 지위를 회복한다. 인간이 용서받은 죄는 감히 측량할 수 없이 크고 중대한 것이고, 하나님의 아들의 지위를 회복하였다는 것은 헤아릴 수 없이 큰 은혜이다. 그런 은혜를 받은 우리가 우리에게 죄를 범한 사람에 대하여 용서의 의무를 이행하지 못한다는 것은 사람들로 하여금 우리가 하나님으로부터 죄의 용서를 받았음에 대하여 진정으로 감사하는 마음을 가지고 있는지에 관하여 의심이 들게 만든다. 또 우리가 용서의 의무를 이행하는 것은 우리가 용서받았을 뿐만 아니라 하나님의 상속자의 지위를 회복하였다는 것에 대한 증거이고 상속자가 가진 진정한 능력이다.

따라서 용서가 유약한 노예도덕의 산물이라는 니체의 주장은 받아들일 수 없다. 우리의 믿음은 하나님이 우리를 용서해 주셨다는 것을 믿는 것인데, 그 믿음은 최종적으로 천국에서 가서 확인될 것이다. 하지만 이 땅에서 사는 동안 우리는 우리에게 죄를 지은 자를 용서해 줌으로써 믿음에 대한 확신을 더해나갈 수 있다. 자신은 1만 달란트(당시 노동자가 20만 년 일해야 모을 수 있는 금액)의 빚을 탕감받았음에도 동료가 진 100데나리온(당시 노동자의 100일치 품삯)의 빚을 탕감해 주지 않은 종의 이야기(마 18:21-35)는 바로 이것을 우리에게 가르쳐 준다. 우리에게 죄 지은 자를 용서하는 것은 하나님이 우리를 용서하신 것에 감사하며 우리가 행해야 할 믿음의 의무를 이행하는 것이고, 우리의 믿음을 확인하는 것이다. 이러한 용서는 가해자의 회개를 필요치 않고, 또 쌍방이 가해자가 된 경우에 베풀어지는 것도 아니다. 아무런 조건도 없이 행해지는 것이다.

우리의 성품에 창조본연의 성품이 회복되지 않으면 용서의 의무를 이행할 수 없다. 용서를 우리의 성품에 새기려면 용서가 먼저 의무임을 받아들여야 한다. 이는 용서가 해도 그만 안 해도 그만인 것으로 생각해서는 안 된다는 뜻이다. 더 나아가 용서의 의무를 제대로 이행하려면 용서가 마음의 소원이 되어야 한다.[90]

 천종호 판사가 들려주는 십계명

이를 위해서는 용서에 대한 훈련이 필요하다.[91] "용서는 감정 이전에 훈련이다."[92] 용서의 모습을 보면, 전혀 용서하지 못하는 사람이 있는가 하면 가해자의 회개를 조건으로 용서를 실천하는 사람도 있고, 더 나아가 무조건적으로 용서를 실천하는 사람도 있다. 용서를 하지 못하거나 조건적으로 용서를 실천하는 사람에 대해 도덕적으로 비난할 권리는 누구도 가지고 있지 않다. 인간에게는 완전한 사랑을 할 능력이 없듯이 완전한 용서를 베풀 능력도 없다. 예수는 도무지 사랑할 수 없는 원수까지도 사랑하라며 제자들을 극한으로 밀어붙이셨다. 하지만 제자들이 그 명령을 온전히 실천하지 못함에도 그들을 사랑하셨다. 마찬가지로 이미 언급한 바와 같이 용서의 개념을 조건적으로 정의할 필요는 없다. 데리다도 "용서라는 이름에 합당한 용서가, 만일 그런 것이 존재한다면, 그것은 용서할 수 없는 것을 조건 없이 용서하는 것"이라고 한다.[93] 이러한 전제에 서서 조건적 용서와 무조건적 용서에 관한 논의는 개념의 문제가 아니라 실천 문제로 다루어야 한다. 다시 말해 용서의 개념과 용서의 실천은 구분해야 한다.

한편, 하나님은 인간이 용서를 실천하기 어려워 한다는 것을 아시고 제도를 만들어 시행하라고 명하신 적이 있으시다. 그것은 바로 '욤 키푸르'(대속죄일) 절기에 행해지는 '테슈바' 제도이다. 히브리력으로 7월 10일에 거행되는 욤 키푸르는 1년 동안 지은 죄

---

90   루이스 스미디스, 《용서의 미학》, 73쪽.

91   필립 얀시, 《용서: 은혜를 시험하는 자리》, Ivp, 2023, 177쪽.

92   팀 켈러, 《팀 켈러의 용서를 배우다》, 262쪽.

93   자끄 데리다, 《신앙과 지식, 세기와 용서》, 233쪽.

를 모두 용서받고 하나님과의 관계를 회복하기 위해 거행되는 절기이다.[94] 욤 키푸르는 그 해에 벌어진, 회개할 만한 일을 모두 끄집어내는 중요한 기회가 된다.[95] 이날 제사장은 모든 이들의 죄를 사해주는 제사만 거행해야 하고, 사람들은 먹거나 마시거나 씻는 일, 성관계를 갖는 일을 포함하여 그 어떤 일도 하지 않고 하루 종일 성전이나 회당에서 예배와 기도, 묵상만 한다.[96] 하지만 욤 키푸르에 하나님으로부터 죄의 용서를 구하기 위해서는 먼저 자신에게 피해를 입힌 자를 용서하거나, 자신이 입힌 피해를 용서받아야 한다. "그러므로 예물을 제단에 드리려다가 거기서 네 형제에게 원망들을 만한 일이 있는 것이 생각나거든 예물을 제단 앞에 두고 먼저 가서 형제와 화목하고 그 후에 와서 예물을 드리라"(마 5:23-24)는 예수의 말씀은 욤 키푸르 절기를 1년 중 한 번만이 아니라 매 순간 지키라는 뜻으로 이해할 수 있다.

욤 키푸르 절기를 통해 죄를 용서받기 위해서 전제가 되어야 할 것은 테슈바(회개)이다. 유대민족은 테슈바를 중심으로 용서하고 용서받는 과정에 관하여 상세한 규정을 두고 있다. 이를 '테슈바(회개)의 법칙'이라고도 한다.[97] 이 법칙으로 인해 테슈바는 단지 회개 행위만을 뜻하는 것이 아니라 넓은 의미로서 용서하고 용서받아 화해하는 과정으로 받아들여졌다. 테슈바의 법칙에는 하나님 대 인간의 관계에 관한 것과 인간 대 인간의 관계에 관한 것

---

94   마사 C. 누스바움, 《분노와 용서, 적개심, 아량, 정의》, 141쪽.

95   앞의 책, 143쪽.

96   마사 C. 누스바움, 《분노와 용서, 적개심, 아량, 정의》, 142쪽.

97   앞의 책, 141쪽.

으로 나눌 수 있다.

테슈바의 법칙은 회개하고 용서하는 것을 넘어 화해까지도 도모하는 제도이다. 테슈바의 시작은 테슈바(참회)이다. 다음 단계는 피해자를 찾아가 잘못된 것을 바로잡으려고 노력하는 것이고 이것이 화해이다. 예수의 말씀 중에는 용서보다 화해에 방점을 찍고 읽어야 할 말씀이 있다. 마태복음 5장 23-24절 말씀과 "네 형제가 죄를 범하거든 가서 너와 그 사람과만 상대하여 권고하라 만일 들으면 네가 네 형제를 얻은 것이요 만일 듣지 않거든 한두 사람을 데리고 가서 두세 증인의 입으로 말마다 확증하게 하라 만일 그들의 말도 듣지 않거든 교회에 말하고 교회의 말도 듣지 않거든 이방인과 세리와 같이 여기라"(마 18:15-17)는 말씀이 그 예이다. 테슈바의 마지막 단계는 카파라(속죄)이다. 그런 뒤에야 하나님과의 관계가 이전처럼 회복된다고 본다.

욤 키푸르와 테슈바는 화석화된 과거의 유물이 아니라 오늘날에도 여전히 유대민족의 문화 속에서 생명력을 유지하고 있다. 어떤 유대인은 로슈 하샤나(히브리력의 새해인 7월 첫날)로부터 욤 키푸르 사이에 자신이 생각하기에 어떤 식으로건 상처를 준 것 같은 사람들 모두에게 편지를 써서 용서를 구한다고 한다.[98] 욤 키푸르와 테슈바는 디아스포라의 유대인들이 '홀로코스트'(Holocaust, 하나님께 바쳐진 희생물) 또는 '쇼아'(Shoah, 가장 큰 재앙)라는 절멸의 위기 속에서도 그들만의 고유한 정체성을 굳게 지켜주는 데 중요한 역할을 수행해 왔다.

98　시몬 비젠탈, 《모든 용서는 아름다운가》, 232쪽.

　　현대 사회는 '정의 중독'[99] 또는 '정의감 중독'이라는 질병으로 과도한 사회적 비용을 지불하고 있다. 정의 중독은 타인이 겪는 고통을 통해서 쾌락을 누리려는 사람들의 심리에 기반하고 있다. 니체는 "남의 고통을 보면 기분이 좋아지고, 남을 고통스럽게 만들면 더욱 기분이 좋아진다. 이것은 하나의 냉혹한 명제이다"[100] 라고 한다. 또 정의 중독은 자신이 피해를 입지 않았음에도 피해를 입었다는 잘못된 피해의식에 사로잡혀 이른바 상대가 '공인'(公人)이라는 등의 이유로 과도하게 분노, 증오, 원한을 표출하는 사람들의 심리에 기초하고 있다. 이런 현상들은 거의 대부분의 현대인들이 자신을 피해자로 여기고 있는 것은 아닌가 하는 생각마저 들게 만든다. 정의 중독을 치료할 마땅한 치료제는 아직 찾지 못했다. 하지만 욤 키푸르 절기에 거행되는 테슈바 제도의 정신에서 정의 중독으로 병든 현대인과 현대사회를 치유할 유익한 해결책을 찾게 될지도 모른다.

---

[99]　　나카노 노부코, 《정의 중독》, 시크릿하우스, 2021, 9쪽.

[100]　　프리드리히 니체, 《도덕의 계보학》, 98쪽.

3-4. 기독교인은 고소하면 안 되는가

가. 범죄와 형사법적 정의

배분적 정의는 주로 정치학이나 사회복지학에서 논의되고, 시정적 정의는 주로 법학, 특히 형사법학에서 논의된다. 한편, 시정적 정의는 민사법에서는 주로 손해배상을 통해서 이루어지는데, 이를 '민사법적 정의'[101]라 하고, 형사법[102]에서는 범죄에 대한 보응을 통해서 이루어지는데, 이를 '형사법적 정의'라 한다. 최근 민사사건에서 논의되는 '징벌적 손해 배상'[103]도 응보적 성격이 강한 제도라고 할 수 있다.

시정적 정의의 실현으로서의 보복은 인류역사 초기에는 사적으로 행해졌으나, 근·현대에 이르러 공적으로 행해지게 되었

---

[101] 민법을 비롯한 계약관계나 재산관계를 다루는 민사법에서도 정의는 이루어진다. '민사법적 정의'는 주로 변제받지 못한 대여금을 지급받거나 불법행위에 따른 손해배상을 받는 등 재산의 회복이나 지위의 회복 등을 통해 이루어진다.

[102] 국가의 형벌권의 내용과 그 집행방법 따위를 규정한 법률을 통틀어 '형사법'이라고 하는데, 형법, 소년법, 형사소송법, 행형법 등 아주 다양한 법들이 이에 포함된다. '형사처벌'은 형사법이 규정하고 있는 처벌인데, 형법에서는 '형벌'이라 하고, 소년법에서는 '보호처분'이라 한다.

[103] 가해자의 불법행위가 악의적인 경우 입힌 손해를 배상할 뿐 아니라, 거기에 더하여 가해자를 제재하고 징벌함과 동시에 그 가해자나 다른 사람이 그와 유사한 행위를 하지 못하게 억지(抑止)하는 것을 주된 목적으로 하는 배상제도.

다. 공적 응보 시대에서는 법치주의 원칙상 형사법에 위반하는 행위만 범죄로 취급한다. 그러므로 공적 응보 시대에서 범죄는 형사법에 위배되고, 공동체와 그 구성원에게 해악을 끼치는 행위라고 할 수 있다. 범죄에 대해서는 형법을 비롯한 형사법에 근거하여 형사처벌이라는 수단으로 정의를 세워간다. 이러한 체계를 형사법적 정의 체계라 한다.

형사법적 정의, 다시 말해 형사법에서의 시정적 정의는 다시 응보적 정의와 회복적 정의로 나눌 수 있다. 응보란 범죄나 비행을 저지른 자에게 형벌 등을 통해 저지른 행위에 맞는 조치를 가하는 것을 말한다. 형벌의 기능이 응보에 있다는 응보주의자들, 특히 범죄자를 처벌하지 않는 것이 정의를 이중으로 훼손한다고 주장하는 칸트는 범죄자에 대하여 응보 이외의 목적, 예컨대 특별예방(범죄자의 재범을 막기 위해 형벌을 부과)이나 일반예방(범죄자 이외의 일반 국민에게 범죄를 저지르면 안 된다는 것을 보여주기 위해 형벌을 부과)을 목적으로 형벌을 부과하는 것은 범죄자에 대하여 정당하게 대우한 것이 되지 않으므로 시정적 정의는 응보적 정의만을 목적으로 삼아야 한다고 주장한다. 누스바움은 이러한 응보주의자들을 분노와 보복에 대한 '인과응보의 길'에 있는 사람들이라 부른다.[104] 하지만 근래에 이르러 피해자에 대한 정당한 대우도 형사법에 충분히 고려될 필요가 있다는 주장이 강하게 제기되었고, 이와 같이 피해자의 피해 회복에 중점을 두는 입장을 '회복적 정의'라고 한다. 형사법적 정의가 가해자에 대한 응보에만 머무르

---

104   마사 C. 누스바움, 《분노와 용서, 적개심, 아량, 정의》, 28쪽.

게 되면 피해자에 대한 배려가 소홀해질 수밖에 없다. 형사법적 정의가 제대로 이뤄지려면 피해자들의 회복이 오히려 더 강조되어야 한다.

나. 원수 사랑의 계명은 정의를 배제하지 않는다

인류 역사가 계속되는 한 범죄는 사라지지 않을 것이다. 범죄는 공동체의 통합을 해치는 중대한 요인이 된다. 그러므로 손상의 예방은 국가와 공동체 통합을 위해 무엇보다 필요한 일이 된다. 이미 발생한 손상과 관련하여 작동되는 사법적 정의는 가해자에 대한 정당한 응보와 피해자의 회복에 초점이 맞추어져 있다. 이러한 점에서 보면 원수를 용서하고 사랑하라는 계명은 가해자에 대한 정당한 응보를 하지 못하게 함으로써 사법적 정의의 실현에 장애로 작동할 소지가 있어 보인다. 더 나아가 가해자에 대한 정당한 응보를 하지 않는 것은 피해를 조장하는 것이 아니냐는 우려의 목소리도 있다.

이러한 상황에서 기독교인으로서 피해를 당했을 때 가해자에 대한 형사처벌을 위해 고소나 고발을 비롯하여 공적 응보 절차에 맡기는 것이 원수를 사랑하라는 계명에 위반되는 것은 아닌가라는 질문이 끊임없이 제기된다. 이 문제는 기독교인들에게는 매우 성가신 질문이다. 이는 원수 사랑의 계명으로 인해 비롯된 것이다. 이에 대한 대답으로 크게 두 개의 견해가 대립된다.

먼저, 용서하라는 계명이나 원수를 사랑하라는 계명을 온전히 실천하고자 한다면 자신에게 피해를 입힌 가해자를 고소하거나 고발하는 등 공적 응보 절차를 진행시켜서는 안 된다는 견해가 있다. 이는 기독교에서 말하는 사랑은 아가페-사랑이고, 이 사랑은 원수 사랑까지 요청하고 있으므로 원수인 가해자에 대한 응보를 통하여 실현되는 정의와는 양립할 수 없다는 입장이다. 실제로 기독교 공동체 중의 하나인 아미쉬 공동체는 용서와 원수 사랑의 계명을 실천한다는 이유로 중대한 범죄로 인해 피해를 당해도 아무런 조건 없이 범죄자를 용서한다고 선포할 뿐 아니라, 사법 당국에 범죄자에 대한 고소나 고발을 하지 않는다. 반면에, 이와는 반대로 피해를 당했을 때 고소나 고발 등을 함으로써 공적 응보 절차가 개시되게 하더라도 용서나 원수 사랑의 계명에 위반되는 것이 아니라는 견해도 있다. 이는 공적 응보 절차를 통한 정의의 실현은 기독교의 아가페-사랑에 위반되는 것이 아니라 오히려 아가페-사랑을 구체화시키거나 보완하는 것이라는 입장이다. 성경은 이러한 견해 대립 중 어느 것을 지지하고 있을까?

형사처벌을 받게 하기 위하여 하는 고소나 고발은 시정적 정의를 실현하기 위한 과정이다. 특히, 받은 만큼 돌려주고 준 만큼 돌려받으며, 자신이 누리는 만큼 타인이 누리게 하고 타인이 누리는 만큼 자신도 누리며, 자신이 피해를 입은 만큼 타인에게 피해를 입히고 타인에게 피해를 입힌 만큼 자신도 피해를 당하게 하는 '호혜-시정적 정의'는 개념상으로는 자기희생, 용서 및 보복의 단념, 관계의 회복 등을 실천적 요소로 하는 아가페-사랑과 공통되는 실천적 요소가 없다. 시정적 정의가 아가페-사랑과 상충되는지 여부에 관한 논의가 진행되는 것도 호혜-시정적 정의의 이러한 특성 때문이다.

시정적 정의와 아가페-사랑 사이의 관계에 관한 의견은 매

우 다양하다. 이에 관해 월터스토프는 첫째, 사랑과 시정적 정의
는 양립할 수 없고 사랑이 시정적 정의를 배제한다는 주장(이해하
기 쉽게 설명하면, 아가페-사랑의 실천을 위해 가해자를 처벌하지 않고 용서해야 한
다는 주장, 안더스 니그렌의 견해), 둘째, 이웃이 어떤 갈등에 처해 있고
그를 아가페-사랑으로 대하면 다른 누군가에게 불의를 행하게
될 경우, 사랑의 요구가 아니라 시정적 정의의 요구에 따라야 한
다는 주장(라인홀트 니버의 견해), 셋째, 사랑은 시정적 정의의 원리로
보완될 때만 비로소 적합한 도덕이 되므로 이웃을 정의롭게 대하
는 것에 더하여 이웃을 사랑해야 한다는 주장(윌리엄 프랑케나의 견
해)이 있다고 한 다음, 구약성경에서 가장 강조되었던 '공의와 정
의'는 폐기된 것이 아니며, 신약성경에서 정의라는 용어가 거의
등장하지 않는 것은 번역상의 오류일 수가 있다고 주장하면서 이
웃을 정의롭게 대하는 것은 '이웃을 사랑하는 것의 사례, 그를 사
랑하는 방법'이라고 주장한다.[105]

이에 관한 필자의 의견은 다음과 같다.

먼저, "내가 율법이나 선지자를 폐하러 온 줄로 생각하지 말
라 폐하러 온 것이 아니요 완전하게 하려 함이라"(마 5:17)는 예수
의 선포와 "사랑은 율법의 완성"(롬 13:10)이라는 바울의 가르침에
비추어 보면 "(포도원 비유의 목적이) 종교적 관계에서 공의의 원칙
을 완전히 배제하는 것이다",[106] "공의의 원칙 자체가 종교적 관
계에서는 적용 불가한 것으로서 제거될 때라야 그 불쾌함도 사

---

105   니콜라스 월터스토프, 《사랑과 정의》, 154쪽.

106   안더스 니그렌, 《아가페와 에로스》, 크리스천 다이제스트, 1998, 90쪽.

라지게 된다"[107]라고 하며 정의와 공의가 아가페-사랑으로 대체 되었다는 니그렌의 견해는 수긍하기가 어렵다. 구약성경의 정의 와 공의의 계명은 신약성경의 예수의 말씀과 상충되지 않는 한에 서, 그리고 아가페-사랑에 우선시키지 않는 한에서 신약시대에 도 그 효력이 인정되어야 한다. 그렇게 하지 않는 것은 하나님이 정의와 공의의 하나님이라는 것을 근본적으로 부정하는 것이 된 다고 생각한다.

두 번째로, 앞에서 이미 살펴보았듯이 정의와 관련된 예수 의 가르침들 속에서 시정적 정의를 폐기하고 은혜적 정의나 아가 페-사랑으로 대체하라는 가르침을 발견해 내기는 어렵다.[108] 오 히려 위 가르침들은 시정적 정의를 실현함에 있어 엄격한 호혜성 을 바탕으로 하는 동해보복법칙에 입각한 보복적 행위를 배제하 라는 뜻으로 받아들여야 한다. 스토트도 "예수님은 정의를 시행 하는 것을 금하고 계신 것이 아니다. 단지 우리 손으로 법을 시행 하는 것을 금하신다. '눈에는 눈으로'라는 것은 법정에서 행해야 하는 정의의 원리다"[109]라고 한다.

세 번째로, 사도바울은 고린도전서 6장 1-7절에서 성도 간 에 분쟁이 발생하였을 때 취해야 할 태도에 관해 가르치고 있다. 그 내용은 고린도 교회의 성도 간에 발생한 분쟁의 해결을 위해서 는 성도들에게 고발하여 판단을 받아야 하지 세속 사람들에게 고 발하여 판단을 받아서는 안 된다는 것이다. 그러므로 위 말씀을

---

107   앞의 책, 91쪽.

108   존 스토트, 《존 스토트의 산상수훈》, 151쪽.

109   앞의 책, 164쪽.

근거로 기독교인은 범죄 피해를 당해도 세속 당국에 고소나 고발을 해서는 안 된다고 하는 것은 무리가 있다.

네 번째로, 인간 공동체는 하나님이 우주와 인간 공동체의 주권자임을 인정하는 아벨 공동체와 만물의 영장인 인간이 인간 공동체의 주권자라고 주장하는 가인 공동체가 공존한다. 이러한 상황에서 호혜성을 바탕으로 하는 시정적 정의는 개인의 보호와 공동체의 유지와 존속에 중요한 역할을 한다. 시정적 정의가 존재하지 않는다면 '무임승차'나 범죄의 폭증 등으로 인해 인간 공동체는 금방 붕괴되고 말 것이다. 로핑크는 어느 국가라도 공권력이라는 물꼬를 터서 정당화된 폭력이 없이 존재할 수 없고, 국가가 폭력을 투입하여 그 자체의 권리를 관철할 수 없게 되면 혼란이 들이닥칠 문을 열게 된다고 한다.[110] 아벨 공동체, 특히 교회가 가인 공동체로부터의 도전을 극복하고 예수가 재림하실 때까지 존속하기 위해서는 고소 등 시정적 정의 제도의 이용을 금할 필요는 없다.

다섯 번째로, 성경은 사적 보복이 잔존하던 시대에 써진 것이므로 원수 사랑의 계명의 실천적 요소를 공적 응보 시대의 형사법 제도를 토대로 살펴볼 필요가 있다. 현대 공적 응보 시대는 동해보복법칙과 같은 엄격한 상호주의를 채택하지 않고 있고, 또 사적 기소 제도의 보복적 성격을 해소하기 위해 공적 기소 제도를 채택하고 있다. 게다가 친고죄 등과 같이 특별한 경우를 제외하면 범죄 피해자가 고소나 고발을 하지 않더라도 형사처벌을 위한

---

110   게르하르트 로핑크, 《산상 설교는 누구에게?》, 87쪽.

절차가 진행된다. 그리고 범죄 피해자가 고소나 고발을 하였다가 사후에 취하하더라도 형사처벌 절차가 종료되지 않고, 다만 범죄에 대한 양형을 정하기 위한 요소로 작용할 뿐이다. 이러한 시대적 상황이라면 고소나 고발을 단순히 원수에 대한 보복적 행위라고 하기는 어려울 것이다.

여섯 번째로, 몰트만에 의하면 공적 응보 시대의 시정적 정의에는 두 가지 약점이 있다고 한다. 그는 "상호성의 정의는 두 가지 약점을 지닌다. a) 상호성의 정의는 확정하는 정의이지 창조적 정의가 아니다. 기존의 사회질서를 유지하기 위해 이 정의는 선한 행위와 악한 행위를 확정하고 그것을 적절히 응보할 뿐이다. 그러나 이것만으로는 너무 부족하다. b) 상호성의 정의는 행위자만을 고려하며 희생자는 고려하지 않는다. 그래서 악을 행한 자는 벌을 받아야 한다고 말하지만, 희생자에 대해서는 아무것도 말하지 않는다. 이것은 인간이 남긴 일에 따른 정의이지, 고난당하는 자들을 위한 정의가 아니다. 이것은 일면적이다"라고 한다.[111] 공적 응보 시대의 호혜-시정적 정의가 가진 이러한 약점들로 인해 피해자들로서는 범죄자들이 자신의 잘못을 인정하고 반성하고 있는지, 사후 피해 회복은 어떻게 되는지 등에 관하여 제대로 된 정보를 취득하기가 어렵다. 범죄에 대한 진상규명은 남아프리카공화국 사례에서 보듯이 용서와 관계회복으로 나아가기 위한 중요한 과정이다. 따라서 범죄 피해자가 범죄의 진상을 알고, 범죄자가 범행을 자백하고 잘못을 뉘우치는지를 알고자 하는 등의

---

111   위르겐 몰트만, 《사랑과 정의의 하나님》, 51쪽.

목적에서 범죄자를 고소하거나 고발하는 것은 사랑의 의무를 위반하였다고 하기는 어려울 것이고, 오히려 정당한 권리 행사라고 해야 할 것이다.

일곱 번째로, 범죄자가 다시 재범할 가능성이 매우 높은 경우에는 범죄자의 범죄성을 억압하여 공동체의 통합을 유지하고, 공동체 소속 구성원들의 안전을 보호하기 위하여 고소나 고발이 필요한 경우도 있다. 이러한 필요에 의한 고소나 고발을 범죄자에 대한 보복적 행위라고 판단할 수는 없다. 또 자신에게 범죄를 저지른 자가 재범을 저지를 가능성이 아주 높은 상황에서 원수 사랑의 계명을 실천한다는 생각에 고소나 고발을 하지 않았고, 그로 인해 그 범죄자의 범죄성이 억압되지 않아 그 이후 그 범죄자가 다른 시민에게 범죄를 저질렀다고 한다면, 이는 자신에 대한 범죄를 저지른 자에 대해서는 원수 사랑을 실천하였다고 자부할 수 있을지 모르나 새로운 범죄 피해자에 대하여 아가페-사랑을 실천하지 못한 것이 됨은 분명하다고 할 것이다. 이에 관하여 틸리히는 다음과 같이 설명한다.

만일 어떤 사람이 '나는 당신이 범죄한 사실을 알고 있습니다. 정의의 관점에서 생각해 보면, 나는 당신을 법정에 넘겨야 합니다. 하지만 나는 기독교인으로 사랑을 제일 중요하게 생각하는 사람입니다. 그러므로 나는 당신을 고발하지 않겠소. 얼른 떠나시오'라고 말했다고 가정해 보자. 우리는 사람에 대해 근본적으로 잘못 생각하고 있는 이러한 관대함으로 인해서, 어쩌면 한 사람이 영원히 되돌아올 수 없는 범법자가 될 수 있다는 점을 명심해야 한다. 이러한 일은 정의롭지 못할 뿐만 아니라 사랑은 더더욱 아니다. 오히려 이것은 부정의한 것이며 단지 감정에 치우친 것일 뿐이다. 그렇다면 이 사람은 법정에 가서 자신의 잘못을 바로잡고 새사람이 될 수 있는 기회를 놓치고 만 것이다. 잘 생각해 보면 오히려 정의롭게 행동하는 것이 다른 사람을 위한 사랑의 행동이 되는 것이다.[112]

이 부분과 관련해서 맥아더의 아래의 말도 참고하기 바란다.

만약 A와 B만이 연루되어 있는 상황에서 A가 B의 안전과 재산 혹은 생명을 위협한다고 해보자. 이 경우에 B에게는 A를 파괴하거나 혹은 심지어 그에게 저항하기보다는 마태복음 5장 38절 이하에 따라 그에게 굴복해야 한다는 한 가지 의무만이 지워진다. 그러나 A가 C를 위협한다면 어떻게 될까? B는 이 경우에도 동일한 의무 아래 있는가? 아니면 사랑-이 사랑은 A와 C 모두에게 주어져야 한다-의 이 경우 다른 방책을 요구하는가? 문제를 보다 확대하기 위해 A가 B뿐만 아니라 C, D, E, … Z의 생명까지도 위협하고 있다고 생각해 보자. 그런 경우에는 B의 의무가 무엇일까? 어떤 대답이 주어지건 즉시 분명하게 드러나는 것은 비록 어떤 상황에 있어서건 사랑의 법은 계속 B에게 있어서 의무로서 존재하지만, A, B 이외의 제삼자들의 계속적인 개입은 윤리적 문제를 급격하게 수정케 한다는 사실이다.[113]

112   폴 틸리히, 《사랑 힘 그리고 정의》, 33쪽.
113   하비 K. 맥아더, 《산상설교의 이해》, 215쪽.

여덟 번째로, 범죄자가 범죄를 통하여 엄청난 수익을 취하여 향락을 누리고 있다면, 다시 말해 원수가 주리거나 목마른 상황이 아니라 범죄로 인해 취득한 부를 누리고 있다면 그러한 왜곡된 상황을 바로잡기 위해서라도 고소나 고발은 허용되어야 할 것으로 생각한다.

이상의 점들을 모두 종합하면, 범죄자에 대한 고소나 고발을 통한 시정적 정의의 실현은 원칙적으로 원수 사랑의 계명에 위반되는 것이 아니라고 할 것이다. 특히, 범죄에 대한 진상규명을 위하여, 범죄의 재발을 방지하기 위하여, 새로운 피해자의 발생을 막기 위하여, 범죄로 인한 왜곡된 상태를 바로잡기 위하여, 공동체의 질서유지를 위해서라면 범죄자에 대하여 고소나 고발을 하더라도 원수 사랑의 계명을 위반한 것이 되지 않는다고 해야 한다.

다만, 범죄피해를 당해 고소나 고발을 하게 될 경우에도 다음의 점은 염두에 두어야 한다.

먼저, 고소나 고발을 할 때 분노, 증오, 원한 같은 부정적 감정을 가지고 보복적 대응 차원에서 해서는 안 된다. 용서는 사람으로부터 초래된 손상(損傷)을 입은 자가 그 손상과 관련하여 가해자에 대한 부정적 감정과 보복적 대응을 포기하고, 가해자-피해자 관계를 소멸시키는 행위이므로, 범죄자에 대하여 부정적 감정을 갖고 보복적 대응 차원에서 고소나 고발을 하는 것은 용서의 의무에 위반되기 때문이다.

다음으로, 고소나 고발은 반드시 해야만 하는 것은 아니라는 점이다. 공적 응보 시대에는 중범죄에 대해서는 피해사실이 공적으로 알려질 가능성이 높으므로 그러한 경우 가해자에 대한 피해자의 고소나 고발이 없더라도 공권력에 의해 수사가 개시되고 재판이 이루어지게 되므로 피해자의 고소나 고발은 반드시 해야 하는 것은 아니다. 이러한 경우의 고소나 고발은 가해자에 대하여 엄중한 처벌을 해달라는 의사표시로서 효과를 지닐 뿐이므로, 고소나 고발을 할 경우 앞에서 언급한 바와 같이 부정적 감정을 가지고 보복적 대응 차원에서 해서는 안 된다. 한편, 피해 정도가 경미하거나 피해 사실이 공적으로 알려지지 않은 경우에는 피해자의 고소나 고발은 범죄에 대한 수사가 개시되는 데 중요한 역할을 하므로 고소나 고발을 할지 여부는 스스로 판단하여야 한다. 다만, 이러한 경우에도 범죄의 재발가능성이 매우 낮고, 범죄로 인해 초래된 왜곡 상태를 바로잡을 필요가 없는 경우에는 고소나 고발을 자제하고 용서나 화해의 길로 나아가야 할 것으로 생각한다.

끝으로, 가해자가 같은 교회에 소속된 성도라면 고린도전서 6장 1-7절의 말씀처럼 우선적으로 성도들에게 문제 해결을 요청하는 것이 바람직하다고 생각한다.

다. 범죄와 용서

범죄와 관련하여 용서의 과정에서는 범죄로 인해 일시적으로 발생된 가해·피해-관계를 소멸시켜 주나, 화해의 과정은 손상된 원-관계를 회복시켜 준다. 범죄가 발생하기 전에는 서로 알지 못했던 사람들 사이에서 범죄가 발생한 경우는 시민관계 외에는 회복될 원-관계가 존재하지 않는다고 할 수 있다. 이러한 경우

어는 금전적 피해배상만으로 사법적 정의가 이루어질 수 있으므로 원-관계인 시민관계의 회복은 공동체의 연대를 위해서는 의미를 가지고 있을지 몰라도 당사자에게는 큰 의미를 가지지 못한다. 하지만 관계적 범죄에 있어서는 가해자에 대한 처벌도 중요하겠지만 가해·피해-관계를 소멸시키고 원-관계를 회복시키는 것도 아주 중요하다. 이러한 경우 가해자가 피해자에게 자신의 잘못을 말하고 용서를 구하는 것은 원-관계의 회복을 위한 출발점이 된다.

관계적 범죄에서 범죄가 일회성에 그친다는 확신은 가해자가·피해자에게 용서를 구하고 재범을 저지르지 않겠다는 의지를 보여주었을 때이다. 따라서 관계적 범죄에 있어 가해자가 피해자에게 용서를 구하는 것은 범죄로 인해 초래된 가해자의 묵인된 권리와 지위를 내려놓고 피해자에게서 빼앗았던 권리를 되돌려주는 것이다. 이러한 의미에서 "용서는 권력에 대한 인정이다."[114] 그럼으로써 가해자와 피해자의 지위는 소멸된다. '회복의 길'이라고 할 수 있는 이 과정에는 가해자에게 고통이나 모욕을 주어 가해자의 지위를 격하시킴으로써 피해자의 지위를 높이는 행위는 허용되지 않는다. 그것을 허용하는 것은 누스바움이 말한 것처럼 '지위의 길'에 해당한다. 지위의 길은 피해자가 자신이 입은 피해를 오직 상대적 지위에 관한 것으로만 보고, 다시 말해 아리스토텔레스가 이야기한 것처럼 피해를 오직 피해자 자신의 '지위-격하'로만 보고 피해자가 어떤 식으로든 자기가 입은 피해를

---

114   아론 라자르, 《사과에 대하여》, 308쪽.

가해자에게 갚아주되, 그 과정에 가해자에게 고통이나 모욕을 주어 가해자의 지위를 격하시키는 방식이다.[115] 피해자는 "가해자에게 자신의 추락을 환기시키면서 반대급부로 상대의 고통을 즐길 수도 있다. 또는 가해자가 아직 충분히 고통을 겪지 않았다며 끝내 사과를 유보할 수도 있다."[116] 회복의 길은 인과응보의 길과 지위의 길 사이에 난 좁은 길이고, 인과응보의 길의 문제점을 보완할 수 있는 길이다. 한쪽으로 치우치지 않는 회복의 길은 진정으로 피해자의 회복을 갈구하는 길이다.

용서의 권리는 피해자가 배타적으로 향유하는 권리이고, 용서의 의무가 인정되는 경우에도 피해자에 대하여 용서를 강권할 사람은 아무도 존재하지 않는다. 따라서 피해자에게 용서와 화해의 장에 올라서라고 요구하거나 강요하는 것은 적절하지 않다. 한편, 가해자로서는 사적 보복을 당하든지 아니면 공적 응보를 당하든지 하면 되지 자신의 감정이나 양심에 부합되지 않는 용서를 구걸하도록 강요하지 말라고 할 가능성이 높고, 특히, 형사처벌을 받은 뒤에는 피해자에게 용서를 구하거나 사과할 이유가 전혀 없다고 주장할 여지도 있다. 용서는 이러한 가해자와 피해자의 입장을 존중해야 할 뿐 아니라 인간의 본성을 거스르는 것이므로[117] 이를 실천하기 위해서는 커다란 용기와 인내가 필요하고, 어떤 경우에는 피해자의 희생이 따를 수도 있다.

115   마사 C. 누스바움, 《분노와 용서, 적개심, 아량, 정의》, 29쪽.

116   아론 라자르, 《사과에 대하여》, 309쪽.

117   필립 얀시, 《용서: 은혜를 시험하는 자리》, 177쪽.

"용서는 인간의 본성이 아니라 신의 본성이다."[118] 용서의 발명자는 하나님이시다. "하나님은 그분조차도 바꾸실 수 없고 잊게 하실 수 없는 과거에 대한 치료법으로 용서를 발명하셨다."[119] 하나님에 의해 창조된 인간은 용서의 본성을 가지고 태어났지만 타락으로 인해 용서의 본성은 보복의 본성으로 변질되어 버렸다. 하지만 원수까지 사랑하라는 계명을 받은 우리는 용서의 의무를 이행함으로써 창조본연의 본성을 회복시켜 나가야 한다. 원수를 사랑하라는 명령을 수행함에 있어 첫 번째로 통과해야 할 관문이 용서이다. 우리는 용서함으로써 범죄인간의 본성에 저항하고 우리와 연합하고 계시는 하나님을 드러낼 수 있다.

---

118   루이스 스미디스, 《용서의 미학》, 62쪽.

119   앞의 책, 132쪽.

4. 은혜적 정의와 원수 사랑의 실천

예수는 옛 계명인 '황금률 및 사랑의 계명'이 율법과 선지자의 강령이라고 하셨다. 황금률은 호혜적 정의의 실천을 요청하고 사랑의 계명은 은혜적 정의의 실천을 요청한다. 하지만 예수는 새 계명을 주셨는데 이는 예수께서 원수였던 우리를 용서하시고 화해하시고 사랑해 주신 것같이 우리도 원수를 용서하고 사랑하라는 것이다. 옛 계명과 새 계명을 종합하면 '정의의 기본 원칙인 황금률은 사랑의 최소한이고, 원수 사랑은 정의가 이룰 수 있는 최대한이다'라고 정리할 수 있다. 로핑크는 원수 사랑의 계명은 "다른 여러 요청 가운데 하나가 아니라 모든 계명의 핵심이요 정점이요 완전성에 이르게 하는 것"[120]이라고 한다. 그러므로 이웃 사랑을 실천하고자 하는 자는 최소한 정의를 실현하는 것에서부터 출발해야 하고, 이웃 사랑을 완성하고자 하는 자는 원수까지 사랑할 수 있는 경지에 이르러야 한다.

그런데, 사람들은 잘못을 저지른 사람에 대해 엄격히 처벌

---

[120]　게르하르트 로핑크, 《산상 설교는 누구에게?》, 109쪽.

하는 것만을 정의라고 생각한다. 그리고 사람들은 잘못을 저지른 사람에 대하여 '용서하라'라는 말을 듣는 것만으로 심각한 거부 반응을 일으키기도 하고, 용서가 현실을 부정하는 부자연스럽고, 부정직한 것이라고 비난하기도 한다. 이는 대부분의 사람들이 용서 및 용서를 출발점으로 하는 원수 사랑을 매우 부조리한 일로 여긴다는 것을 잘 보여준다.

용서와 원수 사랑은 타락한 인간의 성품을 거스르는 것이고, 동해보복의 도덕적 충동을 거스르는 것이다. 사람들 중에는 원수를 전혀 용서하지 못하는 사람이 있는가 하면 가해자인 원수의 회개를 조건으로 용서나 원수 사랑을 실천하는 사람도 있다. 하지만 예수께서 가르쳐 주신 은혜적 정의와 원수 사랑을 온전히 실천해 내는 사람은 전혀 없다.

볼프는 "용서가 정의를 대체할 수는 없다"[121]고 한다. 여기에서 볼프가 말하는 정의는 호혜성의 원칙을 표방하는 시정적 정의 중에서도 응보적 정의에 해당하는 것으로 보인다. 따라서 사적 보복은 정당성을 인정받지 못하고, 공적 응보만 허용하는 현대 법치국가에서는 범죄피해자가 가해자를 용서하였다고 하여 원칙적으로 범죄에 대한 시정적 정의의 실현이 중단되지는 않는다. 하지만 그렇다고 해서 용서가 정의의 실현에 있어 아무런 의미를 가지지 않는 것은 아니다. 오히려 용서는 응보적 정의가 간과하고 있는 피해자의 완전한 회복 및 재범의 방지와 범죄자의 사회복귀에 있어 매우 중요한 역할을 감당하고 있다. 용서는 은

---

121 미로슬라프 볼프, 《배제와 포용》, 194쪽.

혜적 정의나 회복적 정의의 핵심 실천요소이고, 용서와 이를 토대로 하는 화해를 통해 은혜적 정의와 회복적 정의가 완성된다. 그러므로 우리는 다음과 같이 말할 수 있다. "용서는 정의를 완성한다." 한편 용서는 아가페-사랑의 핵심 실천요소이기도 하므로 우리는 다시 다음과 같이 말할 수 있다. "사랑은 정의를 완성한다."

5

계명의 저주에서
복음의 축복으로

1. 인간의 힘으로 지킬 수 없는 하나님의 계명

옛 계명인 십계명과 산상수훈의 새 계명은 앞에서 살펴보았듯이 인간의 힘으로는 도저히 지킬 수가 없는 계명이다. 인간과 역사가 존속하는 한 그 명령의 완전한 성취는 불가능하다.[1] 그 이유에 관해, 십계명뿐 아니라 십계명을 새롭게 해석한 산상수훈의 계명이 제시하는 기준들이 인간으로서는 도달할 수 없는 경지에 있기 때문이라고 주장하는 사람이 있는가 하면, 십계명과 산상수훈의 계명이 몽상가의 비실제적 이상주의를 나타내는 가르침이기 때문에 위 계명들을 지키는 것이 불가능하다고 주장하는 사람도 있다.[2] 인간이 십계명과 산상수훈의 계명을 온전히 지켜낼 수 없는 것은 아담과 하와의 범죄 이후 타락한 인간 본성 때문이다. 홍순원·황현숙은 "중요한 것은 그 명령의 실천불가능성이 아니라 그 명령을 실천할 수 없는 인간과 사회현실이다"[3]라고 한다. 어쨌든 이유가 무엇이든 간에 십계명과 산상수훈의 계명은 인간

---

1   홍순원·황현숙, 〈산상설교의 윤리〉, 178쪽.

2   존 스토트, 《존 스토트의 산상수훈》, 25쪽.

3   홍순원·황현숙, 〈산상설교의 윤리〉, 178쪽.

으로서는 온전히 지킬 수 없는 계명임이 분명하다.

앞에서도 보았듯이 탐욕은 십계명의 열 개의 계명 전체의 토대가 되고 있다. 인간의 탐욕은 인간으로 하여금 다음과 같은 행위로 치닫게 만든다. 인간은 탐욕으로 인해 틈만 나면 우상을 향하여 우리의 마음을 돌린다. 인간은 탐욕과 교만으로 가득 차서 자신이 하나님의 지위를 누리기를 원하고, 하나님의 이름을 자신을 위해 사용하기를 원한다. 인간은 탐욕으로 인해 쉬지도 못하고 폭주하는 기관차처럼 시간을 허비한다. 인간은 탐욕으로 하나님께서 정해 주신 질서와 권위를 무너뜨리기를 원한다. 인간은 탐욕에 못 이겨 타인을 지배하기를 원하고 이를 위해 살인, 납치, 상해, 폭행 등의 폭력까지 행사한다. 인간은 성욕에 사로잡혀 타인뿐 아니라 자신의 혼인 관계를 깨트리고 하나님이 정해 주신 혼인 질서를 무너뜨리고자 한다. 인간은 탐욕에 사로잡혀 자신에게 주어진 몫에 만족하지 못하고 타인의 물질을 도둑질하고자 한다. 인간은 거짓 증거뿐 아니라 온갖 수단과 방법을 가리지 않고 탐욕을 채우고자 광분한다. 아아! 비참하다고 할 수밖에 없는 인간의 모습이다. "오호라 나는 곤고한 사람이로다 이 사망의 몸에서 누가 나를 건져내랴"(롬 7:24).

이처럼 인간의 탐욕은 바닥이 없어 아무리 채워도 채워지지 않는 지옥과 같다. 아무리 많은 물을 부어도 채울 수 없는 밑 빠진 독과 같이 인간의 탐욕은 채워지지 않고, 제어할 수도 없다. 이는 십계명과 산상수훈의 계명의 바탕을 이루고 있는 탐욕의 죄를 위반하지 않는 사람은 아무도 없다는 것을 의미한다. 이에 사도 바울은 "의인은 없나니 하나도 없으며 … 선을 행하는 자는 없나니 하나도 없도다"(롬 3:10, 12)라고 선포한 것이다. 게다가 예수는 십계명에 대한 순종의 의무를 오히려 더욱 강화하셨다.[4] 이는 "내가 너희에게 이르노니 너희 의가 서기관과 바리새인보다 더 낫지 못하면 결코 천국에 들어가지 못하리라"(마 5:20)는 말씀에서 분명히 드러나고, 앞에서 살펴본 산상수훈의 여섯 가지 대립명제는 '서기관과 바리새인의 의보다 더 나은 의'의 내용이 무엇인지에 관한 가르침이다.[5] 예수는 여섯 가지 대립명제 중 첫 번째 및 두 번째 대립명제를 통해 형제에 대하여 노하거나 바보라고 하거나 미련한 놈이라 하기만 해도 제6계명을 위반하는 것이 되고, 여자에 대하여 음욕을 품는 것만으로도 제7계명을 위반하는 것이 된다고 하셨으므로, 위 말씀에 따르면 우리는 위 두 계명을 온전히 지킬 수가 없다. 더 나아가 예수는 동해보복법칙을 토대로 하는 호혜적 정의를 넘어 연대적 정의 및 은혜적 정의를 실천하고(여섯 가지 대립명제 중 다섯 번째), 원수 사랑까지 실천할 것을 명령하셨다(여섯 가지 대립명제 중 여섯 번째). 하지만 우리의 탐욕은 우리가 재산상의 손실을 당하는 것을 결코 용납하지 않을 뿐 아니라 우리의 본성에 반하는 원수 사랑을 실천할 수 없게 한다. 나머지 두 개의 대립명제(이혼과 맹세에 관한 가르침)와 관련해서도 마찬가지 결론에 이른다. 그렇다면 십계명의 준수와 관련하여 우리는 우리의 힘과 의지로 십계명을 모두 지키는 것은 불가능하다고 고백하지 않을 수 없다. 이와 관련해 라이큰은 "율법의 주요 목적 중 하나는 우리가

---

4   신호섭, 《웨스트민스터 신앙고백서 해설》, SFC, 2025, 441쪽.
5   하비 K. 맥아더, 《산상설교의 이해》, 88쪽.

그것을 지킬 수 없다는 것을 증명하는 것이다"[6]라고까지 말한다.

맥아더는 산상설교를 읽을 때 그것을 지킬 수 없음으로 인해 우리가 갖게 되는 경험은 이사야 선지자가 성전 안에서 경험했던 것과 다르지 않기 때문에 우리도 이사야처럼 "화로다 나여 망하게 되었도다 …"라고 부르짖게 된다고 한다.[7] 또 맥아더는 "산상설교는 우리들의 오만한 자부심과 자기 만족을 흩어버리는 부분이다. 산상설교를 진지하게 붙잡는다면 그것은 우리를 절망으로 인도할지도 모른다"라고 한다.[8] 사정이 그러함에도 하나님이 인간에게 십계명과 산상수훈의 계명을 주신 이유는 무엇일까? 왜 하나님은 계명의 극단적인 실천을 요구함으로써 인간을 윤리적 한계 상황으로 몰아붙이시는 걸까? 기독교인은 하나님 아버지의 온전하심과 같이 온전해야 하고(마 5:48), 율법 전체를 행할 의무를 부담하고 있으며(갈 5:3), 온 율법을 지키다가 그 하나를 범하면 모두 범한 자가 되고(약 2:10), 율법 책에 기록된 대로 모든 일을 항상 행하지 아니하는 자는 저주 아래에 있는 자이며(갈 3:10), 율법의 행위로 하나님 앞에 의롭다 하심을 얻을 육체는 없다(롬 3:20). 위 말씀들을 감안하면 십계명과 산상수훈의 계명이 인간을 살리기 위하여가 아니라 죽음의 저주를 내리기 위하여, 즉 인간을 정죄하고 처벌하기 위하여 제정된 것에 불과하다는 생각까지 들게 된다. 이에 관해 칼빈도 다음과 같이 말한다.

---

6   필립 그레이엄 라이큰, 《돌판에 새긴 말씀》, 67쪽.
7   하비 K. 맥아더, 《산상설교의 이해》, 228쪽.
8   앞의 책, 251쪽.

그러나 여기에서 우리는 다음과 같이 물을 수 있습니다. '하나님은 우리의 연약함을 그토록 잘 아시면서 어째서 우리를 좀 더 강건하게 만들어 주시지 않는가? 어째서 그분은 그토록 엄격한 율법을 재가 하시는가?' 사실 하나님이 우리가 우리의 모든 악한 의지를 굴복시 키는 것에 만족하시지 않으시고 이 마지막 계명을 덧붙이심으로써 우리의 악한 욕망까지 금하시는 것을 볼 때, 우리는 그분이 우리를 완전히 압도하려 하신다는 느낌을 받게 됩니다. 그리고 바로 그것이 하나님을 조롱하는 자들이 하나님이 그분의 율법을 통해 인간을 조 롱하신다고, 또한 인간의 몸을 가렵게 하신 후에 몸을 긁지 말라고 명하신다고 주장하는 이유입니다.[9]

하나님은 인간을 괴롭히고 저주하기 위해 십계명과 산상수 훈의 계명을 주신 것인가? 결코 그렇지 않다. 김용규는 "십계명은 인간을 죄와 죄의 산물인 탐욕으로부터 해방시켜 자유롭게 하려 는 오직 하나의 일관된 의지의 구체적이고 반복적인 표현"[10]이라 고 한다. 홍순원·황현숙은 "산상설교는 새로운 의무를 나열하는 것이 아니라 모든 규범과 율법으로부터 인간을 해방시키며 인간 이 범할 수 있는 자기 의의 수립을 해체시키며 빈손으로 하나님 앞에 나아오라는 초청의 말씀이다"[11]라고 한다.

성경에는 위 계명들을 주신 것이 인간에게 영원한 복을 주 시기 위함이라는 것이 명백하게 기록되어 있다. 그렇다면 우리는

---

9   존 칼빈, 《칼빈의 십계명 강해》, 323쪽.
10   김용규, 《데칼로그》, 577쪽.
11   홍순원·황현숙, 〈산상설교의 윤리〉, 177쪽.

지키는 것이 불가능한 계명을 주신 것과 계명을 통한 하나님의 축복 사이의 모순을 어떻게 해결할 것인가?

앞에서 보았듯이 위 계명들을 온전히 지켜서 구원을 얻을 수 있는 인간은 이 세상에 아무도 없다. 이러한 어려움을 회피하기 위해 위 계명들 중 어떤 것들은 모든 이들에게 지워진 의무가 아니라고 해석할 필요는 없고, 우리들에게 요구되어진 모든 것들을 아직 행하지 못했다는 괴로운 사실을 똑바로 직시하는 편이 더 낫다.[12] 위 계명들을 모두 완벽하게 지키고자 한다면 아담과 하와의 범죄 이후 타락한 본성을 지니게 된 우리로서는 위 계명들 아래에서 절망에 찬 신음을 내뱉을 수밖에 없다. 그러한 신음 속에서 위 계명들은 우리가 구원자를 필요로 하는 죄인들이라는 사실을 선명하게 깨닫게 해준다.[13] 이러한 깨달음이 영원한 복을 위한 출발점이고, 이것이 바로 위 계명들이 인간에게 주는 축복이다.

십계명과 산상수훈의 계명은 하나님의 법이고, 언약이다. 따라서 위 계명들을 위반하는 것은 하나님 앞에서 죄가 된다. 계명 위반죄는 앞에서 보았듯이 불의죄와 행악죄가 있다. 먼저, 십계명 중 제1계명에서 제3계명을 위반하는 것, 다시 말해 하나님 외에 다른 신을 두거나 하나님을 새긴 우상으로 만들어 섬기는 것은 하나님과의 관계가 단절되게 하는 것으로서 불의죄가 된다. 불의죄의 근본 동기는 교만에 있다. 다음으로, 십계명 중 제4계명에서 제10계명과 산상수훈의 계명을 위반하는 것은 하나님이 명령하

---

12   하비 K. 맥아더, 《산상설교의 이해》, 211쪽.

13   필립 그레이엄 라이큰, 《돌판에 새긴 말씀》, 81쪽.

신 계명을 위반하는 것으로 행악죄가 된다. 행악죄의 근본 동기
는 탐심에 있다.

죄에 대한 처벌은 육신과 영혼의 죽음이다. 범죄한 이상 인
간으로서는 스스로 처벌에서 벗어날 수 없다. 그런데 하나님은
연약한 인간을 위해 계명 위반으로 인한 죄의 짐에서 벗어날 길
을 주셨다. 먼저, 구약 시대에는 대속죄일(大贖罪日), 곧 '욤 키푸르'
규례를 통해 속죄의 길을 열어 두셨다. 이 제도를 통해 이스라엘
인들은 매년 한 번씩 일 년간 지었던 모든 죄를 용서받을 수 있었
다. 이 규례가 없었더라면, 이스라엘 백성들은 십계명을 어긴 죄
로 인하여 이미 세상에서 사라져 버렸을지도 모른다. 그러나 하
나님은 욤 키푸르 외에 인간이 상상할 수 없는 계획을 이미 가지
고 계셨고, 때가 되자 그 계획을 실현하셨다. 그것은 바로 하나님
의 독생자이신 예수 그리스도를 이 땅에 보내시어 단번에 속죄 제
물이 되게 하시고, 그 예수를 구주로 영접하는 인간들은 십계명
을 온전히 지키지 못하더라도 구원을 얻을 수 있게 하는 것이다.

이처럼 인간의 연약함과 곤고함을 잘 아시는 하나님은 인간
이 절망의 신음 가운데서 죽어가는 것을 그냥 보고 계시는 것이
아니었다. 십계명과 산상수훈의 계명을 모두 지키지 못한 죄가
있더라도 그 죄를 용서하시고 하나님의 백성으로 받아주시는 은
혜를 베푸실 준비를 마치신 다음 인간을 부르시고 계신다. 그러
므로 우리는 하나님 앞으로 나아가야 한다. 홍순원·황현숙은 "예
수는 모세와 다른 또 하나의 율법을 창시하려 한 것이 아니라 하
나님 앞에 인간 개개인을 불러세우고 있다. 하나님은 온전한 인간
자신 전체를 요구하시며 인간의 어떤 행위가 아닌 인간 자신을 부

　천종호 판사가 들려주는 십계명

르고 있다"[14]고 한다. 그러므로 우리는 계명을 온전히 지키지 못한 데 따른 죄책감과 수치심을 무릅쓰고 하나님 앞으로 나아가야 한다. 그 길 끝에는 깊은 절망을 충분히 보상하고도 남을 하나님의 은혜가 기다리고 있음을 기억해야 한다. 이것은 위 계명들이 인간에게 주는 또 다른 축복이다. 이에 관한 칼빈의 말을 옮겨 본다.

> 그러므로 우리는 하나님의 율법을 우리의 능력을 따라 헤아리거나 우리가 할 수 있는 일의 관점에서 검토해서는 안 됩니다. 오히려 우리는 우리가 하나님께 어떤 은혜를 입고 있는가를 생각해야 합니다. 그러나 종종 우리는 '그렇다면 우리가 할 수 있는 것이 무엇인가'라고 묻습니다. 사실, 만약 우리가 예수 그리스도 안에서 우리의 구원을 찾지 않는다면, 우리는 저주를 면하지 못할 것입니다. 만약 우리가 하나님의 은혜의 필요성을 느끼지 못한다면, 그런 우리가 어떻게 그분의 은혜를 구할 수 있겠습니까? 인간은 무언가를 자진해서 구하는 경우가 없습니다. 만약 우리가 자신에게 어떤 의가 있다고 여긴다면, 그때 우리는 그 의를 우리 자신이 아닌 다른 곳에서 찾으려 하지 않을 것입니다. 그러므로 우리는 우리에게서 모든 의를 완전하게 제거하고, 하나님의 진노를 의식하고, 죽음이 그런 우리를 엄습하고 있다는 사실을 의식할 필요가 있습니다. 왜냐하면, 그런 의식이 없다면, 우리는 결코 하나님의 자비를 얻기 위해 그분께 순종하려 하지 않을 것이기 때문입니다.[15]

---

14   앞의 책, 81쪽.
15   존 칼빈, 《칼빈의 십계명 강해》, 327쪽.

2. 율법과 복음

예수 그리스도의 희생으로 인해 십계명은 더 이상 구원을 얻는 방편은 되지 않는다. 구원은 "입으로 예수를 주로 시인하며 또 하나님께서 그를 죽은 자 가운데서 살리신 것을 네 마음에 믿으면"(롬 10:9) 얻게 된다. 예수 그리스도의 희생 이후 십계명을 비롯한 율법은 원칙적으로 폐지되었고, 다만 율법 중 십계명을 비롯한 도덕법 부분에 해당하는 부분은 그리스도의 법으로 승화되었다.[16] 예수는 "내가 율법이나 선지자를 폐하러 온 줄로 생각하지 말라 폐하러 온 것이 아니요 완전하게 하려 함이라"(마 5:17)고 말씀하셨다. 이것은 예수 그리스도의 공로로 십계명을 비롯한 율법이 폐지된 것이 아니라 완성되었다는 뜻이다. 예수께서 우리 죄를 대신하여 십자가를 지심으로써 아무도 온전히 지키지 못하는 십계명 대신에 그리스도의 법이 모든 인간에게 선물로 주어졌다. 즉 사랑이 가득하신 예수의 희생으로 말미암아 율법은 그리스도의 법으로 통합되었다.

16   홍순원·황현숙, 〈산상설교의 윤리〉, 185쪽.

그렇다고 율법이 복음 속에 녹아 들어가 그 고유한 정체성을 잃은 것이 아니다. 그리스도의 법에는 십계명을 포함한 율법과 복음이 모두 포함되나, 복음이 명백히 계시된 이후에도 율법은 여전히 고유한 기능을 가진다. 하나님의 법인 계명들은 택함을 받은 사람들에 대해서는 독성을 잃었지만, 따라서 율법을 더 이상 지킬 필요가 없다고 해서는 안 된다. 십계명과 산상수훈의 계명에는 저주뿐만 아니라 인간이 자신의 비참함을 깨닫고 하나님의 뜻에 순종하게끔 하는 은혜도 담겨 있다. 하나님의 백성들은 예수 그리스도의 복음으로 인해 십계명으로 인한 저주에서 풀려날 길이 생겼지만, 이 땅에 사는 동안은 자신의 타락한 영혼과 부패한 본성에서 흘러나오는 악과 내내 씨름해야 한다. 이 씨름에서 지지 않는 길은 하나님의 계명들을 지키는 것이다. "율법이 주어진 것은 은혜를 찾도록 만들기 위해서이고 은혜가 주어진 것은 율법이 성취되도록 하기 위해서이다"[17]라는 아우구스티누스의 말처럼 복음을 받은 우리는 다시 율법으로 돌아가야 한다. 이에 관해 홍순원·황현숙은 다음과 같이 말한다.

율법과 복음은 해소될 수 없는 긴장 속에 있다. 복음은 하나님이 자기 자신을 극복하는 기적이며 하나님의 사랑이 인간에게 엄습하는 하나님의 거룩함의 위협을 제거시키는 것이다. 복음은 인간에게서 율법의 심판을 제거시킨다. 그리스도 없는 하나님이 존재할 수 없고, 믿음 없는 행함이 위선에 빠지는 것처럼 복음 없는 율법은 존재

할 수 없다. 하나님 안에서 심판과 은혜가 대립되지 않는 것과 마찬가지로 율법과 복음은 심판과 구원의 대립적 관계를 형성하지 않는다. 율법과 복음의 통일성은 오직 율법의 수여자와 복음의 수여자의 통일성 안에 존재한다. 그것은 사고와 통찰의 대상이 아니라 신앙의 대상이다. 복음 안에서 사는 자에게도 율법은 여전히 그 정체성과 기능을 유지한다. 율법에 대한 관계는 변하지만 율법의 본질과 권위는 여전히 남아 있다. 율법은 이제 규범적 기능을 넘어서 주어진 구원을 완성하도록 도와주는 교육적 기능을 수행한다. 그리스도인의 실존은 하나님의 선물일 뿐 아니라 자발적인 성취의 대상이기 때문이다. 율법은 복음으로부터 배제될 수도 없지만 통합될 수도 없다.[18]

십계명과 산상수훈의 계명들은 우리의 마음부터 변화되지 않으면 지킬 수 없다는 것을 명백히 가르치고 있다. 산상수훈의 계명이 팔복으로 시작하는 이유가 바로 여기에 있다. 십계명은 금지명령의 형식으로 되어 있는데 그 의미에 관해 홍순원·황현숙은 다음과 같이 설명한다.

십계명의 조항들을 보면 대부분 부정의 형식을 취하고 있다. 그것은 어떤 구체적인 실천을 넘어서 행동 이전의 상태를 지적하고 있다. 예를 들어 살인하지 말라는 명령은 행동을 전제로 한 명령이 아니라 인간의 내면 속에 가인의 분노가 잠재되어 있음을 지적하는 것이다. 도적질 하지 말라는 명령은 인간 안에 탐심이 있음을 지적하는 하나

님의 말씀이다. 이와 같이 율법은 인간이 이미 타락한 존재임을 전제로 한다. 율법은 인간이 죄인임을 드러냄으로써 하나님과의 관계를 회복하도록 촉구하는 하나님의 부르심이다. 산상설교의 명령도 '명령법'(Imperativ)적 의미보다는 '서술법'(Indikativ)적 의미가 더 강조되고 있다. 마음속에 음욕을 품고 있는 사람은 이미 간음하였다는 예수의 말씀은 율법이 추구하는 궁극적인 목표는 행동의 변화가 아니라 존재의 변화라는 사실을 상기시키는 것이다.[19]

그러므로 우리가 하나님의 은혜에 감사하기 위해 십계명과 산상수훈의 계명을 "온전하게"(teleios), 로핑크의 표현을 빌리자면 "강화된 계명의 준수를 넘어 갈라짐 없이, 일편단심 전인적으로"[20] 지키기 위해서는 타락한 우리의 마음을 예수의 마음으로 바꾼 다음 예수를 따라야 한다(마 19:21). 이것이 바로 예수가 말한 "서기관과 바리새인보다 나은 의"(마 5:20)이다. 로핑크는 철저한 율법 준수는 다른 어떤 것도 아닌 예수를 따르는 것, 즉 예수 추종을 통해서 이루어진다[21]고 한 다음, '추종'의 의미를 아래와 같이 풀이한다.

마태오가 완전한 율법 준수라는 주제를 이미 처음부터 그처럼 일관해서 추종이라는 주제와 연결짓는다는 것은 비상하게 의미심장한 사실이다. 그렇게 해서 사실인즉 완전한 토라 준수의 **역사적 차원**

---

19   앞의 논문, 185쪽.

20   게르하르트 로핑크, 《산상 설교는 누구에게?》, 108쪽.

21   앞의 책, 111쪽.

이 뚜렷이 드러나는 것이다. 철저한 율법 순종은 마태오에 따르면 하나의 명백한 **자리매김**이 있다: 그것은 나사렛 예수를 따르는 일과 풀 수 없는 관계로 맺어져 있다. 예수 안에서 하나님은 자기 백성을 죄에서 구원하시기 위하여(마 1:21) 최종적으로 배려하셨으며, 따라서 예수를 따르는 거기서 비로소 이스라엘이 완전히 하느님께로 향하는 일, 곧 토라를 철저히 준수하는 일이 가능한 것이다.[22]

십계명과 산상수훈의 계명들은 구체적인 행동을 요구하기 이전에 인간 존재의 변화를 촉구한다.[23] 하지만 인간의 타락한 마음을 변화시켜 하나님을 만족시키는 것은 위 계명들을 형식적으로 지켜내는 것보다 어려운 일이다. 그럼에도 우리는 마음의 변화를 통한 존재의 변화를 일으켜야 하고, 이를 토대로 구체적인 행동에 나아가야 한다. 구체적인 행동은 우리의 존재를 완성하기 위함도 아니고, 우리의 의를 성취하기 위함도 아니다. 오로지 하나님의 뜻을 이루어 드리기 위함이다. 하나님의 뜻을 이루어 드리지 못하게 하는, 행함이 없는 믿음은 죽은 믿음이다. 그런데 존재의 변화를 일으켰다고 하더라도 개인의 의지만으로는 구체적인 행동에 나아가기가 어려울 때가 있다. 이런 경우에는 공동체의 뒷받침이 필요하다. 공동체의 뒷받침 없이 그리스도의 법을 온전히 준수하고자 하는 분투하는 사람들에 대하여 로핑크는 "신약 성서에 따라 구성된 공동체라는 바탕이 없는데도 불구하고

22　　앞의 책, 128쪽.
23　　홍순원·황현숙, 〈산상설교의 윤리〉, 183쪽.

예수의 교훈대로 살려고 애쓰는 사람은, 너무나 쉽사리 주저앉고 말거나 아니면 안간힘을 쓰고 영웅심을 부리며 살아야 할 수밖에 없을 것이다"[24]라고 한다. 그러므로 예수 그리스도의 법을 온전히 실천하기 위해서는 개인의 의지뿐 아니라 "살아 있는 역사 안에서 하느님과 더불어 살면서 추종을 가능하게 하는 그런 공동체"[25], 즉 교회가 필요함을 잊어서는 안 된다.

글을 맺으면서 산상수훈의 마지막 말씀을 이곳에 옮겨 둔다.

그러므로 누구든지 나의 이 말을 듣고 행하는 자는 그 집을 반석 위에 지은 지혜로운 사람 같으리니 비가 내리고 창수가 나고 바람이 불어 그 집에 부딪치되 무너지지 아니하나니 이는 주추를 반석 위에 놓은 까닭이요 나의 이 말을 듣고 행하지 아니하는 자는 그 집을 모래 위에 지은 어리석은 사람 같으리니 비가 내리고 창수가 나고 바람이 불어 그 집에 부딪치매 무너져 그 무너짐이 심하니라(마 7:24-27)

---

24   게르하르트 로핑크, 《산상 설교는 누구에게?》, 302쪽.
25   앞의 책, 302쪽.

참고 문헌(가나다 순)

단권

강남순, 《용서에 대하여》, 동녘, 2017

강영안, 《십계명 강의》, Ivp, 2009

게르하르트 로핑크, 《산상 설교는 누구에게?》, 분도출판사, 1990

고재백 외 12인, 《용서와 화해 그리고 치유》, 새물결플러스, 2022

권오윤, 《왕 같은 제사장의 삶》, barahBOM, 2021

김용규, 《데칼로그》, 포이에마, 2015

나카노 노부코, 《정의 중독》, 시크릿하우스, 2021

니콜라스 월터스토프, 《사랑과 정의》, Ivp, 2017, 《정의와 평화가 입맞출 때까지》, Ivp, 2007

데즈먼드 M. 투투, 《용서 없이 미래 없다》, 사자와어린양, 2022

루이스 스미디스, 《용서의 미학》, 이레서원, 2005, 《용서의 기술》, 규장, 2004

마사 C. 누스바움, 《분노와 용서, 적개심, 아량, 정의》, 뿌리와이파리, 2018

마이클 이그나티에프, 《평범한 미덕의 공동체》, 원더박스, 2018

미로슬라프 볼프, 《배제와 포용》, Ivp, 2012

박윤식, 《영원한 만대의 언약 십계명》, 휘선, 2022

방정열, 《용서, 그 불편함에 대하여》, 세움북스, 2020

백종현, 《칸트와 헤겔의 철학》, 아카넷, 2017

사이먼 메이, 《사랑의 탄생》, 문학동네, 2016

셋 D. 포스텔 외 2인, 《모세를 읽으며 예수님을 보다》, 이스트윈드, 2020

송정훈, 《산상수훈 강해》, 쿰란출판사, 2024

스탠리 하우어워스·윌리엄 윌리몬, 《십계명》, 복있는사람, 2007

시몬 비젠탈, 《모든 용서는 아름다운가》, 뜨인돌, 2019

신호섭, 《웨스트민스터 신앙고백서 해설》, SFC, 2025

C. S. 루이스, 《네 가지 사랑》, 홍성사, 2019

아론 라자르, 《사과에 대하여》, 바다출판사, 2020

아우구스띠누스, 《자유의지론》, 분도출판사, 1998

안데스 니그렌, 《아가페와 에로스》, 크리스천다이제스트, 1998

에드먼드 P. 클라우니, 《예수님은 십계명을 어떻게 해석하셨는가?》, 크리스챤, 2008

에리히 프롬, 《사랑의 기술》, 문예출판사, 2010

에마뉘엘 레비나스, 《존재에서 존재자로》, 민음사, 2003

요한 크리스토프 아놀드, 《왜 용서해야 하는가》, 포이에마, 2015

웨렌 카터, 《최근 마태의 산상수훈 연구 동향》, CLC, 2016

위르겐 몰트만, 《사랑과 정의의 하나님》, 서울신학대학교, 2014

이재상·조균석, 《형사소송법》, 박영사, 2016

이창호, 《사랑의 윤리》, 장로회신학대학교출판부, 2020

자끄 데리다, 《신앙과 지식, 세기와 용서》, 아카넷, 2016

자끄 뷔솔드, 《완전한 자유, 용서》, 국제제자훈련원, 2010

자크 랑, 《넬슨 만델라 평전》, 실천문학사, 2007

조나단 에드워즈, 《원죄론》, 부흥과개혁사, 2016

존 스토트, 《존 스토트의 산상수훈》, 생명의말씀사, 2024

존 칼빈, 《칼빈의 십계명 강해》, Vision, 2011

진고훈·박찬구 외, 《사랑》, 서울대학교출판문화원, 2020

천종호, 《호통판사 천종호의 변명》, 우리학교, 2018, 《천종호 판사의 선, 정의, 법》, 두란노, 2020, 《천종호 판사의 예수 이야기》, 두란노, 2021, 《천종호 판사의 하나님 나라와 공동선》, 두란노, 2022, 《천종호 판사는 바울에게 무엇을 물을까》, 두란노, 2025, 〈형사법적 정의와 용서〉(고재백 외 12인, 《용서와 화해 그리고 치유 2》, 새물결플러스, 2024)

카를 야스퍼스, 《죄의 문제》, 앨피, 2014

팀 켈러, 《팀 켈러의 용서를 배우다》, 두란노, 2022

폴 리쾨르, 《악의 상징》, 문학과지성사, 1994

폴 틸리히, 《사랑 힘 그리고 정의》, 한들출판사, 2017

프랑크 크뤼제만, 《자유의 보존》, 크리스천헤럴드, 1999

프리드리히 니체, 《도덕의 계보학》, 연암서가, 2020

필립 그레이엄 라이큰, 《돌판에 새긴 말씀》, P&R, 2015

필립 얀시, 《놀라운 하나님의 은혜》, Ivp, 1998, 《용서: 은혜를 시험하는 자리》, Ivp, 2023

하비 K. 맥아더, 《산상설교의 이해》, 총신대학출판부, 1992

한나 아렌트, 《인간의 조건》, 한길사, 2019

헨리 나우웬, 《탕자의 귀향》, 포이에마, 2016, 《헨리 나우웬의 공동체》, 두란노, 2022

<u>논문</u>

김석수, 〈정의, 용서 그리고 치유〉(《철학논집》, 제51집, 2017년 11월)

김한균, 〈국가범죄와 과거사 청산 완결의 과제: 진실·화해를 위한 과거사 정리 기본법 제정 방향〉(《형사정책 연구》, 28권 1호, 2017년 봄)

장재호, 〈원죄와 죽음의 문제〉(《대학과선교》, 제39집)

조극훈, 〈헤겔철학에서 용서담론과 회복적 정의〉(《문화와 융합》, 제39권 제5호, 2017년 10월)

홍순원·황현숙, 〈산상설교의 윤리〉(《신학과 실천》, 2014년 5월)

천종호 판사가 들려주는 십계명

The Ten Commandments in the Light of the Sermon on the Mount

지은이 천종호
펴낸곳 주식회사 홍성사
펴낸이 정애주
국효숙 김의연 박혜란 송민규 오민택 임영주 차길환

2026. 3. 30. 초판 1쇄 인쇄   2026. 4. 13. 초판 1쇄 발행

등록번호 제1-499호 1977. 8. 1.
주소 (04084) 서울시 마포구 양화진4길 3
전화 02) 333-5161   팩스 02) 333-5165
홈페이지 hongsungsa.com   이메일 hsbooks@hongsungsa.com
페이스북 facebook.com/hongsungsa
양화진책방 02) 333-5161

ⓒ 천종호, 2026

•잘못된 책은 바꿔 드립니다. •책값은 뒤표지에 있습니다.

ISBN 978-89-365-0400-7 (03230)